学前 教育学

田雨 主编

山东人民出版社·济南

国家一级出版社 全国百佳图书出版单位

图书在版编目（CIP）数据

学前教育学 / 田雨主编. -- 济南 ：山东人民出版
社, 2025. 5. -- ISBN 978-7-209-15686-8

Ⅰ. G610
中国国家版本馆 CIP 数据核字第 2025VQ5583 号

学前教育学

XUEQIAN JIAOYU XUE

田雨　主编

主管单位　山东出版传媒股份有限公司
出版发行　山东人民出版社
出 版 人　田晓玉
社　　址　济南市市中区舜耕路517号
邮　　编　250003
电　　话　总编室(0531)82098914
　　　　　市场部(0531)82098027
网　　址　http://www.sd-book.com.cn
印　　装　山东华立印务有限公司
经　　销　新华书店

规　　格　16开(169mm×239mm)
印　　张　21.5
字　　数　308千字
版　　次　2025年5月第1版
印　　次　2025年5月第1次
ISBN 978-7-209-15686-8
定　　价　49.00元
　　　　　如有印装质量问题，请与出版社总编室联系调换。

前言

　　学前教育是国民教育的重要组成部分，是基础教育的起始阶段，在个体的终身发展中起着奠定人生基础的重要作用。为此，培养一大批具有现代学前教育理念、拥有深厚学前教育理论和较强实践能力的高素质幼儿园教师，不断提高学前教育质量，是我国学前教育事业发展的紧迫任务。

　　学前教育作为儿童成长发展的关键阶段，不仅关系到个体的早期学习和社会适应能力，更关乎社会文明进步和国家未来发展。本书旨在全面介绍学前教育的理论与实践，从学前教育学的基础概念出发，深入探讨其与社会发展、儿童成长的关系，以及如何在实践中有效地实施学前教育。

　　本书共分为十章，每一章都精心设计，以确保内容的系统性和实用性。在第一章中，主要概述学前教育与学前教育学的基本概念，探讨学前教育在社会发展和儿童发展中的作用。第二章则聚焦于我国学前教育的性质与制度，分析其在不同社会背景下的演变和任务。第三章至第八章，主要是深入探讨学前教育的基本要素、幼儿园课程、幼儿游戏、幼儿园教学活动、幼儿园日常生活活动以及其他形式的教育活动。这些章节将为读者提供一个全面的视角，以理解学前教育的多维性质和实施策略。第九章和第十章则转向幼儿园的管理和合作，讨论如何通过有效的班级管理以及幼儿园与家庭、社区和小学的合作，为儿童创造一个拥有支持性和连贯性的学习环境。

在撰写本书的过程中，我们力求将理论与实践相结合，不仅提供理论框架，还提供实际案例和策略，以帮助教育工作者和家长更好地理解和实施学前教育。我们希望本书能成为学前教育领域的专业人士、学生、家长以及对学前教育感兴趣的读者的宝贵学习资源。

随着社会的发展和教育观念的不断更新，学前教育的重要性日益凸显。我们相信，通过深入研究和实践，我们可以为儿童提供一个更加丰富和多元的学习环境，为他们的未来打下坚实的基础。

本书在编写过程中参考了大量的研究成果，对此表示由衷的谢意。

本书由临沂大学教师田雨编写。由于水平和时间限制，本书在编写过程中可能存在疏漏和不妥之处，敬请有关专家、同行和读者提出宝贵意见，来函请发送至电子邮箱tianyu@lyu.edu.cn。

编　者

2024年10月

目 录

第一章

导　论

第一节　学前教育与学前教育学

一、学前教育与学前教育学

（一）教育与学前教育

1. 教育

"教育"是我们生活中使用频率最高的词之一。我们经常听到邻居之间聊天说："你家孩子的表现真好，你是怎么教育的？"从一个人的成长和发展历程中我们可以看到，教育的踪迹无处不在：当孩子还是胎儿的时候，就能感受到母亲或外界环境的各种影响，如悦耳或刺耳的声音；孩子出生以后，逐渐从一个娇弱、感觉混沌的小婴儿，成长为能适应社会生活、掌握知识技能、对社会有用的人，这就是教育的结果。教育使我们长大成人！离开了教育，我们只能长大，而不能成人，可见，教育是一种培养人的实践活动，是人类独有的一种社会性活动。作为一种培养人的活动，教育是人类生存和发展、延续和进步必不可少的手段，教育随着人类发展而不断发展。

教育是有目的、有意识地对人的身心施加影响并促进人向社会要求的方向发展的一种社会实践活动。教育是培养人的社会活动，是传承社会文化、传递生产经验和社会生活经验的基本途径。从广义上讲，凡是增进人们的知识和技能，影响人们的思想品德的活动，都是教育，包括家庭教育、社会教育和学校教育。狭义的教育主要指学校教育，其含义是教育者根据一定社会（或阶级）的要求，遵循年轻一代身心发展的规律，有目的、有计划、有组织地引导受教育者获得知识技能，陶冶思想品德，发展智力、体力，把受教育者培养成一定社会（或阶级）所需要的人的活动。

2. 学前教育

学前教育是对0～6岁学龄前儿童所实施的保育和教育活动的总称，是基础教育的重要组成部分。在中文语境里，学前教育有时也被称为"幼儿教育""早期教育""幼稚教育"。从世界范围看，学前教育是一个具有历史和文化界域的概念，不同时代、不同国家或地区，对该年龄段儿童教育的命名以及对形式、内容的界定，并不完全一致。

学前教育也分为广义的学前教育和狭义的学前教育。广义的学前教育指凡是增进学前儿童知识、技能，促进其身心发展的一切教育活动，包括家庭教育、社会教育和幼儿园教育。狭义的学前教育指幼儿园及托育机构所开展的教育活动，是为实现国家教育目标而进行的有目的、有组织、有计划的教育。

（二）教育学与学前教育学

教育学是以教育现象、教育问题为研究对象，归纳总结人类教育活动的科学理论与实践，探索解决教育活动产生、发展过程中遇到的实际教育问题，从而揭示一般教育规律的一门社会科学。随着社会和教育实践的发展，尤其是学校的产生和发展，人类对教育实践和理论探索的自觉性不断提高，人类对教育的认识也逐渐系统化、哲理化。关于教育的思想认识和实践智慧主要汇集在一些思想家、哲学家的著作中，并逐渐地独自成为一个学科。

作为教育学的一个分支学科，学前教育学就是专门研究0～6岁学龄前儿童教育规律的学科。它以教育学和心理学的基本理论为基础，研究和揭示在教育者和学前儿童的共同活动中，教育者对其施加影响，促进其体智德美诸方面和谐发展的规律。具体研究和阐述的内容包括：学前教育机构的产生和发展，学前教育与社会的关系，学前教育与儿童发展的关系，教师与学前儿童，幼儿园保教目标和全面发展教育的内容，学前教育的目标、原则和方法，幼儿园课程的实施和教育活动的组织与开展，学前教育与家庭、社区、小学教育的联系和衔接，对学前儿童发展和教师教育行为的评价等。

（三）学前教育学的性质、研究对象与任务

学前教育学是研究0～6岁儿童教育的现象，揭示教育规律的一门社会科学，属于教育学的一个分支学科。具体而言，学前教育学研究0～6岁儿童教育的一般原理和幼儿园教育的任务、原则、内容和方法，也包括学前家庭教育的要求和内容。

学前教育学研究的对象是0～6岁儿童教育的问题，包括研究科学的儿童观、学前教育与儿童发展之间的必然联系、幼儿教师应如何运用师幼互动的策略引导儿童的发展、如何通过环境的创设促进学前儿童的健康成长、如何充分发挥游戏活动在学前儿童发展中的作用、怎样有效地组织学前教育的学习活动和生活活动、如何实现幼小衔接等。

学前教育学的任务在于总结我国学前教育的经验，研究学前教育理论，探索学前教育的规律及其发展趋势。通过学前教育理论和实践研究，提高学前教育的科学水平，解决实践中的问题，建设学前教育理论和实践体系。通过理论指导学前教育实践，帮助学前教育机构和家庭科学地对学前儿童进行教育，促进学前儿童健康发展。学前教育学也为国家制定学前教育的政策、措施和进行教育改革提供理论依据。

二、学前教育的产生与发展

人类社会从诞生之时，就产生了对年幼儿童的教育，它在不同的历史时期经历了不同的存在形态并对儿童发展发挥着作用。最初的学前教育是在人类的"家庭生活、工作或游戏、仪式或典礼"中进行的，这是一种非制度化教育形式。有目的、有计划地开展学前教育的活动是随着机器大工业的发展而产生的。中国学前教育制度化的历史始于清政府1904年颁布癸卯学制，学前教育真正进入教育机构，迄今不过百余年时间。

（一）学前教育的形态

1. 非制度化与制度化的学前教育形式

从形式上看，学前教育的发展经历了从非形式化教育到形式化教育再到制度化教育的过程。

（1）非形式化教育（从人类诞生到原始社会解体）

非形式化教育是指与生活过程、生产过程浑然一体的教育，没有固定的教育者，也没有固定的受教育者。这种教育方式自有了人类就产生了，一直到原始社会结束。非形式化教育的特征如下：①教育主体与教育对象具有不稳定性；②没有专设的学前教育机构；③教育的内容只是为了满足社会生活和劳动生产需要；④教育传播媒介主要是语言和形体示范；⑤儿童在模仿成人的活动中学习。

（2）形式化教育（奴隶社会和封建社会时期）

这一阶段，教师开始成为一门职业，教育活动形成系统的借助文字与书籍来进行的文化传播活动，出现了以个别教育形式为主，以教书、读书活动为主体的儿童教育机构，教育成为社会分工中的一个部门，由此标志着教育进入了形式化阶段。形式化教育又称实体化教育，教育实体的出现是人类文明的一大进步。形式化教育与非形式化教育相比具有以下特点：①教育主体确定；②教育对象相对稳定；③形成系列的文化传播活动，所传播的文化逐步规范化；④有相对稳定的活动场所和设施等；⑤儿童教育成为一种独立的社会活动形态。可见，教育实体化的过程是形式化的教育从不定型发展为定型的过程。定型的教育组织形式包括我国古代的前学校与前社会教育机构、近代的学校与社会教育机构。

（3）制度化教育（19世纪下半期至今）

近代学校系统的出现，开启了制度化教育的新阶段。大约在19世纪下半叶，严格意义上的教育系统已经基本形成，教育越来越制度化，从此进入制度化教育阶段。学校教育制度（简称"学制"）的建立是制度化教育的典型表征，学前儿童教育逐步纳入学制系统。教育实体从简单到复杂、从游离状态到形成系统的过程，正是教育制度化的过程。制度化教育主要指的是具有层次结构的、按年龄分级的正规教育制度，它分为学前教育、初等学校教育、中等学校教育和大学教育。制度化的学前教育的特点是：①幼儿园化；②制度化；③封闭化；④标准化。

2. 家庭、社会、机构中的学前教育形态

（1）家庭中的学前教育

家庭是学前儿童成长的最直接土壤，是儿童接受学前教育的初始场所。父母是孩子的第一任老师，父母或其他年长者在家庭内有意识或无意识地影响着孩子的发展。学前家庭教育是学前社会教育和学前机构教育所不可替代的，儿童年龄越小，家庭教育对其成长的影响越大，发挥的作用越大。家庭教育同时也存在着局限性，如果教育不当，可能给孩子的成长、家庭的幸福以至社会的发展都产生负面的影响。

家庭中的学前教育具有亲情性、个体性、启蒙性、生活性、细致性等特点。家庭教育是学前教育的基石，如果家庭教育的优势发挥得好，对学前儿童的成长十分有利，反之，就会阻碍儿童的发展和成长。

（2）社会中的学前教育

社会中的学前教育是指一切社会生活影响对学前儿童身心发展的教育，主要包括以社会政治、经济、文化为背景的社会环境以及自然环境对学前儿童产生潜移默化影响的各种教育。它比学前机构教育、家庭教育具有更广阔的活动余地，其影响十分广泛。

政府和社会都越来越重视创造条件、营造环境，让学前儿童受到好的教育。如设立儿童图书馆、儿童科技馆、儿童博物馆、社区儿童活动中心等，创办各类学前儿童的报刊图书、少儿影视节目等，而且越来越丰富、适宜。随着社会的进步与发展，在国际上，学前社会教育正朝着规模小型化、活动多样化、组织灵活化、环境家庭化和资源多样化方向发展。

（3）机构中的学前教育

①托育机构

托育机构主要指照顾婴幼儿和培养其生活能力的服务机构，也指公共场所中因父母不在而由受过训练的服务人员临时照顾0～3岁儿童的机构。形式上包括托儿所、亲子园、早期教育指导中心、托育中心等。早在1931年，革命战争年代的解放区就组织了托儿所，为妇女分担部分教育责任。中华人民共和国成立后，托儿所迅速发展，机关单位、工厂、农村多办有托儿所。改革开放以来，一部分社会福祉一度让位于经济发展，社会托育服务供给严重缺位。自20世纪90年代至今，亲子园、早期教育中心逐渐发展成为我国城市比较主流的0～3岁儿童教育机构，除了对儿童进行认知、语言、动作、社会性、情绪情感等各方面的教育外，也具有对父母及其他家长进行育儿指导的功能，但基本不具备托管照料功能。

党的十九大报告提出"幼有所育"的要求，促使学前教育从3～6岁逐步拓展到0～6岁，以实现所有幼儿的平衡发展。2018年，上海市在全国率先颁布了《关于促进和加强本市3岁以下幼儿托育服务工作的指导意见》等文件，并受理托育服务中心申办。托育服务体系的构建有助于真正实现"幼有所育"。

②幼儿园

幼儿园是对3周岁以上学龄前幼儿实施保育和教育的机构。幼儿园教育是基础教育的重要组成部分，是学校教育制度的基础阶段。幼儿园的任务是贯彻国家的教育方针，按照保育与教育相结合的原则，遵循幼儿身心发展特点和规律，实施智、德、体、美等方面全面发展的教育，促进幼儿身心和谐发展。幼儿园同时向幼儿家长提供科学育儿指导。幼儿园一般为三年制。幼儿园规模应有利于幼儿身心健康，便于管理，一般不超过360人。幼儿园每班幼儿人数一般为：小班（3～4周岁）25人，中班（4～5周岁）30人，大班（5～6周岁）35人，混合班30人。寄宿制幼儿园每班幼儿人数酌减。幼儿园可按年龄分别编班，也可混合编班。

幼儿园从经营的经济性质上区分大体有两种：一种是政府的教育系统所办的幼儿园、企事业等单位办的幼儿园，这一类幼儿园的性质为公办园；另一种是个体经营者办的私立幼儿园。2018年颁布的《中共中央 国务院关于学前教育深化改革规范发展的若干意见》中明确提出，到2020年，我国普惠性幼儿园覆盖率（公办园和普惠性民办园在园幼儿占比）达到80%。"普惠性幼儿园"至少包括三个类型的幼儿园：一是公办幼儿园，二是集体或单位举办的公办性质幼儿园，三是提供普惠性服务的民办幼儿园。

（二）我国学前教育的产生与发展

1. 20世纪初我国第一所学前教育机构诞生

我国在灿烂的古代文化中就有重视学前儿童教育的传统。但在长期的封建社会中，高度中央集权的封建统治制度及自给自足的小农经济制度使经济发展缓慢。在这漫长的历史时期，学前儿童都在家庭中受教育，一直到清末我国才开始建立学前教育机构。清朝末年，迫于社会各方面的压力，清政府废科举，派学生留学，制定新的学制系统。在"效法西洋，创办西学"的热潮中，湖北巡抚端方于1903年9月在武昌创办了我国第一所官方开办的学前教育机构——湖北幼稚园，并拟定了《湖北幼稚园开办章程》，首开中国儿童公共教育的历史先河。幼稚园规定，招收5～6岁的儿童80名，学制为一年，收托时间为每日3小时。科目设有行仪、训话、幼稚园语、日语、手技、唱歌、游戏等7项。1904年4月，清政府颁布《奏定学堂章程》，湖北幼稚园更名为武昌蒙养院。

此后，福建公立幼稚园、上海公立幼稚园于1907年相继开设。1911年，湖北省女子师范学校也创办了附属蒙养院。随之北京、湖南、江苏等地的蒙养院也相继诞生。

2. 民国时期的学前教育及其发展状况

在半封建半殖民地的旧中国，由于西方列强的入侵，内外战火不断，政治动乱，经济停滞，儿童教育发展极为缓慢。正如著名教育家陶行知先生尖锐抨击的那样,幼儿园害了三种大病,一是外国病,二是花钱病,三是富贵病,幼儿园完全成了外国文化侵略的工具和富贵人的专用品,劳动人民是不可能享用的。直到20世纪初,清政府才不得不宣布实行"新教育",建立近代学校教育制度,其中包括学前教育制度。

在中国共产党领导下的农村革命根据地、抗日民主根据地和解放区里,出现了一批适应战争环境和当地政治经济特点的各种类型的托幼组织,如边区儿童保育院和托儿所等,其宗旨是为革命战争服务、为生产建设服务、为广大工农群众服务。另外,也出现了一批具有爱国思想和民主思想的幼儿教育家,如陶行知、陈鹤琴、张宗麟、张雪门等,他们批判封建主义的儿童教育,反对儿童教育的奴化和贵族化,积极提倡变革并躬行实践,创办了为平民子女服务的幼儿园,如陶行知先生的"乡村儿童团"、张雪门先生的"北平香山慈幼院"等。

3. 中华人民共和国成立后的学前教育及其发展状况

(1)历史的转折期

1949年10月,中华人民共和国成立。国家通过接收和改造旧的学前教育机构,以老解放区教育经验为基础,借鉴苏联经验,将学前教育纳入学制体系,出台规范幼儿园的规章,逐渐确立了社会主义学前教育制度。在办园方向上,旧式幼儿园逐渐转为向工农子女开门,为国家建设服务,让普通劳动人民的子女成为幼儿园的受教育者。幼儿园在教育儿童的同时,极大地解放了妇女劳动力,使其成为支援国家建设、为工农服务不可缺少的一支力量。从此,保育教育儿童、方便家长参加社会主义建设成为我国幼儿园的双重任务。在教育思想上,改革旧的教育思想、内容和方法,批判旧教育中存在的封建、买办、崇洋的思想,废除宗教色彩的内容与活动,学习当时苏联先进的儿童教育理论和经验,为建立新教育打下了基础。在教育目标上,提出新中国的幼儿园要遵循党的教育方针,对儿童进行初步的体、智、德、美全面发展教育,使他们的身心"在入小学前获得健全的发育"。

（2）恢复发展期

随着我国社会主义建设的深入，学前教育虽然有起有伏，但总体是向前发展的。1978年，党的十一届三中全会召开，我国社会主义建设进入了崭新的历史阶段。随着经济的持续发展和改革开放的推进，儿童教育机构的发展也出现了重大变化：其一，突破计划经济的束缚，多形式、多渠道发展。1987年国务院办公厅转发国家教育委员会等部门发布的《关于明确幼儿教育事业领导管理职责分工的请示的通知》，确定了我国学前教育的管理体制是地方负责、分级管理和有关部门分工合作。1988年国务院办公厅又转发了国家教育委员会等部门《关于加强幼儿教育工作的通知》，进一步确定了教育部门作为学前教育主管部门的具体职责。1992年，国务院在颁布的《九十年代中国儿童发展规划纲要》中提出：积极发展学前教育，坚持"动员全社会力量，多渠道、多形式地发展幼儿教育"的方针。其二，走上规范化、法治化轨道。为恢复和发展学前教育，教育部门制定颁发了《城市幼儿园工作条例》（1979）、《幼儿园教育纲要》（1980）、《关于进一步办好幼儿学前班的意见》（1986）等文件，重新明确了学前教育的方向。1989年6月，制定颁发了《幼儿园工作规程（试行草案）》，并于1996年6月正式施行。1989年8月，为了加强幼儿园的管理，促进幼儿教育事业的发展，经国务院批准，国家教育委员会发布了《幼儿园管理条例》，这是新中国成立以来，经国务院批准颁发的第一个幼儿教育法规。1993年2月，《中国教育改革和发展纲要》提出："大中城市基本满足幼儿接受教育的要求，广大农村积极发展学前一年教育。"2001年，《幼儿园教育指导纲要（试行）》颁布，我国学前教育走上法治化的轨道，且日趋科学、完善。2007年，党的十七大报告提出"重视学前教育"，持续探索学前教育体制改革，进一步完善学前教育规章体系。

（3）快速发展期

2010年以来，我国对学前教育的改革与发展进行了系统设计、全面部署和逐步推进。经过不断地改革和探索，学前教育发展进入一个新的历史时期，取得了一定的成果。2010年颁布的《国家中长期教育改革和发展规划纲要（2010—2020）》明确提出了到2020年基本普及学前教育的目标，指出要"建立政府主导、社会参与、公办民办并举的办园体制"；随之颁布的《国务院关于当前发展学前教育的若干意见》进一步要求"坚持公益性和普惠性，努力构建覆盖城乡、布局合理的学前教育公共服务体系，保障适龄儿童接受基本的、有质量的学前教育"。自2010年以来，我国推行了三期"学前教育三年行动计划"，都将大力发展公办园作为扩大普惠性资源的重要举措。2011年，教育部颁布《教师教育课程标准（试行）》，列出了幼儿园职前教师教育课程目标与课程设置，《幼儿园教师专业标准（试行）》进一步规范和加强学前教育师资队伍建设，全面提高教师的专业素质。2012年教育部制定了《3～6岁儿童学习与发展指南》，帮助广大幼儿园教师和家长了解3～6岁幼儿学习与发展的基本规律和特点，全面提高科学保教水平。2016年教育部颁布了新的《幼儿园工作规程》，进一步完善幼儿园管理制度，不断推进学前教育治理体系和治理能力现代化。党的十八大报告明确宣示"坚持办好学前教育"。2017年，党的十九大报告提出，要在"幼有所育、学有所教、劳有所得、病有所医、老有所养、住有所居、弱有所扶"上不断取得新进展，"办好学前教育"。2018年《中共中央 国务院关于学前教育深化改革规范发展的若干意见》提出：学前教育深化改革的总体指导思想是"以习近平新时代中国特色社会主义思想为指导，全面贯彻党的十九大精神和党的教育方针，认真落实立德树人根本任务，遵循学前教育规律，牢牢把握学前教育正确发展方向，完善学前教育体制机制，健全学前教育政策保障体系，推进学前教育普及普惠安全优质发展，满足人民群众对幼有所育的美好期盼，为培养德智体美劳全面发展的社会主义建设者和接班人奠定坚实基础"。为此，必须坚持党的领导、政府主导、改革创新、规范管理等四项原则。该意见明确了学前教育在今后一个时期发展的总体目标，使学前教育改革发展方向更加坚定和清晰，政府在新时期对学前教育的主导责任更加明确。2020年9月，教育部重磅推出《中华人民共和国学前教育法草案（征求意见稿）》，广泛征求公众意见。2025年6月1日起，《学前教育法》正式施行。至此，我国学前教育迎来了新的、历史性的发展机遇。

三、学前教育学的产生与发展

在漫长的人类发展史中，先贤圣哲不乏关于儿童教育的真知灼见，随着人们对学前教育实践的不断总结与改进，学前教育学逐步建立，并渐趋完善。下面以教育家的思想为核心梳理国内外学前教育学的发生发展史。

（一）西方学前教育学的产生与发展

在西方，学前教育学大致经历了四个阶段：孕育阶段、萌芽阶段、初创阶段和发展阶段。

1. 孕育阶段（16世纪以前）

人类进行学前教育实践或者对学前教育经验进行总结的行为很早就已出现。在16世纪之前，一些思想家在其著作中或多或少地有关于儿童教育的见解，但没有系统化，因此我们将16世纪之前称为学前教育学的孕育阶段。

（1）柏拉图

柏拉图（Plato，前427—前347），古希腊著名的哲学家，苏格拉底的学生，亚里士多德的老师。留存至今的柏拉图对话录共36篇，其中《理想国》和《法律篇》最集中地反映了他的教育理论。可以概括为：强调早期教育的重要性，重视优生优育与胎教；认为儿童的教养应由国家来负责，即实行儿童公育；把学前教育分为0～3岁和3～6岁两个阶段；重视文艺教育和体操训练，重视游戏对儿童发展的作用。

（2）亚里士多德

亚里士多德（Aristotle，前384—前322），古希腊伟大的哲学家、科学家和思想家，西方学问的第一集大成者，柏拉图的学生，亚历山大大帝的老师。亚里士多德一生著述颇丰，涉及领域广泛，据统计有146部之多。其中,《政治学》蕴含着丰富的学前教育思想。亚里士多德的学前教育思想在很多方面承袭了柏拉图的观念,如重视胎教、重视儿童游戏和故事选择、重视音乐教育等。

亚里士多德主张优生优育,男女应在精力最旺盛的年龄结婚、生育子女,以保证下一代的健康。他主张5岁之前的学前儿童不应学习课业和工作,而应进行充分的活动,活动主要以游戏为主。7岁之前,儿童必须住在家中,不与奴隶接触,以免沾染不好的习惯。与此同时,他也注意了灵魂的非理性部分在教育中的意义,即强调感觉、情感等在儿童发展中的作用;强调习惯和环境对儿童道德品质养成的重要作用;强调教育要适应自然并对自然的缺漏进行弥补。这些都对后世学前教育思想和实践的发展产生了重要影响,尤其是教育适应自然原则成为后世自然教育理论的思想来源。

2. 萌芽阶段(16世纪至18世纪初期)

《母育学校》是西方教育史上第一本系统论述学前教育的专著,标志着学前教育学进入了萌芽阶段。相比于孕育阶段,这一阶段的儿童教育思想更加完备化、理论化和专门化。这一时期涌现了大量的代表人物和代表著作,譬如夸美纽斯的《母育学校》、卢梭的《爱弥儿》、裴斯泰洛齐的《林哈德和葛笃德》等。

(1)夸美纽斯

夸美纽斯(J. A. Comenius,1592—1670),17世纪捷克的教育家,近代资产阶级教育思想的先驱。他尖锐地抨击中世纪的学校教育并号召"把一切知识教给一切人"。提出统一学校制度,主张普及初等教育,采用班级授课制度,扩大学科的门类和内容,强调从事物本身获得知识。主要著作有《母育学校》《大教学论》《世界图解》等。《大教学论》标志着独立教育学的诞生,《母育学校》是历史上第一部论述学前教育的专著,《世界图解》是西方第一本图文并茂的儿童启蒙读物,在欧洲流行200余年。

夸美纽斯在其代表作《大教学论》中阐述了基本教育原理,即一切教学必须遵循自然的秩序，教育要依据儿童的天性，这一观念对后世的学前教育影响颇深。

夸美纽斯的幼儿教育理论堪称世界教育史上的珍贵历史遗产。近代著名教育家福禄贝尔、蒙台梭利也都明显地受到了他的影响。夸美纽斯的思想不仅打破了封建教育的旧传统，更展现了新人文主义思想的进步性，探索了学前教育的新方法。

（2）卢梭

卢梭（J. J. Rousseau，1712—1778），18世纪法国思想家、教育家。在其著作《爱弥儿》中，通过叙述虚构的儿童爱弥儿从出生到成人的过程，详尽阐述了他的"自然教育"理论。

①自然教育观。与西欧中世纪对人性所持的"性恶论"截然相反，卢梭认为人的本性是善良的，"出自造物主之手的东西，都是好的，而到了人的手里，就全变坏了"，"万物秩序中，人类有其地位，在人生的秩序中，童年有他的地位，童年充满了美好，具有'迷人的魅力'"。所以，要尊重儿童，给予他们爱护和帮助。在卢梭看来，任性的儿童不是自然造成的，而是教育不良导致的。教育应遵循自然的人性发展，脱离社会禁锢的牢笼。自然教育就是以儿童的"内在自然"或"天性"为中心的教育，即尊重儿童身心发展。

②儿童年龄分期教育。卢梭根据儿童的发展将教育分为四个阶段：第一阶段，0～5岁，以身体养护为主；第二阶段，5～12岁，注意体育、经验、感官的教育；第三阶段，12～15岁，注重知识的教育；第四阶段，15～20岁，着重道德及情感等的教育。卢梭划分的教育阶段中第一阶段和第二阶段与学前儿童是有关联的。

③幼儿教育的方法。卢梭强调顺应儿童的天性进行教育，强调儿童本位，教育的首要目的就是保护儿童善良的本性，他自称这种教育为"否定式教育"。卢梭首次论述了"发现法"，主张对儿童实行直观教学。

卢梭所提倡的尊重儿童的天性，通过活动来促进儿童身心健康发展的理念是值得借鉴的，对后世学前教育学基本观念的构建具有重要的意义。杜威就对卢梭的教育理论推崇备至。

3. 初创阶段（18世纪后期至20世纪前半期）

（1）福禄贝尔

福禄贝尔（F. W. A. Froebel，1782—1852），1782年出生于德国的杜林根，是德国著名的教育家。1837年，福禄贝尔设立了一所幼儿学校，于1840年命名为"幼儿园"，这是世界上第一所幼儿园，他还创立了一套幼儿教育理论和相应的教育方法、教材、玩具等。福禄贝尔是幼儿园的创立者、现代学前教育理论的奠基人，被人们誉为"幼儿教育之父"。他的《人的教育》《幼儿园教育学》《慈母游戏和儿歌》及《幼儿园书信集》等书全面地反映了其学前教育思想：①系统地论述了幼儿园教育的重要性、内容和方法，认为儿童的发展是渐进的过程，教育应适合儿童的发展，教育应以儿童的自主活动为基础。②重视游戏的教育价值，确立了游戏在学前教育中的地位与作用。福禄贝尔指出，游戏不仅可以使儿童的内心冲动得以表现，使儿童感到兴奋、愉快和幸福，还能促进儿童身体和感官的发展，提高他们认识自然和社会的能力。福禄贝尔把游戏分为三类：第一种是身体的游戏，它主要是为锻炼儿童的身体。第二种是感官的游戏，如听觉的练习、视觉的练习。第三种是精神的游戏，即运用他设计的"恩物"进行游戏，主要是为了训练幼儿的思考和判断。③发明了一套名为"恩物"的玩具，作为幼儿园的核心教材。该套"恩物"其基本形状是圆球、立方体和圆柱体，仿照大自然物体的性质、形状和法则，遵循从简单到复杂、从统一到多样的原则，客观上有助于扩大幼儿的知识，发展他们的创造力和想象力。

福禄贝尔作为近代幼儿教育理论的奠基人，其幼儿教育理论和实践对世界幼儿教育理论体系的形成和发展，以及幼儿园的发展产生了广泛的影响。在19世纪末的美国，甚至还形成了福禄贝尔主义。福禄贝尔对幼儿教育的推广，对游戏、儿童自主活动、手工作业和园艺等教育形式的重视，迄今仍在学前教育界发挥着广泛的影响。

（2）杜威

杜威（Johh Dewey，1859—1952），美国著名的哲学家和教育家，也是20世纪影响最大的教育家。从哲学上来讲，他继承了皮尔斯、詹姆士的实用主义哲学，并将其进一步发扬光大；从教育学上来讲，他的实用主义教育思想立足于现代社会，积极吸收人类文化各方面的优秀成果，构建起一座宏伟的教育理论大厦。他的主要教育著作有《我的教育信条》《学校和社会》《儿童与课程》《民主主义与教育》《明日之学校》《经验与教育》和《人的问题》等，其教育思想如下：

①教育的本质——教育即"生活""生长""经验改造"。杜威认为，教育是儿童现在生活的过程，而不是将来生活的预备；教育应当以儿童的本能、能力为起点，让儿童充分表现自己的生命力；儿童的本能、能力的生长是通过其经验的不断改组、改造而实现的；儿童本能的生长、发展及经验的改造过程表现为社会性的活动就是生活。"教育即生活"，"教育即生长"，"教育即经验的不断改造"，这三者相互联系、密不可分。

②论儿童与教师——儿童中心论。尽管杜威并不是"儿童中心"思想的首创者，但是，他是赞同"儿童中心"思想的。其最典型的一段话是："现在，我们教育中将引起的改变是重心的转移。这是一种变革，这是一种革命，这是和哥白尼把天文学的中心从地球转到太阳一样的那种革命。这里，儿童是中心，教育的措施便围绕他们而组织起来。"在强调"儿童中心"思想的同时，杜威并不同意教师采取"放手"的政策。在他看来，教师不仅应该给儿童提供生长的适当机会和条件，而且应该观察儿童的生长并给予真正的引导。

③基本教学原则——"从做中学"。由于人们最初的知识和最牢固地保持的知识，是关于怎样做（how to do）的知识，因此，教学过程应该是"做"的过程。杜威认为，"从做中学"也就是"从活动中学""从经验中学"，它使得学校里知识的获得与生活过程中的活动联系了起来。"从做中学"以生活化的教学取代传统的课堂讲授，以儿童的亲身体验代替书本知识，以学

生主动活动代替教师的主导。

④幼儿教育思想。杜威认为，儿童的心理处于不断地生长、变化和发展的过程中，各个阶段都有其各自的典型特征。而教师应该做的就是在研究这些特征的基础上为儿童提供相应的材料，促进儿童的发展。从幼儿园到小学之间的过渡应该是自然而然、逐渐变化的，是儿童不易察觉的。因此，杜威扩展了严格意义上的幼儿园时期（4~6岁），将4~8岁的儿童作为芝加哥实验学校第一阶段的教育对象。杜威将自己的教育信念落实到实验中。这一实验被美国学者称为"美国幼儿教育发展史的经典性记录"。

⑤"学校即社会"。杜威认为人们在社会中参加真实的生活，才是身心成长和改造经验的正当途径。学校教育作为社会生活的一种，学校自然就是社会生活的一种形式。那么，应该把学校当作社会的一个缩影，一个具备雏形的社会。所以教师要把教授知识的课堂变成儿童活动的乐园，引导儿童积极自愿地投入活动，在活动中不知不觉地养成品德和获得知识，实现生活、生长和经验的改造。

杜威的教育理论充满了美国特色与时代特点，且体系庞大，涵盖了教育的各个领域。杜威重视幼儿阶段的教育，幼儿教育思想在其整个的教育思想中占了重要部分，体现了他的基本教育纲领。

（3）蒙台梭利

蒙台梭利（Maria Montessori，1870—1952），意大利幼儿教育家，也是意大利历史上第一位女医学博士。

1907年，她在罗马的圣罗伦斯区开办了一所招收3~7岁贫民儿童的幼儿学校，并命名为"儿童之家"。她是继福禄贝尔之后又一名享誉世界的学前教育学家，也是世界上第一位杰出的女性学前教育家。主要著作有《蒙台梭利教育方法》《童年的秘密》《有吸收力的心智》等，她的教育思想如下：

①儿童发展观。蒙台梭利认为，人类有两个胚胎期，一个是"生理胚胎期"，另一个是"精神胚胎期"。"精神胚胎"具有一种生长的本能，具

有一种下意识的感受能力与鉴别能力，儿童具有"有吸收力的心智"。儿童不自觉地与周围环境中的人与物交互作用，从而获得各种经验与文化印象。也就是说，儿童有一种自动成长的冲动。

②教育目的：发现儿童"生命的法则"，促进儿童发展生命。蒙台梭利所倡导的教育理念是"教育不是为上学做准备，而是为未来生活做准备"。其教育的核心目的是帮助儿童的生命自然地成长和完善。具体地说就是让儿童获得身体、意志、思想的独立，达到人格、心理、智力、精神的完善。

③教育原则：以儿童为主。为孩子打造一个以他们为中心，让他们可以独立"做自己"的"儿童世界"，使儿童获得自由，因此教师的作用是提供符合儿童身心特点的环境，帮助儿童实现自我教育，即有准备的环境。

④教学方法：感官训练与肌肉练习。蒙台梭利教学法有两个主要的要素：一是环境（包括教具与练习），另一个是预备这个环境的教师。她创办了"儿童之家"，在"儿童之家"中，对儿童实施肌肉训练、实际生活练习、感官训练以及初步知识教育四个方面的教育。

⑤把握敏感期的学习。蒙台梭利认为，在不同的成长阶段，儿童的心理发展中会出现对不同事物的偏好的各种"敏感期"，包括秩序的敏感期、细节的敏感期、语言的敏感期、触觉的敏感期等。

蒙台梭利经过不断探索和总结，建立了自己独特的幼儿教育理论和方法，引起了社会广泛而强烈的反响，促进了现代幼儿教育的发展。她对世界学前教育的巨大贡献不仅在于创立了蒙台梭利教育法，她还以长期的宣传和实践推动了世界学前教育的发展，至今不少国家仍有实践她的教育理论的幼儿园。

（4）皮亚杰

皮亚杰（J. Piaget，1896—1980），瑞士著名儿童心理学家，日内瓦学派的创始人。主要著作有《儿童的言语和思维》《儿童智慧的起源》《儿童心理学》《发生认识论导论》等。皮亚杰心理学的理论核心是"发生认识论"，主要研究人类的认识（认知、智力、思维、心理）的发生和结构。皮亚杰认为，心理、智力、思维，既不是起源于先天的成熟，也不是起源于后天的经验，而是起源于主体的动作。这种动作的本质是主体对客体的适应。主体通过动作对客体的适应，乃是心理发展的真正原因。

皮亚杰关于学前教育的主要观点包括：

①强调儿童与环境的相互作用——活动的重要性。他认为儿童发展的每一个阶段都是由儿童的成熟和环境的相互作用产生的。儿童就是通过各种有组织的活动，去探索、了解外界的客观事物，了解客观事物之间的关系。他还强调儿童的主动活动，他认为人初生的反射活动不是机械被动的，而是一开始就表现出真实的能动性。儿童的发展主要在于儿童本身主动的建构活动，在于有机体自身所具有的积极的适应能力。

②强调教育目的在于培养儿童的创造力和批判力。皮亚杰对认知活动探究的重心在于"智慧如何发展"，他所倡导的教育目的不在于增进知识、注入知识，而在于使儿童发现与发展的可能性表现出来。皮亚杰指出，教育的第一目的在于培养能做新事情、有创造力与发明才干的人，而不在于训练只能重复既有事物的人。换言之，就是要培养具有创造力、富有想象力与发明能力的人。教育的第二目的，在于培养批判、求证的能力，而不在于接受所提供的一切。

③注重儿童的兴趣和需要，重视游戏的作用，把儿童的兴趣、需要看作是儿童心理发展的动力，并强调要考虑不同年龄儿童特殊的兴趣和需要。他认为游戏是儿童学习新的、复杂的客体和事件的一种方法，是巩固和扩大概念、技能的方法，是思维和行为相结合的方法。儿童认知发展的阶段决定了儿童在特定时期的游戏方式。

皮亚杰的学前教育理论是自19世纪西方开始教育心理学化运动以来最重大的成就之一，为现代学前教育学的建立提供了认识论的基础。他首次将数理逻辑作为刻画儿童思维发展的工具，描绘了个体从出生到青年初期认知发展的路线。

4. 发展阶段（20世纪中叶之后）

（1）瑞吉欧学前教育模式

瑞吉欧·艾米利亚是意大利东北部的一座城市，自20世纪60年代以来，洛利斯·马拉古齐（Loris Malaguzzi）和当地的幼教工作者一起兴办并发展了该地的学前教育。数十年的艰苦创业，使意大利在举世闻名的蒙台梭利之后，又形成了一套"独特与革新的哲学和课程假设，学校组织方法以及环境设计的原则"。人们称这个综合体为"瑞吉欧·艾米利亚教育取向"，其自20世纪80年代后在欧美各国产生了普遍的影响。瑞吉欧教育理念主要有以下几个方面：

①走进儿童心灵的儿童观。在《儿童的一百种语言》一书中，马拉古齐的一首诗《其实有一百》充分表达了这一思想。首先，最重要的是要承认"其实有一百"；其次，要以孩子的思维、儿童的立场来看待一切。

②社会支持和父母参与。全社会关心学前教育素来是意大利的优良传统。在瑞吉欧镇，0～6岁学前儿童的保育和教育是一项重要的市政工程。父母所起的种种作用是实质性的。父母有权利参与学校各个环节的事务，并自觉承担起责任。

③弹性课程与研究性教学。瑞吉欧通过项目活动开展教育实践，是师生共建的弹性课程与探索性教学。它的基本要素有三个：一是解决真实生活中的问题；二是以小组为单位共同进行较长期深入的主题探索；三是成人与幼儿共同建构、共同表达、共同成长的学习过程。

④开放的教学环境。瑞吉欧教育认为环境是产生互动的容器，具有教育性价值，把学校的环境称之为"不说话的老师"。因此，他们精心设计学校的每一个角落，让儿童在开放的环境中愉快学习、相互合作、彼此交往。

⑤多种多样的教学手段。语言知识是教师与儿童彼此沟通的手段之一，瑞吉欧要求教师多采用动作、手势、姿态、表情、绘画、雕塑等多种方式进行教学。

（2）发展适宜性教育（Developmentally Appropriate Practice，DAP）

"发展适宜性教育"是1987年由全美幼儿教育协会（NAEYC）发布的《适宜0～8岁儿童的发展适宜性教育》中所提出的关于早期教育的教育理念、行动指南和评估标准，现已成为美国几乎所有托幼机构的教育实践指南，并受到世界各国幼教界的重视。DAP强调，发展适宜性教育"并不是课程，也不是一套可以用于支配教育实践的僵死标准。相反，它是一种哲学，一种模式，或者说是一种如何与幼儿一起工作的方法"。在其指导方针中提出，要构建既关注内容又关注方法的适宜性课程。发展适宜性教育的课程内容的选择主要依据以下三方面：

①儿童发展阶段的知识。发展是按照一种相应的顺序进行的，后来能力和知识的获得建立在已经掌握的能力和知识的基础之上。儿童发展理论是帮助教师了解儿童如何学习的最重要的依据。教师可以根据每一阶段儿童发展的理论，为儿童准备学习环境，安排适合其发展的经验。

②儿童个体发展特点的知识。每个儿童都有自己独特的发展方式和发展速度。要促使儿童成长和发展，教师必须理解每个儿童的学习方式和喜好、兴趣、个性以及脾气、能力和不足。有关儿童个性的知识可以帮助教育工作者构建个体发展适宜的学前课程。

③文化差异的知识。要促使儿童的健康发展，文化差异的知识必须考虑进来，这样可以帮助构建文化适宜的学前课程，使得课程内容真正地尊重儿童所属的不同文化和语言群体。

（二）中国学前教育学的产生与发展

我国学前教育学的发展经历了一个漫长的萌芽阶段。到了近代，开始吸收西方先进的学前教育思想，在政府相关的学前教育体制的影响下，才慢慢形成自己的理论体系。中华人民共和国成立之后尤其是改革开放后，我国的学前教育学进入了迅速发展的时期。

1. 萌芽时期（先秦至鸦片战争）

我国古代社会教养儿童的经验，散见在谚语中，如"三岁看大，七岁看老""教儿婴孩，教妇初来"等。而且，先秦时期的典籍如《礼记》也记载了一些学前教育思想。

关于学前教育的论述最早可以追溯到周朝，西汉贾谊在其《新书》中就记载了公元前11世纪周成王母注意胎教之说。我国古代思想家们关于学前教育的问题有许多精辟的论述。其中比较典型的如：魏晋南北朝时期的颜之推，其所著的《颜氏家训》中的《教子篇》《勤学篇》，论述了对儿童的家庭教育；南宋的教育家朱熹重视蒙养教育，特地为儿童编写教材《蒙童须知》和《小学》。

我国古代的学前教育思想散见在谚语和一些名家著作中，并未出现专门的学前教育学著作。

2. 初创阶段（鸦片战争至中华人民共和国成立）

在近现代，对我国幼儿教育发展有重大影响的是五四运动。五四运动是一场思想解放运动，它注重对西方资产阶级文化思想的引入和借鉴，形成了平民教育、国民教育、美感教育和实用主义教育等思潮。这些思潮对我国学前教育理论的形成产生了很大的影响。五四前后，留美回国的陶行知、陈鹤琴等人对我国学前教育学的创立发挥了关键的作用。他们充分吸收了杜威的实用主义教育思想，推崇儿童中心论，反对传统的以教师、书本和课堂为中心的思想，主张从儿童的本能、兴趣和需要出发，以儿童自身的活动作为教育活动的中心，这对于现代儿童教育思想在我国的发展起到了积极的作用。他们反对幼儿教育的奴化和贵族化，积极提倡变革并躬行实践，创办了为平民子女服务的幼儿园，如陶行知先生的"乡村儿童团"、张雪门先生的"北平香山慈幼院"等。然而，在当时的历史条件下，他们的主张并未能彻底实现。不过，他们的教育理论和实践成了我国幼儿教育的宝贵财富。

（1）陈鹤琴的"活教育"理论

陈鹤琴（1898—1982），浙江省上虞县人，中国近代学前教育理论和实践的开创者，一生致力于建立有民族特色的中国现代儿童教育。代表作有《儿童心理之研究》《家庭教育》。他率先采用实验法在其创立的我国第一所实验幼儿园——南京鼓楼幼稚园开展幼儿研究，进行中国化、科学化的幼儿园实践，总结并形成了系统的、具有民族特色的学前教育思想。抗战时期，他又创建了我国第一所公立幼稚师范学校——江西实验幼稚师范学校，经过7年的教学实践，建立了一个教育理论体系——"活教育"，包括三个方面：①目的论。"活教育"的目的是"做人，做中国人，做现代中国人"。②课程论。强调课程来源于生活，来源于社会。他说"大自然、大社会都是活材料"，具体包括"五指活动"——健康活动、语文活动、社会活动、科学活动和艺术活动。③方法论。陈鹤琴提出"整个教学法"，主张把儿童所应该学的东西整个地、有系统地去教儿童；把各门功课打成一片，所学的功课是无规定时间的；所用的教材应以故事或社会或自然为中心，以儿童的生活和儿童心理为根据。他主张在"做中教，做中学，做中求进步"。陈鹤琴"活教育"理论体系的核心部分是他提出的17条教学原则，包括"凡是儿童能够自己做的，应当让他自己做""凡是儿童自己能够想的，应当让他自己想"等内容，全面反映了该体系的各个方面。

"活教育"理论曾在历史上产生过重要影响，对当前的教育改革依然具有启迪作用。陈鹤琴在长期的实践研究和理论学习的基础上，提出了许多适合我国国情和儿童心理发展的教育主张和课程思想，写出了近400万字的幼儿教育著作，影响巨大。他的著作被先后汇集出版，《陈鹤琴教育文集（上、下卷）》和《陈鹤琴全集（6卷）》全面地反映了他的幼儿教育思想。研究、学习和继承他的学前教育思想的合理内容，对于我们今天的学前教育课程改革与发展具有重要的借鉴价值。

（2）张雪门的"行为课程"理论

张雪门（1891—1973），我国现代教育史上另一位影响深远的幼儿教育专家。早在20世纪三四十年代，他就与陈鹤琴有着"南陈北张"的称号。他对我国学前教育的贡献主要体现在研究幼稚园教育以及幼稚师范生的培养上，不仅开办了一系列幼稚园，制定出符合时代发展要求的幼稚园课程，还强调幼稚师范生的学习、见习与实习，开办师范学校，为我国培养了一批具有幼教专业素质的师范生。出版了《幼稚园教育概论》《幼稚园的课程》《幼稚园的研究》《幼稚园组织法》等著作。其主要思想如下：①论幼稚教育的目的。张雪门反对以培植士大夫、宗教信徒为目的的幼稚教育，主张以发展儿童个性、改造中华民族为目标的幼稚教育。②论幼稚教育的行为课程。"生活就是教育，五六岁的孩子在幼稚园生活的实践就是行为课程。"行为课程的要旨是以行为为中心，以设计为过程；基本思想是"生活即教育""行为即课程"；目标是兼顾个体和社会的需要；内容来自周围环境；方法采用单元设计教学法；实施以行动为中心。强调通过儿童的实际行动，获得直接经验。同时要求根据儿童的能力、兴趣和需要来组织教学，主张采取单元设计的方法，打破学科界限。③论幼稚师范教育。对幼稚师范教育的见习与实习环节的场所、时间安排、内容、过程等提出了自己的独特见解。

张雪门以毕生的精力致力于幼稚教育，前后长达60年。他的幼稚教育思想和实践曾对我国，尤其是我国北方和台湾地区产生过很大的影响。他对幼稚教育的目的、课程和师资培养等方面的论述，有不少地方仍值得我们研究和借鉴。

（3）陶行知的"生活教育"理论

陶行知（1891—1946），我国伟大的人民教育家和民主革命家。在教育救国思想的影响下，他毕生努力改革旧教育，推行生活教育，为建立人民大众的教育事业不懈努力、积极实践。关于学前教育的主要著作有《创设乡村幼稚园宣言》《幼稚园之新大陆》和《如何使幼稚园普及》等。

陶行知先生十分重视幼儿教育，在学前教育方面也提出过很多进步的教育主张。他曾猛烈地批判中国幼儿教育的弊病，指出当时幼儿园教育所犯的通病——外国病、花钱病、富贵病，提出我们要建设省钱的、平民的、适合国情的乡村幼稚园。他认为6岁以前是人格陶冶的重要时期，是人生的基础，要把基础趁早打好。他提出幼稚园要实施和谐的生活教育，反对束缚儿童个性的传统教学法。他认为要解放儿童的创造力就要进行六大解放：解放儿童的头脑，使其能够去想、去思考；解放儿童的双手，让他们去做去干；解放儿童的眼睛，让他们去观察、去看事实；解放儿童的嘴巴，使他们有足够的言论自由，尤其是提问的自由；解放儿童的空间，使儿童去接触自然和社会；解放儿童的时间，给其空闲自由学习。

1927年，他带领学生在南京郊区创设了我国第一所乡村幼稚园——南京燕子矶幼稚园，随后又创立了四所中心园及上海沪西劳工幼儿园，收托工农子女。1929年，他引导成立晓庄幼教研究会，用于探索中国幼儿教育规律，指导幼稚园的工作。通过实践总结，陶行知先生创立了生活教育理论和教、学、做合一的教育方法，提出"生活教育"，主要内容包括：生活即教育，社会即学校，教、学、做合一。生活即教育反对的是教育准备说，倡导的是教会儿童适应眼前的生活环境；社会即学校，即要求幼稚园以周围的社会生活、自然现象和风土人情为教育内容，以幼儿足力所能及的地方为教室，冲破束缚幼儿的"高墙"，把学校延伸到自然里去；主张教、学、做合一，反对教、学、做分离的教育现象。

陶行知认为："普及教育的最大难关是教师的训练。"陶行知针对当时的社会实际，提出两条培养幼教师资的途径：一是大力创办幼稚师范学校。通过"教学做"的方法，使幼儿师范生获得实际有用的知识，培养出"看护的身手，科学的头脑，儿童的伴侣，乡村妇女的朋友和导师"。二是实行"艺友制"。何为"艺友制"呢？陶行知是这样解释的："艺是艺术，或可作手艺解。凡用朋友之道教人学做艺术或手艺便是艺友制。""所以要想做好教师，最好是和好教师做朋友，凡用朋友之道教人学做教师，便是艺友制师范教育。"在当时，这种"艺友制的师范教育"培养了一批乡村幼儿教师。

陶行知先生的学前教育思想不仅在当时具有进步意义，在今天的学前教育工作中仍然具有很强的指导意义。

（4）张宗麟的幼儿"社会教育"思想

张宗麟（1899—1976），我国第一位男性幼稚园教师，著作有《幼稚园教育概况》《幼稚园的社会》《张宗麟幼儿教育论集》等。他认为幼稚园的课程应该是幼稚生的一切活动，课程的内容主要包括七类活动：①关于生活卫生、家庭邻里、商店邮局，以及其他公共设施和名胜古迹等方面的活动；②日常礼仪的学习和演习；③节日和纪念日活动；④身体的认识活动和基本卫生活动；⑤健康和清洁活动；⑥认识党旗、国旗和总理形象的活动；⑦各种集会和社团活动。

课程实施时要注意：①将学校生活与实际生活打成一片；②既注意儿童的个别学习，又注意儿童之间的互助与合作；③教师要做儿童的朋友；④使儿童获得成功；⑤通过继续不断地学习，养成良好的习惯；⑥激发儿童进行良好社会性行为的兴趣，达到教育目的；⑦注意对儿童社会性行为的交替培养。

张宗麟一生致力于我国的幼儿教育。他的教育思想主要突出了民族性和平民化，他学习和借鉴了国外的先进理论，同时与我国的实际国情相结合，真正做到了"洋为中用"；他强调儿童的社会性发展，提倡儿童个体与社会相互渗透；他对幼稚师范生的培养有独到的见解，提升了当时幼儿教师的整体素质，为我国近现代学前教育事业作出了不可磨灭的贡献。

3. 发展阶段（中华人民共和国成立以来）

中华人民共和国成立后，我国的学前教育在总结过去经验的基础上，以马克思主义为理论基础，形成了社会主义学前教育理论体系。学前教育学的发展进入了提高理论化和科学化水平的新阶段，辩证唯物主义为学前教育学的研究提供科学的世界观和方法论。主要概括为以下几个方面：

（1）建构了我国学前教育理论的基本框架

我国的学前教育理论在中华人民共和国成立后长期深受苏联教育思想的影响。改革开放以来，对国外的学前教育思想的引介、交流，对于我国学前教育理论的改革和发展起了重要作用。经过几十年的研究，结合我国学前教育的实践，逐步形成了具有我国特色的学前教育理论体系。

（2）学前教育学的跨学科性日益凸显

当代学前教育学的研究主体日益多元化，研究的范围日益拓展，学前教育学的跨学科性日益凸显。除了传统的涵盖哲学、教育学、心理学领域的研究者外，神经科学家、儿科医生、经济学家，以及社会学、管理学、政策研究等领域的研究者，也纷纷加入学前教育的研究阵营中。学前教育学的跨学科特性进一步得到强化。这意味着越来越多的来自其他学科领域的学者加入学前教育学的研究领域，标志着学前教育迈入快速发展轨道。

（3）学前教育研究领域不断扩大，研究不断深入

从研究对象上看，学前教育研究已经延伸到3岁前。从研究方法上看，重视运用儿童发展理论的应用研究和实验研究。从研究内容上看，涉及教育目标、课程标准、道德教育、教学方法、神经科学等各领域的研究，重视研究学前儿童智力的早期发展、幼儿园与小学的衔接，重视研究农村学前教育的特点等。

第二节　学前教育与社会发展

一、社会发展对学前教育的制约

社会是由众多子系统构成的复杂系统。教育就是这个系统的组成部分，学前教育是教育的初始阶段，也是社会系统的组成部分。学前教育除了具有自身的相对独立的要素环境，还与其他社会系统（经济、政治、文化、人口等）之间产生各种关联：一方面它受到其他社会系统的制约，另一方面又对其他社会系统产生一定的影响或作用。下面具体论述社会发展如何影响学前教育的发展。

（一）经济对学前教育的制约

经济是人类社会的物质基础，是构建人类社会并维系人类社会运行的必要条件。学前教育的发展与经济的发展密切相关，经济发展为学前教育的发展提供基础性条件，如人力、物力、财力等，并对学前教育不断提出新的要求。

1. 社会经济的发展制约学前教育的规模和速度

学前教育机构的发展受经济发展的制约。18世纪60年代，第一次工业革命的到来，一方面使得生产力提高，社会物质财富增加，为专门的社会学前教育机构的产生提供了物质基础。另一方面，工厂的发展使得女工数量急剧增加，儿童无人照料，学前教育机构应运而生。英、法、德、美等国相继建立了儿童学校、保育学校、母育学校等学前教育机构。由此可见，学前教育的发展速度离不开一定的财力、物力的支持，国家用于教育的资金受到整个国家的经济发展水平的制约。在古代，由于经济发展水平不高，对教育的投入自然也不多，教育规模也较小。近代以来，随着经济发展水平的提高，教育规模越来越大，教育分工越来越精细，出现了不同层次、不同类别的学校教育，学前教育也在一定程度上得到发展。时至今日，学前教育越来越多地受到各界的关注，投入也越来越大。一般而言，一个国家的经济越发达，对学前教育资金的投入力度也越大。

经济发展水平也影响社会对学前教育的需要。一般而言，经济水平较高的国家和地区，儿童入园率较高。非洲教育财政性经费投入整体平均水平较低，约为4.5%，而学前教育占教育经费比例不超过1%。这样的投入水平使非洲学前教育发展缺乏人力、物力资源，5岁以前的学前教育很少能得到国家政策、财政上的支持。2004年，79个有数据可查的国家中，有65个国家分配给幼儿保育和教育的份额不到教育支出的10%，而65个国家中又有半数国家分配的份额不足5%。其他14个分配份额在10%以上的国家大部分都在欧洲①。2016年度，德国公共教育经费投入达1284亿欧元，19.2%用于发展学前教育。2016年，财政性学前教育经费为1326亿元，占全国财政性教育经费（31396.25亿元）的4.2%。但这还是不够的。国际经验表明，学前三年毛入园率在60%～80%之间的国家，财政性教育经费支出中学前教育经费占比平均为7.73%。

20世纪上半叶，我国经济发展缓慢，幼儿园建立比较晚，先是在沿海经济发达地区建立，发展也较慢。中华人民共和国成立后，随着经济的不断发展，学前教育有了较大的发展，幼儿园数量、儿童入园率和幼儿园教师数量有了大幅提高。比如1958年，全国幼儿园由1957年的16400余所激增至695000余所，增长了42倍，而工农业总产值，1958年比1957年只增长了18.2%。幼儿园的发展缺乏相应的经济基础，1961年后，很多幼儿园停办，幼儿园数量又恢复到1957年的水平②。另外，从我国各地区学前教育的现状来看，经济发展与学前教育的发展成正比例关系。2014年底，我国学前三年毛入园率为70.5%，有近1/3的儿童无法接受学前教育；在农村尤其是连片特困地区，学前三年毛入园率普遍在50%以下，不少贫困县甚至仅为30%～40%③。2017年我国学前三年毛入园率79.6%，而上海市达到了95.58%。

由此可见，经济制约着学前教育的发展规模与速度，经济越发达，教育资金投入越大，受教育人数越多，教育规模越大，接受教育的时间越长，教育发展速度越快。

2. 社会经济发展水平制约学前教育的任务、内容、形式、手段

不同形态的社会，经济发展水平不同，对未来劳动者的素质要求也不同。这就要求学前教育的任务、内容、形式、手段也不尽相同。

---

① 2007全球教育监测报告《坚实的基础——幼儿保育与教育》.
② 黄人颂.学前教育学［M］.北京:人民教育出版社,1989:33.
③ 庞丽娟.“全面二孩”时代学前教育如何补短板［N］.光明日报,2016-04-05.

（1）社会经济发展水平制约学前教育的任务

学前教育的最终目的是要为社会培养人才。由于社会经济发展的水平不同，对年轻一代提出的要求不同，学前教育的任务也不相同，相应的教育内容和手段也有着不同程度的变化。从总的趋势来看，学前教育的任务在不断地变化着。从最初带有慈善的性质，照管儿童的生活起居，保障儿童的安全到关注儿童身体的健康，再转到注重儿童行为习惯的养成，又到逐渐注意儿童情感的发展等。到现代社会，学前教育的任务转向儿童身体、社会、情感及智力的全面发展。

社会经济发展对学前教育提出的要求是影响学前教育任务变化的主要因素。我国在20世纪50年代初期，学前教育机构大都以照看儿童的安全为主要任务，90年代，随着社会经济的发展，转向以教育为主，以促进幼儿体、智、德美全面发展为任务。随着我国经济的发展和改革，社会发展所需要的人才规格也发生了变化，学前教育要促进幼儿素质的全面发展，还要着重培养幼儿的创新精神、主动性、独立性和创造性。

（2）社会经济发展水平制约着学前教育的内容

在社会经济发展的影响下，学前教育内容发生了很大的变革。封建社会的教育一般侧重于道德、宗教礼仪、语言文字等方面，教育与生产劳动相脱离。蒙学读物主要有《童蒙训》《颜氏家训》《朱子读书法》《养蒙针度》等，教学方法以"训"为主。随着生产力的发展，科学技术的进步，教育内容变得更加丰富、充实且趋于系统化和现代化，教育也因此得以发展。在教育内容方面，扩大了认识社会环境和自然环境的内容和要求，注重儿童认识周围事物的兴趣和求知欲的发展，注重发展儿童的智力和能力，特别是创造力，培养儿童的社会交往能力。

（3）社会经济发展水平制约学前教育的形式、手段

学前教育的形式和手段也与经济的发展密切相关，经济的发展能够创造更多的物质、财富，为丰富教育形式、更新教育手段提供了条件。古代社会由于经济发展水平不高，教育一般采用个别教学制。随着近代工业化的进展、

家庭作坊式的个别教学制已经无法满足经济发展对人才的需求，因而出现了班级授课制的教学组织形式。现代社会的经济与科技已经发展到极高的水平，因此除了班级授课制之外，还开始大量采用网络化的教学方式。在经济发展的影响下，学前教育手段也有了很大的变革，多运用了录音、幻灯片、计算机等现代化手段。在教育手段方面，儿童的游戏更为丰富多彩，多种多样，寓教育于儿童的日常生活，以观察、操作和实验等多种活动形式和录音、幻灯、电视及计算机等现代化教学手段，不断满足学前儿童发展的需要。

（二）政治对学前教育的制约

政治主要指国家性质、各阶级和阶层在政治生活中的地位、国家管理的原则和组织形式等。政治体系主要由两部分组成，一是指理念、意识，其中包括政治观念、政治态度、政治信念、政治标准等；二是指权力机构，其中包括政治权力、政治制度、政权机关、政党等。这些构成因素都会对学前教育及其发展产生不同程度的影响与制约。

1. 政治决定学前教育的领导权

教育的领导权直接关系到教育为谁服务和怎样服务的问题。在某种意义上这是教育的首要问题，因为它决定着教育的社会性质和价值方向等一系列教育上的大政方针，进而又直接或间接地制约着教育的方方面面。

政治主要通过以下方式决定学前教育的领导权。首先，政府制定一系列的法律法规、方针政策等规定学前教育的领导权。其次，政府利用其拥有的组织和人事权力主导学前教育公职人员的选拔、任用以及他们的行为导向。再次，政府通过经济杠杆控制学前教育的方向，对办学权力进行严格控制，如民间办学均需申请审批等。可见，教育经费的来源、分配和使用都受到政府的控制，与国家政治决策机构的决策有很大关系。最后，通过控制保教思想引导学前教育。政府任用的教育行政人员、教师、使用的教育中介是一定阶级的利益、方针、政策的贯彻者，对儿童产生直接的或潜移默化的影响。

2. 政治决定受教育的权利

政治通过制定教育制度规定什么人有受教育的权利，以及接受多长年限的教育。自奴隶社会起，人类开始进入阶级社会，教育便产生了阶级性。在奴隶社会中，主要是奴隶主家庭的子女受到教育。到了封建社会，主要是地主阶级的子女接受教育，因此，奴隶社会、封建社会中教育机会掌握在少数人手中，上层社会的子女才具有接受学前教育的权利。进入资本主义社会以来，学前教育同样具有明显的等级性。人与人之间，政治、经济地位的差距导致了接受学前教育权利的不平等。

在我国广受关注的教育公平问题是其表现之一。当受教育者所享有的权利不平等时，民众会对教育制度、教育政策、教育法律法规提出怀疑，只有政府的调控才能够从根本上解决教育公平问题，缩小地区之间、城乡之间、园与园之间教育质量的差异。

3. 政治制约学前教育的性质和目的

不同的社会形态导致的学前教育的性质、目的也不同。原始社会，人们共同占有生产资料，没有阶级的划分，因而，学前教育是没有阶级性的。自奴隶社会起，人类开始进入阶级社会，教育便自然有了阶级性。比如，奴隶主子女的教育有专人负责，教育的目标就是把这些孩子培养成统治者。到了封建社会，地主阶级的子女从小被灌输读书做官、光宗耀祖的思想，而下层穷苦劳动阶级的子女却只能在劳动和生活中获得生存的技能。半封建半殖民地的旧中国，学前教育也是半封建半殖民地性质，清政府所办的蒙养院带有浓厚的封建性。国民党统治时期，幼儿园极少，只有少数富裕阶层的子女有机会上幼儿园。中华人民共和国成立后，进行了教育改革，明确并制定了幼儿园的教育任务和教育内容，学前教育具有了社会主义的性质。改革开放以后，我国的学前教育事业取得了一定的成效，一系列法规、文件的出台推动了学前教育质量的提高和学前事业的发展。

历史表明，学前教育改革发展的每一步都与当时当地的社会历史环境，尤其与政治背景息息相关。学前教育既要为社会政治服务，又不可避免地受到政治的影响。政府利用其拥有的立法权，通过颁布有关学前教育的法律、法规、政策和规章制度，决定其学前教育的性质，实现其学前教育的目的。

4. 政治制约保教制度和保教内容

一国的教育制度往往与该国的政治制度相对应，有什么性质的政治制度便有什么性质的教育制度。例如，法国大革命后建立的拿破仑帝国，形成了中央集权制的教育制度，由政府规定保教活动与保教内容。而美国与其联邦制相适应，形成了地方分权制的教育制度，州自为政，而各州又把权限托诸学区，由学区来决定保育教育内容。幼儿园的保教内容是实现教育目的的必要途径，通过保教内容将教育目的落实到课程，并通过五大领域的活动具体实施。政治对保教内容的影响主要体现在思想道德品质教育领域。不同的政治制度要求培养不同的政治立场和思想意识的人，自然会要求不同的思想道德教育内容。

5. 政治影响学前教育的财政

政治对学前教育财政的影响主要体现在两个方面：一方面，政治决定教育经费份额的多少。掌握政权者会根据其政治发展需要而不断调整教育经费在整个社会总投入中的份额。另一方面，政治决定教育经费的筹措。我国在学前教育方面实施的是"以县为主"的管理制度，所以县级或县级以下的政府是主要的学前教育管理单位，承担着管理各种学前教育机构和经费投入的职责，中央和省市政府部门主要负责引导、奖励与补助等方面。

不同的国家有不同的政治需要，其学前教育公共投入所占的比例有很大差异。在OECD国家（即经济合作与发展组织，主要成员是发达国家）中，美国的父母分担的费用高达60%，而法国和瑞典只有20%。在发展中国家，国家之间的差距更大，印度尼西亚的公共投入只占5%，而古巴几乎都来自政府。一般来说，以公共投入为主体的国家入园率更高一些。有研究表明，以政府公共投入为主体的多元模式既有利于政府获得新的教育资源，又有利于政府在政策多变的环境中保持教育资源投入的稳定性，从而实现教育普及化的国家目标。我国部分地区在经济发展的同时，保证了学前教育的相应发展，甚至是更快的发展。例如，江苏省张家港市长期高度重视学前教育的发展，在公共事业经费中确保学前教育经费所占的比例，保证了对学前教育基础设施的投入和教师编制及薪酬的竞争力，使得该市学前教育的硬件处于全国领先水平，教师队伍质量不断提高。为进一步确保学前教育经费，《国务院关于当前发展学前教育的若干意见》明确要求：各级政府要将学前教育经费列入财政预算，新增教育经费向学前教育倾斜，财政性学前教育经费要在同级财政性教育经费中占合理比例。

（三）文化对学前教育的制约

学前教育总是在一定的文化环境中展开的，文化对学前教育的发展有很大影响。广义的文化是指人类在社会历史过程中创造的物质财富和精神财富的总和；狭义的文化特指社会的精神财富，如风俗、宗教、艺术、文学、道德等。这里主要是从狭义层面讨论文化对学前教育的影响，主要表现在以下几个方面。

1. 文化影响学前教育的观念

文化经过漫长的形成与发展过程，在这一过程中，生活在这一文化圈中的人们逐渐形成了比较一致的思维方式、价值观念和行为方式，即一定的文化观念。教育观念是在文化观念基础上形成的对教育现象和教育问题的认识、观点和看法。文化对教育观念的影响主要包括以下两个方面。

第一，文化观念影响和制约着人们对教育的价值取向、态度和行为。例如，在封建社会男尊女卑文化观念的影响下，只有男子有接受教育的机会，清末随着西方文化的引进，女性开始享有受教育的机会。

第二，文化影响和制约着教育思想的产生。教育思想是在一定的社会文化背景下孕育起来的，受文化观念的影响。如西方近代史中，夸美纽斯、卢梭、裴斯泰洛齐等人的教育思想是资产阶级启蒙运动时期肯定人性、发展人性的社会潮流的反映。

2. 文化影响学前教育的内容

教育内容的选择来自对文化的选择，学前教育的内容一般是从特定的文化中精选而来，但并不是什么内容都可以进入教科书。我国有五千多年的文明，教科书编写者会根据特定的价值标准从浩繁的文化体系中选择适合学前儿童的内容，并经过脉络化加工，而后形成教科书。在中国历史上，长期成为儿童读物的"三、百、千"等蒙学作品，所反映的主要是儒家的文化思想、伦理道德。另外，"万般皆下品，唯有读书高"，传统习惯于把儿童看成光宗耀祖、光耀门庭的工具，在这种传统文化的影响下，教育历来重视道德教育、重视知识的传授，而忽视儿童自身对外部世界的主动探究，幼儿园的分科教学在我国曾经大行其道便是很好的证明。

随着西方现代的教育思想的传入和传播，人们逐渐认识到原来的课程设置、教育内容不合时宜。2001年9月颁布的《幼儿园教育指导纲要（试行）》明确指出：幼儿园的教育内容是全面的、启蒙性的，可以相对划分为健康、语言、社会、科学、艺术五个领域，也可做其他不同的划分。各领域的内容相互渗透，从不同的角度促进幼儿情感、态度、能力、知识、技能等方面的发展。

3. 文化影响学前教育的目的

学前教育的目标既受制于社会政治经济的影响，又受到文化的影响。文化渗透到教育内部所产生的最深层的影响是对教育目的的影响[1]。一定的文化传统，具有自己独特的伦理道德、风俗习惯、精神品格等，对该文化之下学前教育的目的定位会产生直接影响。

任何社会的教育目的都是统治阶级利益的体现，统治阶级在制定教育目的时的价值取向在一定程度上受到文化的影响与制约。在我国漫长的封建社会，受到儒家文化的影响，教育的目标被定位于"明伦"，即"父子有亲，君臣有义，夫妇有别，长幼有序，朋友有信"，其目的在于维护上下尊

---

[1] 叶澜.教育概论［M］.北京：人民教育出版社,2006:162.

卑的社会秩序和道德观念。因此，对学龄前儿童的教育，其目标不是定位于儿童德智体美的全面发展，而是界定在伦理道德教育的范畴之内。

美国、英国、德国、日本同为发达的资本主义国家，由于文化的差异性，在幼儿园（学校）教育中，美国重视培养适应民主社会生活的理想公民；英国重视培养具有绅士风范、良好文化修养与品行的公民；德国着重培养能够服务社会的公民；日本着重培养能够担负社会责任、具有团队精神、身心健康的公民[①]。当今的挪威，相关政策对性别平等有严格的规定，1978年颁布的《两性平等法》是挪威所有公共和社会服务机构的工作指导方针，国家公共机构应该积极工作，在所有社会领域为实现性别平等的目标而努力，在学前阶段贯彻男孩和女孩两性平等的思想。

4. 文化影响学前教育的方法、手段和组织形式

（1）文化对学前教育方法的影响

在西方中世纪的文化中，儿童是生而有罪的。肉体是罪恶的渊源，只有实行严格的禁欲，对肉体进行惩罚和摧残才能摆脱罪恶，因此，戒尺、棍棒是那时教育儿童所必需的。文艺复兴和启蒙运动对人性和人权的呼唤，在教育界掀起了一股发现儿童、尊重儿童、理解儿童的思潮，儿童的存在价值及其不同于成人的独特的身心发展特点和规律得到认可和尊重，学前教育的方法发生了翻天覆地的变化。卢梭、裴斯泰洛齐、福禄贝尔、杜威、蒙台梭利等教育家都主张学前教育要顺应儿童的发展，教育方法由原来直接传授的填鸭式逐渐向启发引导式转变，儿童不再是被动地接受知识，"做中学"的方法在学前教育领域逐步普及。

（2）文化对学前教育手段的影响

目前，网络、电视等媒体成为传播文化的重要手段。首先，信息的传递打破了时间和空间的限制，直接导致整个教育系统结构的变化。幼儿园（学校）在教育系统中的中心地位可能被各种形式的教育所构成的网络式结

---

① 张英彦.教育学［M］.合肥:合肥工业大学出版社,2008:40.

构取代①。其次，由于信息的传播，个体获取信息的能力越来越强，获取的信息越来越多，改变了传统以文本为中心的保教方法，教师不再是教育资源的唯一来源。

（3）文化对学前教育组织形式的影响

文化的传递方法多样，改进和丰富了学前教育的组织形式。电影、多媒体、计算机等的运用使学前教育的活动组织形式灵活多样，也使学前儿童的学习不受时间和空间的限制，学前儿童能够根据自己的实际需要选择学习内容和学习方法。

二、学前教育对社会发展的促进

教育与社会的关系是双向的，教育离不开社会提供的条件，同时也会对整个社会及其子系统产生影响。特别是在当代社会背景下，教育正在成为促进经济增长、政治进步、文化发展的重要力量。下面主要从经济、政治、文化等方面，简要分析学前教育对这些社会子系统的作用。

（一）学前教育对经济的促进

教育的经济价值早已被世界各国所重视。就大教育而言，教育的经济功能主要表现在三个方面：一是教育能完成劳动力的再生产，二是教育能促进科学技术的更新，三是教育在一定程度上能创造新的科学技术知识。学前教育作为教育的重要组成部分，既要受经济的制约和影响，反过来又能给经济的发展带来影响，表现在以下几方面。

1. 学前教育为提高劳动者的素质奠定基础

劳动者是生产力诸要素中最活跃的因素，生产力水平的高低直接制约着经济水平的高低，而劳动者的水平又直接制约生产力的水平，因此，劳

---

① 叶澜.教育概论［M］.北京:人民教育出版社,2006:162.

动者的素质是决定经济水平的主要因素之一。学前教育对经济发展的积极影响主要是以培养合格人才来实现的。培养幼儿健康的身体、动手动脑的能力、广泛的兴趣、活泼开朗的性格、良好的品德和习惯，能为他一生的发展奠定良好的基础。20世纪60年代以来，心理学、脑科学、教育学和社会学等方面的众多研究揭示了学前教育在人一生发展中的重要作用以及经济价值和社会效益。由此可见，学前期是劳动者发展的奠基阶段，高品质的学前教育可提升学前儿童的综合素养，这样可以降低学前儿童后续学业失败的概率，提升学校的教育质量，从而提高劳动力在市场上的就业能力和生产效率，最后实现对经济发展的促进作用。

2. 学前教育能减少额外开支，促进经济发展

高质量的学前教育可减少后续阶段的教育投入，间接获得经济效益。据美国学者的研究[1]，接受过学前教育的学前儿童在其成年后在社会适应性、家庭稳定、身体健康、就业等方面都远远高于未接受学前教育的人群。这样就可以减少许多额外的经济开支，间接地促进经济发展。

3. 学前教育减轻家庭养育子女的负担，解放了劳动力

在学前教育未产生或不发达时，学前儿童的教育职责主要由妇女担任。学前教育机构的出现替代了妇女原来所承担的教育子女之责，解放了广大女性劳动力。目前，大部分妇女参与社会劳动，有自己独立的职业，并且在经济上独立，真正保护和解放了妇女。中华人民共和国成立以来，学前教育的发展史证明：托儿所、幼儿园是解放妇女的重要设施，为妇女参加工作、生产劳动和社会活动提供了条件，使广大妇女获得解放。学前教育可以直接减轻家庭养育子女的负担，使家长全心全意投入工作，既增加了家庭收入，也推动了社会经济的发展。

---

① 刘焱.国外学前教育的社会经济效益研究［J］.比较教育研究,2011(6):1-4.

（二）学前教育对政治的促进

教育不仅受社会政治的制约和影响，它对政治也具有一定的影响。教育具有鲜明的政治特征，它承担着培养国家公民和政治精英，促进政治民主化的重要使命。学前教育和其他教育一样，对社会政治的影响主要是通过为社会培养一定的人才来实现的。我国学前教育的发展经历了福利性、教育性和权力性三个阶段，体现了国家对学前教育的政策导向。现阶段主要是保证学前儿童在机会均等的基础上享有生存权、发展权、受保护权、受教育权和参与权，实现教育公平、促进社会稳定。具体而言，学前教育的政治功能体现在下列几个方面。

1. 促进下一代的政治社会化

政治社会化是社会成员在政治实践活动中逐步获取政治知识和能力，形成政治意识和立场的过程。它是社会成员与政治体系之间相互联系、相互影响的互动过程，是社会意识继承与创新的统一，是一个持续不断的过程。政治社会化有利于社会制度的稳定和社会秩序的形成，能够增强人们的政治参与意识，巩固社会的政治基础。

学前教育是促进学前儿童政治社会化的途径。首先，学前教育机构从国家利益和民族前途出发，对幼儿实施爱国主义、集体主义教育，用先进的思想和进步的意识形态影响幼儿，这是直接途径。其次，教育内容带有一定的政治意识形态，保育教育内容是在一定政治制度约束下进行选编的，本身带有一定社会政治制度和政治主张的知识和价值取向，这是间接途径。另外，教育者、教育制度、教育目的、教育方法等具有一定的政治意识和意图，教师是带有一定政治意识形态的个体，在传播教育内容的过程中不可避免地以直接或间接、隐性或显性的方式传授一定的政治价值观。教育过程也是促进学前儿童社会化包括政治社会化的过程。

2. 培养社会需要的政治人才

任何国家、任何政权都需要专门的政治人才来管理与维护，而政治人才的培养是一个长期过程。学前教育作为整个教育系统的起始环节，在培养政治人才中起着不可或缺的作用，在学前教育阶段形成的品质与能力将影响其终身。"培养什么人，怎样培养人，为谁培养人"是不可回避的终极问题。

3. 通过为公民的培养奠定基础而影响政治

如果说培养"人才"是教育的经济目标，那么培养"公民"就是教育的政治目标。"公民"概念不仅仅意味着拥有特定国家的国籍，而且意味着具备相应的知识、技能和情意。例如，在知识层面，要了解国家制度、政府组织、民主法治等方面的事实；在技能层面，要能关注公共生活、参与民主决策、具有沟通表达技巧等；在情意层面，要有公共精神和服务能力。帮助学生形成这些知识、技能和态度，使他们成为负责任的公民，是现代学校教育不可忽视的责任。

学前教育是现代学校教育的开端，从幼儿园开始就引导孩子要关心国家大事、积极参与集体活动、正确认识权利与义务的关系、尊重法律并用法律维护自己的合法权益等。由此可见，学前教育可以通过对幼儿社会领域的教育，使他们初步了解作为一个公民应有的基本行为规则，为今后成为合格的公民奠定基础。

此外，学前教育也为未来政治人才的成长提供了最初的锻炼场所，为政治人才的成长打下了基础。幼儿园（学校）开展的形式多样的思想品德教育能够启迪儿童的政治思想意识，提高民主观念，而且也能从一定程度上提高儿童参与政治生活的能力。

4. 促进社会公平

教育能够促进社会分层流动，社会底层的成员可以通过优异的教育成就流向上层社会，当然教育也具有复制社会等级、阻碍社会分层流动的作用。教育能不能促进社会公平关键在于能不能实现教育本身的公平，如果能够做到教育起点、教育过程和教育结果的公平，那么教育就能成为促进社会公平的有效机制。2010年7月，国家正式颁布《国家中长期教育改革和发展规划纲要（2010—2020）》，指出"把促进公平作为国家基本教育政策，教育公平是社会公平的重要基础"。促进教育公平，进而实现社会公平，是今后教育事业的重大使命。学前教育为贫困和落后地区的幼儿提供公平的学前教育机会，有利于社会的稳定与和谐。

5. 通过影响学前儿童的思想观念而影响政治

任何一种教育总是要向受教育者宣传一定的政治思想，使他们形成特定社会所要求的政治观念和政治抱负。比如，封建社会的教育要培养封建制度的卫道士，资本主义社会的教育也竭力向受教育者灌输资本主义的意识，用以巩固资本主义的制度。民主是现代社会的政治理想，是作为专制的、集权的社会的对立面出现的。它的精神主旨是，每个人都享有平等参与国家管理和社会事务的权利和机会。教育作为启迪民智的手段，在推进政治民主化方面有特殊的作用。学前教育是教育的初始阶段，首先，它能够向儿童传递有关民主生活的知识和价值观。其次，通过教育民主化，使每个公民不分地区、民族、阶层、性别、信仰等，都享有平等的受教育的权利和机会——这本身就是政治民主化在教育领域的体现。最后，通过促进教育过程本身从专制、封闭或单向控制，走向民主、开放和自由，从而使学生在学前教育机构营造的民主氛围中耳濡目染，逐步形成参与社会生活的民主精神。

与此同时，学前教育教材是政治、经济、文化选择的结果，带有一定的政治色彩。教材作为主要的教育媒介，能够有效地向受教育者传输一定的政治、品德等价值观，进而对社会风尚、道德面貌或政治思潮产生影响。可见，学前教育可以通过传播思想、形成舆论，对社会政治直接产生影响。

（三）学前教育对文化的促进

教育与文化之间有着天然的联系，它本身就是社会文化的重要载体，具有使文化延续和发展的重要作用。学前教育对文化的影响表现为以下几方面。

1. 保存、传递和传播文化的功能

从纵向上来说，教育总是试图将过去社会积累的文化遗产传递给年轻一代，在促进年轻一代社会化的同时也实现了文化的传承和繁衍；从横向上来说，教育有助于促进文化在不同的社会空间和社会群体中流动和传播，这既可以发挥特定文化的辐射作用，同时又可以促进文化之间的交流和融合。

学前教育是教育的初始阶段，在文化的保存、传递和传播之中，学前教育将人类文化中的精华有选择地加以继承，保存现有的文化模式，并通过课程的形式向学前儿童提供现代社会的生活知识与技能、行为规范与价值观念，使我国的主流文化与价值观得到传承。此外，学前教育通过引导学前儿童对多元文化的体验与了解，直接促进不同地区或社会文化的传播。

2. 选择和丰富文化的功能

在学前教育中，学前教育机构的课程是传递社会文化的直接载体，但它所承载的并不是所有的社会文化遗产。因为社会本身是复杂的，既有文化的精华，又有文化的糟粕，既有丰富的、创生的元素，又有贫乏的、僵化的成分，所以，并不是所有的社会文化遗产都适合学前教育机构的课程体系；即便这些文化遗产都是积极的，也未必要将它们都纳入学前教育机构的课程体系。事实上，学前教育机构课程由于容量限制，也不可能将它们"全盘吸收"。从这种意义上说，学前教育机构的课程必定是经过精心选择的社会文化。在选择的过程中，往往需要考虑两个方面：一是所选择的文化要符合特定国家或社会的需求；二是所选择的文化要基于学生的发展需要。除了课程层面的文化选择之外，在教师层面也存在一定的文化选择空间。他们并不是简单地复制教材或教参上的内容，而是根据对自我的定位、对学生的认知、对课程的理解、对环境的感知，最终确定"教什么""怎么教"之类的问题，因此可以说，教师就是一个文化选择者。在做选择的同时。学前教育特定的教育内容与特定的教育方式又使文化在下一代身上得以再生，并不断丰富。

3. 更新和创造文化的功能

文化的传承与文化的更新是内在统一的：没有文化的传承，文化的更新就无从谈起；没有文化的更新，文化的传承就失去了意义。学前教育的文化更新和创造功能主要体现在三个方面：第一，学前教育的实践探索，学前教育课程、教材、玩具等的开发与运用，在一定程度上具有更新文化的功能。第二，学前教育本身也在不断生产新的知识或经验，学前教育科学研究工作者不断地发现与总结学前教育的新观点、新理论，直接创造新的文化，丰富了文化的积累。第三，更为重要的是，学前教育通过为人才的培养奠定基础，不断创造新的文化。

学前教育与文化无论是在形式上还是在内容上都存在着必然的、内在的联系。一般来讲，在相对稳定的社会中，社会的文化传统与学前教育大致保持着相对适应的状态。一方面，一定社会特有的文化传统，包括一定社会的政治指导思想、道德观念、价值取向、风俗习惯、思维方式等，蕴含在整个社会中，渗透于人们生活的各个方面，它强烈地制约着人们对幼儿的教育方式和教育内容。另一方面，这种特定的教育内容和教育方式，又使传统文化在下一代身上得以再生。学前教育在保存和传递文化、选择和丰富文化、创造和更新文化的同时，促进幼儿文化性发展。

第三节　学前教育与儿童发展

一、儿童发展概述

（一）儿童发展的含义和特征

1. 儿童发展的含义

儿童的发展，指儿童在成长的过程中，身体和心理方面有规律地进行量变与质变的过程。其中，身体的发展是指儿童机体的正常生长和发育（包括形态的增长和功能的成熟）；心理的发展是指儿童的认识过程、情感、意志和个性的发展。对学前儿童来说，其身体的发展与心理的发展是密切相连的，儿童年龄越小，其身体发展和心理发展之间的相互影响也就越大。

2. 儿童发展的特征

儿童发展的特性，就是在儿童随其年龄增长，在身体和心理变化中普遍存在的特点。概括而言，儿童发展表现出如下五种特点。

（1）顺序性

在儿童的发展过程中，其身体的发展和心理的发展，都表现出一种稳定的顺序。例如，儿童身体发展方面，就整体结构而言，其顺序是头部首先得到发展，而后是躯干和四肢的发展，这也是为什么孩子越小，其头部在身高中所占比例越大。在骨骼与肌肉的协调发展中，首先得到发展的是大骨骼与大肌肉，而后才是小骨骼与小肌肉群的发展与协调。所以，儿童行动能力的发展中，先是翻身、坐、站、走和跑，然后才有可能发展写字、绘画等精细动作。儿童的认知和思维能力的发展，遵循着先具体后抽象的顺序。在儿童身心发展过程中，这种顺序是固定不变的。先前的发展变化，又是其后发展和变化的基础。顺序性这一特点，使儿童身心发展成为一种连续的、不可逆转的过程。

（2）不平衡性

不平衡性是指在连续不断的发展过程中，儿童身心发展的速度并不是完全与时间一致的匀速运动，在不同的年龄段，其发展的速度和水平是有明显差异的。一般认为，新生儿期（出生第一年）与青春期（13～16岁）是儿童身心发展的两个高速发展阶段。不平衡性即儿童在发展过程中，身体和心理发展并不完全协调、统一的现象。就儿童发展的整体而言，生理成熟是先于心理成熟的。十几岁的孩子就其身体发育来看，已经很接近成人的水平了，而其心理的成熟程度，却要比成人低得多。但就某个具体方面而言，也有可能出现心理能力不受生理成熟条件控制的情况。例如，3～5岁的儿童的语言掌握能力和记忆能力，往往优于成年人的水平。

（3）阶段性

儿童发展的阶段性是指在儿童发展的连续过程中，不同年龄阶段会表现出某些稳定的、共同的典型特点。这些特点无论从表现方式、发展速度，还是发展结构等方面，与其他阶段相比较，都会具有相当不同的特征。这种情况，又被称为儿童发展的年龄特征。例如，在学龄前的幼儿阶段，儿童认识事物的能力主要是易于形成与实物相对应的、单个的概念。而到了儿童时期，儿童的认识能力已发展到了可以了解和掌握事物间联系的程度，但是这种联系的建立，在一定程度上还要依赖于具体事物的帮助。到了青年时期，人的认识能力才开始以抽象概念为基础，逻辑思维成为认识能力的根本性特点。

（4）个别差异性

发展的个别差异性是指在儿童发展具有整体共同特征的前提下，每一个个体儿童的身心发展，在表现形式、内容和水平方面，都会有自己的独特之处，这种个体发展的差异性，来源于个体遗传素质和生活环境的差别。例如，同年龄的儿童，在身高方面有明显的高矮之分；同年龄的儿童，也会由于他们各自神经过程灵活性的差别，在学习中表现出注意力的持久性、知觉的广度方面的差异。儿童发展过程中表现出的个别差异性，虽然在一定程度上受到生物因素的影响，但更多的还是来自环境和教育的差别。而且环境和教育的影响，还能对遗传起到一定的弥补作用。俗话所说的"勤能补拙"，就是对二者关系的一种经验总结。这一规律也是实行因材施教、长善救失教育原则的基础。

（5）分化与互补的协调性

儿童的各种生理和心理能力的发展、成熟，虽然依赖于明确分化的生理机能的作用，但在总体发展水平方面，却又表现出一定的机能互补性特点，以协调人的各种能力，使其尽可能地适应自己的生活环境。这种协调性，是具有生理缺陷的儿童发展的重要保障，使这些儿童不至于因某种生理机能的缺陷，而严重地阻碍其整体发展水平的实现。这一规律，也是对残疾儿童进行教育的重要依据。例如，对于听力障碍的儿童，可以通过发展其对人讲话时口型变化的精细感知能力，来与对方沟通。

以上五条特点，从总体上概括出了儿童身心发展过程中的本质性的表现。从中我们还可以发现这些规律所反映出的一些更为深刻的内容，即儿童的生理成熟先于其心理的成熟；每一年龄阶段儿童发展水平、特点的充分实现，将有助于其后的发展，否则，下一阶段的发展将会受到一定阻碍；儿童的身心发展，归根结底是儿童个体的发展，尊重和顺应儿童个体发展的差异性，是促进儿童整体发展水平的根本道路。

（二）儿童发展的影响因素

影响儿童发展的因素是多种多样的，这些因素之间又相互影响、相互制约。

1. 遗传和生理成熟

遗传是一种生理现象，是指双亲的身体结构和功能的各种特征通过遗传基因传递给下一代的现象。遗传的生物特征，或称遗传素质，主要是指那些与生俱来的有机体的构造、形态、感官和神经系统等方面的解剖生理特征。生理成熟是指机体生长发育的程度或水平，也称为生理发展。遗传和生理成熟是心理发展的物质前提和基础，主要体现在三个方面。

（1）遗传是心理发展的物质前提

遗传素质为幼儿的身心发展提供了可能性，比如，健全的四肢是动作技能发展的前提，完善的发音器官是口语发展的前提，发育良好的大脑和神经系统是智慧发展的前提。先天失明的幼儿不能发展视力，先天聋哑的幼儿不能发展听觉和口语，无脑畸形儿不能产生任何心理活动。由此可见，没有正常人的遗传素质，就没有正常人的心理，遗传是儿童心理发展的物质前提。

（2）遗传素质的个别差异为儿童发展的个别差异提供了最初的可能性

正常的儿童都具有人类的遗传素质，但由于不同的个体在高级神经活动类型、感受器官的结构和机能上的遗传素质存在差异，有的幼儿易于发展成为一个安静的人，有的易于发展成为一个活泼好动的人，有的易于发展成为一个有才能的音乐家，有的则易于发展成为一个优秀的体育运动员。

（3）生理成熟在一定程度上制约心理发展

如果在某种生理结构和机能达到一定成熟程度时，适时地给予适当的刺激，就会使相应的心理活动有效地出现或发展。如果机体尚未成熟，那么，即使给予某种刺激，也难以取得预期的结果。格赛尔的双生子爬梯实验，提出准备的主要因素是成熟，个体发展的基本形式和顺序由神经系统的成熟来决定，过早的训练只能带来一时的效果，而真正的学习效果要在成熟之后才能出现。

2. 环境和教育

环境是指个体体外一切能影响其身心发展的因素，有自然环境和社会环境两种，自然环境提供个体生存所需要的物质条件，如空气、阳光、水分、养料等。社会环境指社会生活条件，如社会的生产发展水平、社会制度、家庭状况、社会气氛、受教育状况等。这里所讲的环境主要指社会生活条件和教育的作用。人类心理发展与动物心理发展有本质不同，动物发展主要依靠本能、成熟和直接经验，而人类发展主要依靠学习、文化传递，依靠教育。人类个体既是一个自然实体，也是一个社会实体。在遗传和生理成熟所提供的可能范围内，环境对个体心理发展的实际水平起决定作用。具体表现在以下几方面。

（1）环境使遗传所提供的心理发展的可能性变为现实

尽管遗传提供了心理发展的可能性，但如果不生活在社会环境里，这种可能性也不会变成现实。野兽抚养大的孩子虽然具有人类的遗传素质，却不具备人类的正常心理。如印度狼孩卡玛拉和阿玛拉就是典型的例子，他们不会直立行走，不能学会说话，没有人类的动作和情感。由此可见，剥夺儿童生活的社会环境，其心理难以正常发展。

（2）环境制约个体心理发展的水平和方向

从宏观上来看，社会生产的发展水平影响国民经济生活，影响科学文化和教育水平，从而影响个体心理的发展水平。现代儿童生活环境的多样化和复杂化是前辈在儿时望尘莫及的。社会生产越发达，需要掌握的知识越多，教育对个体心理发展的促进作用越明显。

3. 个体的主观能动性

学前儿童的发展除了受到遗传和生理成熟、环境和教育的影响和制约以外，个体主观能动性也是不可或缺的重要影响因素。主观能动性也称"自觉能动性"，它是指人的主观意识和实践活动对于客观世界的能动作用。主观能动性有两方面的含义：一是人们能动地认识客观世界，二是在认识的指导下能动地改造客观世界。

（1）主观能动性是学前儿童发展的内因

学前儿童不是消极、被动地接受外部环境的影响，而是通过自身的活动去积极、能动地反映外部环境的。在同样的环境和教育条件下，有的学前儿童积极地从环境中去学习，而有的却对环境中的事物毫无兴趣。

（2）主观能动性是学前儿童发展的动力

外部环境的客观要求转化为学前儿童自身的需要，才能发挥环境和教育的影响；学前儿童身心发展的特点、广度和深度，主要取决于其自身的主观能动性的高低；在学前儿童的发展过程中，不仅能反映客观环境，而且也能改造客观环境以促进自身的发展。

（3）主观能动性是通过学前儿童的活动表现出来的

离开人的活动，遗传素质、环境和教育所赋予的一切发展条件，都不可能使人的发展成为现实。所以，从个人发展的各种可能变为现实这一意义上说，人的身心发展是通过活动来实现的，个体的活动是其发展的决定性因素。

二、学前教育与儿童发展

学前教育与儿童发展是一个相互作用、相互制约的复杂过程。在学前教育与学前儿童身心发展的关系中，一方面要看到学前教育在学前儿童身心发展中所起的作用，另一方面，还要看到学前教育受到学前儿童身心发展的客观规律的制约。

（一）学前教育影响儿童发展

学前教育机构是专门教育学前儿童的地方，它把客观环境因素经过选择和提炼，有目的、有计划、有系统地影响学前儿童。

1. 学前教育促进儿童身心发展

（1）学前教育促进学前儿童生理的发育与成熟

学前儿童机体器官的正常发育和成熟是机体器官和系统在形态、结构上由不完整到完整，机能由简单到复杂的变化过程。现代的生理学、心理学、社会学、人类学等学科的研究证明，学前教育对学前儿童个体的成长具有重大作用。印度发现的狼孩，她们上肢较长，耳朵能动，下巴比正常人的长，下颚关节有弹性，嘴很大，牙齿锋利，眼睛敏锐，嗅觉发达，还能发出狼叫声，生活经验已使她们的身体特征更接近狼的生理结构特征。而在人类环境中成长的学前儿童，通过接受教育受到丰富和适当的刺激，其生理的发展与成熟程度不断提高。

（2）学前教育提升儿童心理发展的水平和质量

①学前教育促进儿童认知能力发展

学前期是人的认知发展最为迅速、最重要的时期，在人一生认识能力的发展中具有十分重要的奠基性作用。研究表明，学前儿童具有巨大的学习潜力，比如，婴儿在3个月时便能进行多种学习活动；1岁婴儿能学会辨认物体的数量、大小、形状、颜色和方位；幼儿具有很强的模仿力、想象力和创造力。人类的幼体具有发展"人"的各种能力的潜在可能性，但这种可能性还需要后天环境和教育的诱发与催生。否则，就有可能永远丧失这种能力。

已有研究证明，早期教育对于学前儿童的认知发展具有重要影响。单调、贫乏的环境刺激和适宜的学前教育的缺乏，会造成儿童认知方面的落后，而为学前儿童提供丰富的感性经验并给予积极的引导、帮助和教育，则能够促进其认知的发展。美国著名的学前教育方案开端计划（Head Start Program）的研究表明，早期良好的学前教育能使接受学前教育计划的社会处境不利儿童和非处境不利儿童比未接受的儿童在"在认知、语言和思维操作等各方面能力发展得更好"，并且"对这些儿童的认知、学习发展产生一直持续到其成年期的长期的、积极的影响"。另一方面，学前教育的质量还直接关系到学前儿童能否形成正确的学习态度、良好的学习习惯和强烈的学习动机，从而对个体的认知发展和终身学习产生重大影响。

②学前教育提升儿童的社会性和人格品质

社会性、人格品质是个体素质的核心组成部分，它是通过社会化的过程逐步形成与发展的。学前期是个体社会化的起始阶段和关键时期，在后天环境与教育的影响下，在与周围人的相互作用的过程中，学前儿童逐渐形成和发展着最初，也是最基本的对人、事、物的情感、态度，奠定着行为、性格、人格的基础。研究和事实均表明，6岁前是人的行为习惯、情感、态度、性格雏形等基本形成的时期，这一时期儿童的发展状况具有持续性影响，其影响并决定着儿童日后社会性以及人格的发展方向、性质和水平。高质量的学前教育对于学前儿童社会性、人格的发展具有积极的促进作用。"发展适宜性教育实践"表明，学前期适宜的社会性教育能够有力地促进学前儿童社会性和人格品质的发展，接受了适宜社会性教育的学前儿童各方面发展水平都要显著高于没有接受过这一教育方案的儿童。

2. 学前教育能对特殊儿童实施纠偏和补偿

托幼机构还可以对缺陷儿童进行矫治和特殊教育，如听力训练、视力训练、盲文哑语教育、智力恢复教育等。学前期是身心发展最快的时期，因而教育效果也最好，国内外许多早期特殊教育的结果均证明了这一点，如蒙台梭利对早期智力落后的幼儿进行训练，使他们的智力得到了较大程度的恢复。

（二）学前教育受儿童发展的制约

1. 学前教育必须考虑儿童身心发展水平

学前教育目标的制定、教育的内容和形式的选择都要受学前儿童身心发展水平的影响。如智育方面，0～1岁的婴儿处于前言语思维水平，即婴儿的思维与手的抓握及摆弄物体的动作分不开。这一时期的教育主要是给其色彩鲜艳、能发出声音和有吸引力的玩具，以刺激孩子玩弄和感知。1～3岁的婴幼儿正处于直觉行动思维阶段，这时的教育重在发展婴幼儿的基本动作，让其边活动边学习。3～6岁的幼儿正处于具体形象思维阶段，这时的教育就要注意丰富幼儿的表象，让幼儿在大量感知活动的基础上把握事物的本质特征，并形成初级概念。

早教机构的教育内容只能以幼儿的生活为中心，教育方法也主要是在生活中随机教育。而幼儿园的孩子生活范围扩大了，其知识面较之托儿所也更加广一些，教育方法也较多地采用游戏和操作活动的方法。

2. 学前教育必须考虑儿童发展的关键期

习性学家康纳德·洛伦兹发现了"印刻"这一现象，并从中推断出发展的关键期的概念。所谓关键期，是指在个体发育中的某个时期，对某种类型的环境影响特别敏感，而且该种类型的环境影响会对这一时期发展的方向及进程发挥重大作用。发展心理学家将动物的关键期概念引入儿童学习行为的研究领域，认为儿童心理的发展同样存在关键期。在幼儿心理发展中，关键期又称敏感期，是指幼儿在某个时期最容易学习某种知识技能或形成某种心理特征，但是过了这个时期，再形成相关的知识技能或心理特征就比较困难。因此，教育应当抓住儿童发展的关键期，根据每个孩子的身体状况、心理水平、兴趣爱好，有的放矢地选择教育内容与教育方式，施以及时的教育。

3. 学前教育必须考虑儿童的个体差异

不同的个体具有不同的成长节律，每一个学前儿童都是独一无二的，他们的心理发展所面临的问题也是千差万别的。在同一方面，每个学前儿童的身心发展水平和速度不相同，如有的学前儿童口语发展较早，而有的学前儿童口语发展相对迟缓；不同学前儿童的身心素质发展也不一样，如有的音乐素质高，有的科学素质强，而有的身体条件好；每个学前儿童的情感、意志和个性也相异，如有的脾气温和、性格文静、感情内向，而有的脾气暴躁、性格开朗、感情外向。《3～6岁儿童学习与发展指南》中指出，要充分理解和尊重幼儿发展进程中的个别差异，支持和引导他们从原有水平向更高水平发展，按照自身的速度和方式到达《指南》所呈现的发展"阶梯"，切忌用一把"尺子"衡量所有幼儿。

三、儿童观及其演变

（一）儿童观的内涵和形态

儿童观是人们对儿童总的看法，是成人如何看待和对待儿童的观点的总和，涉及儿童的权利与地位、生长特点、发展的形式和成因、儿童期的意义以及教育和儿童发展之间的关系等问题。儿童观是人们对儿童的根本看法和态度。儿童观是教育观的基础，也是影响教师观的重要因素。有什么样的儿童观就有什么样的教育观和教师观：把儿童当成知识的接收器，那么，教师就是知识的灌输者，教育过程就是知识的接受过程；把儿童看成主动的探索者，那么，教师就是儿童学习的引路人，教育过程就是在教师引导下幼儿主动探索的过程。正确看待儿童，树立科学的儿童观是做好教育工作的基础，也是做一名合格幼儿园教师的前提。

（二）儿童观的结构

儿童观作为一种指向儿童的观念，有其内在的结构和内容。对儿童观结构的分析，是从整体上把握儿童观的重要步骤，主要从三个方面去分析和理解。

1. 自然层面——儿童是自然的存在

儿童观结构的自然层面主要指儿童是自然的存在，儿童是自然进化的结果，是种族进化的结果，因而我们可以称儿童是自然之子。

法国著名的教育家卢梭，倡导尊重自然人，捍卫自然人，培养自然人。在其代表作《爱弥儿》开篇中，他说："出自造物主之手的东西都是好的，到了人那里就变坏了。"有人说他太悲观，其实并不然，他的《爱弥儿》就是要告诉人们，一个自然人——儿童，是在怎样的教育条件下怎样茁壮成长而又未受到文化污染的。儿童作为自然之子，保存着与群山、田野、万物交流与鸟儿对话的能力。儿童与大自然一样的纯朴，儿童是大自然的宠儿，儿童可以与大自然水乳交融。儿童与生俱来地拥有一种亲自然性、亲生命性。

2. 社会层面——儿童是社会的存在

儿童观的社会层面是指儿童是社会的存在，因为儿童的存在才使社会的延续成为可能。儿童是前一个社会和将来社会的连接点，儿童是自然进化的产物，更是社会进化、文化传承的产物，这正是人区别于动物的根本特征，也是为什么称儿童是历史之子。前人总是要把整个人类历史积累下来的生产生活知识和文化文明知识传承给人类未来的希望——儿童，儿童在掌握的基础上更新创造才能使人类不断地进步。

3. 精神层面——儿童是精神的存在

儿童作为正在成长发展中的个体，支撑其躯体、协调其行为的是其丰富的精神世界，这个世界是个神奇的世界，需要我们去认识和了解，只有了解了儿童丰富的内心世界，才能切实地尊重作为精神存在的儿童。儿童虽然初涉人世，但有丰富的情感；儿童虽然时常表现其稚嫩和脆弱，但有独立的人格，并正在形成自己的个性；儿童经常处于被照料的状态，但有其自己的需要和愿望，尤其不能忽略的是儿童需要尊重、需要公平、需要精神抚慰。幸福对于儿童来说，在于使儿童的天性得到张扬、得到发挥。在于儿童尽情地玩耍之中，教育在多大程度上是人性的，也就决定了能在多大程度上走进儿童的世界，教育必须首先承认儿童是精神的存在，这是教育取得成功的先决条件。

（三）关于儿童的地位与权益

在儿童观发展的历史长河中，有两种出发点截然不同的儿童地位与权益观，即国家本位的儿童观和人本位的儿童观，不同的儿童地位与权益观决定了教育的不同性质。

1. 国家本位的儿童观

儿童能使人类社会得以延续和发展，人类早就认识到儿童的作用。我国古代就有"慈幼"的思想，还有"慈幼"的具体礼仪、习俗。但这并不意味着儿童得到了真正的重视，而是把儿童看作是国家财富和未来的劳动者与兵源，其出发点在于国家利益，儿童并没有作为独立的个体而受到充分的重视与尊重。古代斯巴达人为了战争的需要挑选强壮的婴儿，在孩子一生下来便放到冰水中浸泡，孩子能经受住这番磨难才能取得生存的资格。

这种国家本位的儿童观，把儿童受教育看作是成人的赐予或"国"和"家"利益的需要，让儿童受教育的唯一目的，是造就出符合成人或成人社会所期望的某种类型的人。成人在教育过程中享有绝对的权威和尊严，教育权益成为统治阶级的标志。为了满足父母"望子成龙""光宗耀祖"的心愿，人们把教育变成强制活动，学习成为苦役。

2. 人本位的儿童观

在西方，人是神的奴仆，神权高于一切。儿童被视作"有罪的羔羊"，生来就带有"原罪"。教育的职能就是使这些天生的罪人不再变得更加邪恶，尽早开始赎罪。文艺复兴运动给人本位的儿童观开辟了生存土壤。文艺复兴运动倡导新的人类观，要求人们热爱儿童、珍视儿童、尊重儿童，这种人类观把儿童从传统社会的从属关系中解放出来。然而，这一时期的儿童观，是从理想的人的形象中推导出来的，并未否定儿童对父母的隶属关系，也没有把儿童本身看作是有个性价值的个体存在。法国大革命"天赋人权，人人生而平等"口号的提出，尤其是卢梭对"儿童的发现"，从根本上扭转了过去用成人社会的要求对待儿童的传统，第一次把儿童从社会偏见和双亲的束缚下解放出来，将其作为一个人来对待。卢梭认为，儿童本身具有不可转让的价值，真正的教育就应当适应儿童的自然本性，使其得到发展。卢梭的《爱弥儿》一书被看作是一部儿童权利宣言。

在大力弘扬科学和人文精神的今天，国际社会、各国政府为了保护儿童的权益做出了很大的努力，1989年联合国大会一致通过了《儿童权利公约》（以下简称《公约》），为儿童的保护和福祉订立了一套全面的国际法律准则。这一《公约》要求保护儿童免遭忽视、虐待和剥削，肯定儿童具有基本人权，包括生命、发展和充分参与社会、文化生活以及他们个人成长与福利所必需的其他活动的权利。1990年9月30日，联合国在纽约召开了世界儿童问题首脑会议，提出了90年代的新道德观——一切为了儿童，确认在儿童问题上的进步应成为国家全面发展的一个主要目标。

（四）儿童观的演变

1. 传统的儿童观

（1）儿童是小大人

持有这种观点的人认为，儿童是"缩小"的大人，儿童是小大人，儿童和大人没有什么区别，即使有，那也只是身高和体重的不同而已。在古代，经济的发展特别缓慢，因此人们期望儿童能够早日加入成人的行列，能够同成人一样独立地劳作。所以人们总是用成人的标准要求儿童，而儿童自身的特点和意义都被忽略掉了。

（2）儿童是白板

"白板"是空白的板或擦过的黑板。持有这种观点的人认为，儿童刚生下来的时候，其心灵就像一块白板，成人可以将其任意塑造成各种各样的东西；就像是一张白纸，洁白无瑕，成人可以在上面画最新最美的图画；就像是一个空容器，成人可以任意填塞，把各种知识经验灌输进去，而不考虑儿童的需要。儿童的发展仅仅是周围环境的作用，是消极被动地接受外界刺激的结果，完全忽视了儿童的主观能动性。

（3）儿童是"有罪的"

持有这种观点的人认为，儿童一生下来，就充满罪恶，是有罪的"羔羊"，卑贱无知，成人应该对他们严加管束、约制，使儿童能不断地进行赎罪。儿童体内的各种"毒素"，是儿童犯罪的根源，容易导致儿童的错误行为，而严酷的纪律则会减轻，甚至消除儿童的这种行为。可以责骂、鞭打儿童，对儿童施行体罚也是应该的。儿童承受了各种肉体的、精神的折磨，遭受成人的轻视，任何带有创新乃至尝试意识的行为都会受到指责，人格被严重摧残。

（4）儿童是"花草树木"

文艺复兴运动对人权的倡导，使人们从全新的角度来审视儿童，在儿童观上有了一个大的飞跃，开始把儿童看作是一个有独立存在价值的实体，儿童有自己的权利、思想、情感、需要。提出不用成人的标准去对待儿童，儿童应该像个"儿童"，要倍加珍惜童年的生活。尊重儿童纯洁美好、独立平等的自然本性。儿童的生长发展是按自然法则运行的，教育者的作用就像是"园丁"，活动室就像是儿童逐步成熟的"花园"，每个儿童的成熟都有内部的时间表，在恰当的时间学习特别的任务，而不能强迫儿童去学习。

（5）儿童是"私有财产"

持有这种观点的人认为，儿童是父母婚姻的结晶，产生于母体，归父母所有，是父母的隶属品。父母可以左右儿童的命运，控制儿童的生活，决定儿童的一切事情，要求儿童学习许多并不感兴趣的课程，把儿童培养成为他们认为的最理想的人，压服儿童，让儿童唯命是从。儿童特别是男童被认为是家庭的希望、传宗接代的工具，开始重视儿童、关心儿童，但儿童仍然被视为家庭和家族的附属品，父母的私有财产，没有独立自主的人格和地位，与其抚养人之间的关系只是一种依附关系。例如，"老子打儿子"被认为是天经地义的，是家庭的私事，别人无权干涉。

（6）儿童是"未来的资源"

持有这种观点的人认为，儿童是国家最宝贵的财富，是国家潜力最大的资源，是未来的兵源和劳动力。对儿童进行教育，就是对未来进行最有价值的投资，这种投资，利国利民，多投资，才能高产出。

（7）儿童是"有能力的主体"

人类的童年期长于动物的童年期，这为儿童以后的发展奠定了良好的基础。儿童在体力、智力、情感、社会性、道德等许多方面都不同于成人，他们是正在发展中的人。不能因为儿童弱小、需要保护，就轻视他们，使他们被动发展。儿童是有能力的、积极主动的权利主体，应有主动发展自己潜能的机会。在出生、成长、发育的过程中，成为自主的行动者，能表达自己的主张和意见，充分行使自己的权利。

2. 科学儿童观的内涵

科学儿童观是指那些符合儿童本质的认识观点，由于认识总是发展的，因此，科学儿童观有一定相对性。在当代，科学儿童观的内涵应包括以下内容。

（1）儿童是人

儿童作为人，具有和成人一样的人格和尊严、一样丰富的精神世界、一样的差异性。儿童稚嫩、不成熟，这恰恰代表着人类发展的轨迹以及学习和发展的可能性。

（2）儿童是发展中的人

儿童不同于成人，正处于发展之中。一方面，儿童的身心是稚嫩的，各方面尚不完善，需要科学、合理的照顾和保护。成人在教育儿童时，必须尊重儿童发展规律，不能把他们看成微缩的成人。另一方面，儿童有巨大的发展潜能和被塑造与自我塑造的潜力，有自己独特的认知方式和成长特点。因此，成人不能把自己的意愿强加给儿童，只能创设激发儿童兴趣的活动情景，尊重儿童的感受，尊重儿童的选择，鼓励儿童的创造，引导儿童主动发展。

（3）儿童是权利的主体

儿童与成人彼此平等、具有相同的价值，法律赋予了儿童基本的权利。1989年联合国大会一致通过了《儿童权利公约》（以下简称《公约》），《公约》是在儿童权利的保护方面迄今为止内容最丰富、最全面、最为国际社会广泛认可的国际法之一，它赋予了所有儿童各种权利，如受教育权、健康权、受父母照料权、娱乐权、闲暇权、隐私权、表达权等。这些权利概括起来主要包括四个方面。

①无歧视。每一个儿童都平等地享有《公约》所规定的全部权利，不因其本人及其父母的种族、肤色、性别、语言、宗教、政治观点、民族、财产状况和身体状况等受到任何歧视。

②儿童的最大利益。涉及儿童的一切行为，必须首先考虑儿童的最大利益。

③确保儿童的生命权、生存权和发展权的完整。所有儿童都享有生存和发展的权利（两者完整兼具），应最大限度地确保儿童的生存和发展。

④尊重儿童的意见。任何事情涉及儿童，均应听取儿童的意见。

（4）儿童期有自身的价值

儿童期不只是为成人期做准备，它自身还有不可替代的价值。儿童最终要长大成人，而成人是经由儿童期、经过儿童的努力创造出来的。"儿童是成人之父"，催促儿童尽快成熟、缩短儿童期是对儿童期自身价值的否定。

传统的儿童观都是以成人为主体，以成人的视角来认识儿童，无形中把儿童看作被动的、被人塑造和引导的，其实孩子也是具有主动性的，他们也在改变着成人世界；传统的儿童观认为孩子是成长中的人，是尚未成熟的，是依赖于成人的，潜意识中忽视了孩子人格的完整和独立。但成长中的孩子，也是世界上活生生的一个人，他们和成人一样都是社会中的一个独立存在。所以，我们需要以儿童为主体的儿童观。只有这样，我们的认识才是来自对他们的理解，才能避免我们的成见一次次碰壁，才能更好地和孩子一起互动，一起成长。

我国学前教育的性质与制度

第二章

第一节   我国学前教育的性质与任务

"教育为立国之本"，那么教育的本质是什么？我国的教育宗旨、目的是什么？学前教育就是教孩子学习知识吗？……这些问题是作为未来教师的同学们必须深入学习和理解的。

一、我国的教育方针与教育目的

（一）教育的本质

"本质"指事物本身所固有的根本的属性。人类培养自己的新生一代，使之更好地生存和发展，是教育的根本属性所在。我们从以下两个方面来理解教育的本质。

1. 教育是有目的地培养人的社会活动

教育伴随着人类社会的产生而产生，它一开始便是为了人的发展，是人类所特有的社会活动。

教育的本质就是培养人，这是教育活动区别于其他社会活动的根本特征。教育是有目的地培养人的社会活动，有目的地培养人，使之从生物人成长为社会人，成为适应一定社会和促进社会发展的人，是教育这一社会现象与其他社会现象的根本区别，是教育的本质特点。

2. 教育是引导受教育者能动学习与发展的活动

教育是培养人的一种社会活动，教育如何影响受教育者发展成为适应一定社会和促进社会发展的人？教育如何把人类积累的科学文化、生产和社会生活经验转化为受教育者个体的成长和精神财富？这一过程必须遵循受教育者的身心发展规律和教育规律，必须通过受教育者个体自身所处的不同水平、不同性质的一系列的生命实践活动来实现。教育是教育者引导受教育者能动学习与发展的活动，这是教育所独有的特性。

（二）我国的教育方针

1. 我国的教育方针

教育方针，又称教育宗旨，它是国家在一定历史阶段，根据社会政治、经济、文化发展的要求和个人发展的要求而制定的有关教育工作发展的总的方向和总的指导思想，是制定教育政策的总依据。教育方针是指导整个教育事业发展的战略原则和行动纲领。其内容包括教育的性质、指导思想、目的和基本途径等。教育目的是教育方针的核心要素。

《中华人民共和国教育法》（简称《教育法》）第五条明确表述我国的教育方针是："教育必须为社会主义现代化建设服务、为人民服务，必须与生产劳动和社会实践相结合，培养德智体美劳全面发展的社会主义建设者和接班人"。我国的教育方针为我国教育事业的发展指明了方向，是教育事业发展的行动纲领。

2. 我国教育方针的发展

不同的历史时期有不同的教育方针；相同的历史时期因需要强调某个方面，教育方针的表述也会有所不同。我国教育方针的节点和发展如下。

①1957年，毛泽东在《关于正确处理人民内部矛盾的问题》中提出："我们的教育方针，应该使受教育者在德育、智育、体育几方面都得到发展，成为有社会主义觉悟的、有文化的劳动者。"它明确了我国教育的社会主义性质、方向、教育目的及培养规格，成为长期指导我国教育的方针，对中华人民共和国教育的发展影响深远。

②1981年，中共中央十一届六中全会通过的《关于建国以来党的若干历史问题的决议》中指出"坚持德、智、体全面发展，又红又专，知识分子与工人农民相结合，脑力劳动与体力劳动相结合"的教育方针。

③1985年5月27日，《中共中央关于教育体制改革的决定》规定了"所有培养的人才，都应该有理想、有道德、有文化、有纪律，热爱社会主义

祖国和社会主义事业，具有为国家富强和人民富裕而艰苦奋斗的献身精神，都应该不断追求新知，具有实事求是、独立思考、勇于创新的科学精神"。

④1993年，中共中央、国务院正式颁布的《中国教育改革和发展纲要》确定了我国新时期的教育方针："教育必须为社会主义现代化建设服务，必须同生产劳动相结合，培养德、智、体全面发展的社会主义建设者和接班人。"

⑤1995年，第一部《教育法》正式颁布，教育方针也明确写入《教育法》："教育必须为社会主义现代化建设服务，为人民服务，必须与生产劳动相结合，培养德、智、体、美等全面发展的社会主义建设者和接班人。"2021年4月，第十三届全国人民代表大会常务委员会通过关于修改《教育法》的决定，其修订的第五条规定"教育必须为社会主义现代化建设服务、为人民服务，必须与生产劳动和社会实践相结合，培养德智体美劳全面发展的社会主义建设者和接班人"。这是以教育基本法的形式、以最准确的文字对国家教育方针最完整的表述，体现了教育方针的权威性。

新时期的教育方针有三层意思，它们之间的关系是：其一，教育必须为社会主义现代化建设服务、为人民服务，指明了我国新时期的社会主义性质和服务方向。其二，教育必须同生产劳动和社会实践相结合，指明了实现教育目的的基本途径。其三，培养德智体美劳全面发展的社会主义建设者和接班人，指明了学校教育所要培养人才的质量和规格，即教育目的。

这一教育方针确定了我国社会主义初级阶段教育对象的发展方向。它是一切教育活动的出发点和归宿。

（三）教育的目的、内涵与功能

人类任何社会实践活动都是有预期目的的，教育作为培养人的社会实践活动也同样如此。教育目的有广义和狭义之分。

广义的教育目的是指人们对受教育者在接受教育后所产生的身心方面积极变化的期望。现实社会中，国家、社会、学校、教师和学生家长对年轻一代寄予的期望，都可以理解为广义的教育目的。

狭义的教育目的是指一定社会（国家或民族）通过教育，把受教育者培养成为一定社会所需要的人的总要求，它规定着受教育者身心发展应达到的质量和规格。它是教育工作的出发点和最终目标。

1. 我国的教育目的

1995年，我国第一部《教育法》正式颁布，2021年4月，第十三届全国人民代表大会常务委员会修订的《教育法》，其第五条教育方针里明确规定我国现阶段的教育目的是"培养德智体美劳全面发展的社会主义建设者和接班人"，这一教育目的是我国教育必须遵守的法律要求。

教育目的是教育工作的出发点和归宿，反映着办教育的主体对教育活动在努力方向、社会倾向和人的培养规格标准等方面的要求和指向。教育目的对明确教育方向、建立教育制度、确定教育内容、选择教育方法、组织教育活动、进行教育管理、评估教育质量等，起着决定性的指导作用。

2. 教育目的的功能

（1）定向功能

教育目的是对教育社会性质的定向，规定了"为谁培养人"和"培养什么样的人"的根本指导思想和受教育者发展的总方向。定向功能是指教育目的内容所体现出来的定向和导向机制，教育目的所规定的学校教育和学生发展的根本方向，引导教育行为更符合这一方向，使办学思想、教育过程更符合办学规律，使学生学习的内容更趋于合理，引导学生的学习与发展朝着这一方向不断深化和提高。

（2）调控功能

教育目的规定了学校教育培养人才的基本质量和规格，对学校教育内容和活动方式起选择、协作、调节和控制作用。办学过程运用"反馈原理"，了解教育工作中、学生学习中出现的问题，并及时调节教育教学，纠正偏差，使之朝着既定的方向前进，使教育过程不断改进和提高，不断完善和优化，实现应该达到的目标。

（3）评价功能

学校办学质量和学生发展质量如何，可以有很多标准来衡量，但根本标准乃是教育目的。凡是遵循教育目的并实现了贯彻教育目的下的学校培养目标，其教育质量就高。相反，偏离了教育目的，其教育质量就不可能高。评价功能主要是指教育目的具有激发行为动机，调动教育行为者的积极作用，使被评者看到自己的成就和缺陷，成功和失败，从而激励学校的社会责任感，激励教师和学生的内在需要和动力，增强和焕发高度的积极性。

（四）教育目的的层次

教育目的作为国家层面的为谁培养人、培养什么样的人的总要求，是国家一级的、第一层次教育的总目的、总体目标，它的实现需要不断具体化，构成一个层级体系，这一层级体系从抽象到具体依次为：教育目的—培养目标—课程目标—教学目标。这样一个系统将教育目的层层落实，转化为每一个教育教学目标，落实到学生的发展上。

1. 培养目标与教育目的

培养目标是教育目的在各级各类学校的具体化，是国家教育目的往下一层的具体化，属于第二个层次，是根据国家的教育目的、各级各类学校以及高校各专业所担负的培养任务和学生年龄、文化知识水平而制定的人才培养的特殊要求。中小学学校、高等学校各个专业可以有自己的培养目标，这一目标既有国家统一的要求，也有自己的特色之处。

教育目的是对各级各类学校的普遍要求，培养目标是针对各级各类学校人才培养的特殊要求。培养目标的制定，必须依据教育目的，同时考虑不同领域、不同类别、不同学校对人才培养的特殊性。

2. 课程目标与培养目标

课程目标是培养目标的进一步具体化，是特定类型学校、特定年级教育的课程教学所要达到的目标。培养目标的实现主要是通过学校所设置的课程而达成的，课程是实现培养目标的载体。

对于学前教育，培养目标体现为"保教目标"，其五大领域课程的目标和要求是保教目标的具体化。对于中小学教育，是分学段进行科学文化基础教育，促进德智体美劳全面发展都有相应要学习的课程，各个学段课程目标都是相应学段培养目标的具体化。高等教育是培养专业人才的，各专业要实现其专业培养目标，就要设置与培养目标相对接的课程体系，培养目标就要具体化为课程目标，每一门课程都要为实现培养目标服务。如，同学们所学的学前教育专业，就要学习学前教育学、学前心理学、学前卫生学、学前儿童游戏、教育实习等课程，同学们每一门课程的学习都达到了课程目标，加之综合考评达标，也就达到了学前教育专业的培养目标，方可毕业。

3. 教学目标与课程目标

教学目标是师生通过教学活动预期达到的结果，是期望受教育者通过完成某一时段（如一节课、一个单元）的学习之后，在知识与能力、过程与方法、情感态度与价值观三个方面所产生的变化。众多的教学目标聚合完成课程目标，教学目标是课程目标在每一个教学时段的分解和具体化，是微观层次的教育目的，具有很强的操作性。

4. 教育目的、培养目标、课程目标、教学目标之间的关系

教育目的、培养目标与课程目标、教学目标之间的关系是抽象与具体的关系，教育目的作为最上层的教育总要求，起着统贯全局的作用，上层次的目标是下层次目标的依据，下层次目标是上层次目标的分解、具体化。相比而言，教育目的、培养目标总体上说是抽象的、概括的，课程目标与教学目标是具体的、可测量的。从教育目的、培养目标到课程目标和教学目标，是一个由抽象到具体不断细化的过程，是教育目的层层落实的过程。

二、我国学前教育的性质和任务

在人从出生到老年的终身教育中，学前教育是启蒙阶段，是其他各个

阶段教育的基础。由于各个阶段的教育对象的年龄不同，身心发展水平不同，各阶段的教育要据此提出不同程度的教育要求。当前，我国学前教育主要分为两个阶段，即0～3岁婴幼儿的教育和3～6岁幼儿的教育，而0～3岁婴幼儿的教育主要在家庭中实施，因此，本章主要论述3～6岁幼儿在幼儿园这一学前教育机构中实施的教育。

（一）我国学前教育的性质和意义

1. 我国学前教育的性质

（1）基础性

《教育法》规定，国家实行学前教育、初等教育、中等教育、高等教育的学校教育制度。学前教育是我国社会主义教育事业的组成部分，是我国基础教育的重要组成部分，是我国学校教育和终身教育的奠基阶段。

《幼儿园工作规程》（以下简称《规程》）是遵循我国《宪法》和《教育法》的精神而制定的幼儿教育规章。2016年实施的《规程》明确指出："幼儿园是对3周岁以上学龄前幼儿实施保育和教育的机构。幼儿园教育是基础教育的重要组成部分，是学校教育制度的基础阶段。"

《幼儿园教育指导纲要》（以下简称《纲要》）也明确提出："幼儿园教育是基础教育的重要组成部分，是我国学校教育和终身教育的奠基阶段。城乡各类幼儿园都应从实际出发，因地制宜地实施素质教育，为幼儿一生的发展打好基础。"

《3～6岁儿童学习与发展指南》（以下简称《指南》）中也明确指出："以为幼儿后继学习和终身发展奠定良好素质基础为目标，以促进幼儿在体、智、德、美各方面的全面协调发展为核心，旨在引导幼儿园教师和家长树立正确的教育观念，了解3～6岁幼儿学习与发展的基本规律和特点，建立对幼儿发展的合理期望。"

由此可见，国家通过立法、制定方针政策来保证它的实施，通过行政管理体系来领导和贯彻落实。

（2）公益性

对国家来说，学前教育事业是国民教育的开端阶段，为提高基础教育的质量打好基础，对国民素质的整体提高发挥重要的奠基作用，关系着国家和民族的未来；对家庭来说，高质量的学前教育能满足人民群众重视子女教育的热切需求和对未来美好生活的期盼；对儿童个体来说，关系着儿童个体的健康成长，为一生发展奠定基础。

学前教育是关系民生的事业，学前教育促进儿童健康成长关系到家庭生活的和谐幸福和家庭生活质量。家庭是社会的最基本单位，家庭的稳定以及家庭生活的质量直接影响着社会的稳定和整个民族素质的提高。《国务院关于当前发展学前教育的若干意见》（国发〔2010〕41号）指出，"学前教育是终身学习的开端，是国民教育体系的重要组成部分，是重要的社会公益事业"，关系到亿万儿童的健康成长、千家万户的切身利益和国家的未来。学前教育既是社会福利事业，也是重要的社会公益事业，具有显著的公益性。

2. 我国学前教育的意义

学前教育与儿童发展的关系、与社会发展的关系的本质特征，就体现了学前教育的意义。

（1）为儿童一生发展奠定良好的基础

通过有目的、有计划、有组织的学前教育，促进学龄前儿童在身体、认知、社会性和情感等方面健康全面和谐而富有个性地发展，为其一生可持续发展奠定良好的素质基础。

在身体发展方面：通过合理安排学前儿童的营养保健，科学组织学前儿童的体育锻炼，培养学前儿童良好的生活卫生习惯及基本的生活自理能力，增强体质和对环境的适应能力，从而促进学前儿童身体的健康发育，提高他们的身体素质。

在认知发展方面：通过为儿童提供适宜的学习环境和良好的教育影响，使儿童养成良好的学习习惯，形成正确的学习态度，产生强烈的学习动机，对儿童认知的发展和终身学习都会产生积极的影响。

在社会性和情感发展方面：通过对儿童有目的、有计划、有组织的教育影响，让儿童养成遵守纪律、诚实守信、友爱谦让、团结协作、礼貌教养、有责任感、坚强执着、乐观开朗等良好的社会性品质，对儿童一生的发展都会产生持续的影响，决定着儿童日后社会性人格发展的方向、性质以及发展水平。

（2）有利于家庭幸福、社会稳定与进步

学前教育的顺利开展有助于家庭的幸福和谐发展。现代社会中，学前教育儿童的父母大多数都在从事社会工作，没有过多的时间和精力来照顾幼小的子女。学前教育可以帮助父母承担一些本应由家庭承担的养育和教育任务，使年轻的父母有更多的时间和精力从事社会工作，学习和提升自己，尤其是母亲可以走出家庭参加社会工作，增加家庭收入，提高家庭生活质量，增强家庭生活的幸福感。

总之，学前教育作为我国基础教育的组成部分，不仅对儿童一生的发展起着至关重要的作用，而且关系到家庭幸福和谐、社会稳定与进步。因此，广大学前教育工作者必须深入学习，领会我国学前教育的意义，努力提高学前教育教学水平，促进儿童身心全面发展。

（二）我国学前教育的特点

学前教育的任务是教育目的在学前教育阶段的具体化。要做好学前教育工作，首先得了解学前教育的特点。

学前教育机构是对0～6岁的学前儿童实施保育教育的机构，学前教育是学校教育制度的基础阶段，但学前教育与学校教育制度的其他阶段相比，具有如下特点：

1. 非义务性

学前教育是基础教育的重要组成部分，是学校教育制度的基础阶段。虽然近年来我国学前教育发展十分迅速，但目前我国还没有将学前教育纳入义务教育。义务教育的三大特点就是强制性、免费性、普及性，而我国学前教育是非义务性的。学前儿童是否去学前教育机构接受教育是自愿的而非被迫接受的，由于学龄前儿童身心发展的特殊性，家长完全可以根据孩子和自己的各方面的情况，综合考虑是否送孩子进托儿所或幼儿园，0～3岁婴幼儿的教养更是以家庭为主的养育与教育。学前儿童在学前教育机构的学习可以很自主，是在教师所创设的适合于儿童生活和游戏的环境中、在教师的引导下的自主学习与发展。

2. 保教合一

学前期是儿童生长发育十分迅速而旺盛的阶段，也是身体各种器官、各个系统的机能还没有发育成熟和完善的时期。生理上，他们骨化没有完成，骨骼坚固性差，容易受损，容易变形。他们的肌肉柔嫩、力量弱，耐力性差，容易疲劳；心理上，由于他们的年龄小，生活经验少，活动能力、自我控制能力、生活自理能力都比较差，对成人的依赖性很强，需要和别人交往建立起关系，需要成人或年长的儿童带领他们进入社会，获取经验；在法律上，他们虽然具有同成人一样的权利，但他们无相应行为能力和责任能力，我国《中华人民共和国民法通则》规定，10岁以下儿童属完全无民事行为能力的公民，他们当然亦不对自己的行为承担相应的责任。《规程》明确指出："贯彻国家的教育方针，按照保育与教育相结合的原则，遵循幼儿身心发展特点和规律，实施德、智、体、美等方面全面发展的教育，促进幼儿身心和谐发展。"因此，对学龄前儿童的教育要特别强调保育与教育相结合，一切教育活动都是在保育的前提下进行的。

3. 启蒙性

学前教育的启蒙性，是指对学前儿童的教育要与他们的现实发展需要联系起来，要启于未发、适时而教、循序渐进，不损伤"幼嫩的芽"，并且要促使其苗壮成长。

学前时期是人生发展的早期，这一时期是人的生理发育、心智发展、个性萌芽的初级阶段，学前儿童开始了初步的社会化历程，面对世界，他们好奇、迷惑，并主动探索，展现自己内在的生命本质。这一时期的教育，在于使学前儿童的体力、智力、品德和情感都得到发展，为他们升入小学后较快地适应正式学习生活打基础，为他们一生的发展打基础。《纲要》明确指出："幼儿园的教育内容是全面的、启蒙性的，可以相对划分为健康、语言、社会、科学、艺术五个领域，也可做其他不同的划分。各领域的内容相互渗透，从不同的角度促进幼儿情感、态度、能力、知识、技能等方面的发展。"

因而在学前教育阶段，不以传授系统知识为主要目标，要防止片面性，尤其要避免只重知识和技能，忽略情感、社会性和实际能力的倾向。对于学前儿童来说，专门组织的教学活动，自由的游戏玩耍，甚至进餐、午睡、穿衣等都是结合他们的生活和在学前教育机构的一日活动来安排的，为他们提供的内容都是最基本的，具有启蒙性的。

4. 直接经验性

在学前教育阶段，儿童的学习是以直接经验为基础，在游戏和日常生活中进行的，这是由学前儿童的认知水平较低、知识经验欠缺所决定的，他们认识事物主要是通过感官和动作，与周围生活环境中的事物直接接触，进行感知和操作，获取直接经验。《规程》明确指出，要"注重幼儿的直接感知、实际操作和亲身体验，保证幼儿愉快的、有益的自由活动"。而且，学前儿童的思维方式主要是具体形象思维，学前儿童只有通过感官和动作确切地接触到事物，并操作它们，才会理解它们，因而学前教育具有直接经验性的特点。结合这一特点要求学前教师在学前教育过程中，要珍视游戏和生活的独特价值，创设丰富的教育环境，合理安排一日生活，最大限度地支持和满足幼儿通过直接感知、实际操作和亲身体验获取经验的需要，严禁"拔苗助长"式的超前教育和强化训练，注意为学前儿童提供丰富的实物材料和真实的生活情形，帮助他们获得直接经验。

（三）我国学前教育的任务

在我国，学前教育具有促进儿童的全面发展和为家长服务的双重任务。

一是为学前儿童一生的发展打好基础，二是为家长参加社会工作和学习提供便利条件。

学前教育是人从出生到老年终身教育的起始阶段，是其他各个阶段教育的基础。人的发展既有阶段性，又是一个连续的过程，前一阶段教育是后一阶段教育的基础，后一阶段教育是前一阶段的继续。各阶段完成教育任务、实现教育目标的过程，也就是教育目的逐步实现的过程，学前教育的任务是根据我国的教育目的，结合学前儿童身心发展水平而提出的，它是教育目的在学前教育阶段的具体体现。当前，我国学前教育在家庭和托儿所、幼儿园等学前教育机构中实施，而幼儿园是更有目的、有计划地实施学前教育。学前教育的任务具体说来就是包括托育等早教机构、幼儿园的任务。

1. 0～3岁婴幼儿早期教育的任务

在我国，新中国成立后，0～3岁婴幼儿教育机构主要是托儿所。1956年，教育部、卫生部、内务部下发《关于托儿所幼儿园几个问题的联合通知》，各地的卫生行政部门、厂矿、机关、团体、部队、学校、街道、乡村、群众等根据实际需要，自主决定开办托儿所。托儿所具有双重任务，一是为0～3岁婴幼儿母亲参加社会工作解除后顾之忧，二是照顾教养婴幼儿，促进其健康成长。1981年，卫生部妇幼卫生局颁发了《三岁前小儿教养大纲（草案）》，提出托儿所的保教总目标是："培养小儿在德、智、体、美几方面得到发展，为造就体魄健壮、智力发达、品德良好的社会主义新一代打下基础。"进入市场经济时期，在市场经济的压力下，托儿所萎缩。进入21世纪，随着脑科学、心理学等研究的深入，人们越来越重视早期教育，我国早期教育机构也应运而生，人们对0～3岁婴幼儿的早期教育的需求猛增。

2019年5月，国务院办公厅下发《关于促进3岁以下婴幼儿照护服务发展的指导意见》，强调要以"家庭为主，托育补充""政策引导，普惠优先""安全健康，科学规范""属地管理，分类指导"为基本原则，从国家、社会、家庭等方面明确各方责任义务与协同办法，"加强对家庭婴幼儿照护的支持和指导，加大对社区婴幼儿照护服务的支持力度，规范发展多种形式的婴幼儿照护服务机构"，保障和推进0～3岁婴幼儿良好照护与教育服务。可见，在新时代，0～3岁婴幼儿早期教育要集聚多方资源，面向成长中的0～3岁婴幼儿、面向家庭，落实其主要任务如下。

其一，为家长提供0～3岁婴幼儿早期发展指导服务，增强家庭的科学育儿能力。通过多种方式使家长树立0～3岁婴幼儿早期教育的先进理念，学习科学育儿知识、掌握科学育儿方法，帮助家长解决在婴幼儿养育过程遇到的困难和问题，提高科学育儿的能力和水平。

其二，为照护有困难、需要托育的家庭提供0～3岁婴幼儿的托育服务。托育机构根据家庭托付的时间，如提供计时制、半托、日托等婴幼儿托育服务，把婴幼儿的安全、健康和照护工作放在首位，遵循婴幼儿身心发展规律，创设适宜的环境，在日常照护和游戏等过程中保教融合，同时加强与家长针对婴幼儿在家与在托发展情况的沟通，协同增进婴幼儿健康，促进婴幼儿动作、认知、语言、情感与社会性的全面发展。

2. 3～6岁幼儿教育的任务

幼儿园是对3～6岁的幼儿进行保育和教育的机构，《规程》第三条明确指出，幼儿园的任务是："贯彻国家的教育方针，按照保育和教育相结合的原则，遵循幼儿身心发展特点和规律，实施德、智、体、美等方面全面发展的教育，促进幼儿身心和谐发展。幼儿园同时面向幼儿家长提供科学育儿指导。"

（1）实施科学的保育与教育，促进幼儿身心和谐发展

我国"培养德智体美劳全面发展的社会主义建设者和接班人"的教育目的，体现在幼儿阶段的教育就是遵循幼儿身心发展规律和特点，按照一定的顺序，符合幼儿发展的需要和可能，实施科学的保育和教育，促进幼儿德智体美劳全面和谐而富有个性地发展，为其日后接受初等教育等阶段的教育，成为社会主义建设者和接班人奠定良好的基础。

（2）为家长提供服务，指导幼儿家长科学育儿

在我国，幼儿教育是一项社会公益事业，幼儿教育的发展水平关系到广大人民群众的根本利益。学前教育机构不仅是一个教育机构，也是一个社会服务机构。《规程》第五十二条规定："幼儿园应当主动与幼儿家庭沟通合作，为家长提供科学育儿宣传指导，帮助家长创设良好的家庭教育环境，共同担负教育幼儿的任务。"幼儿园为幼儿家长服务，除了使家长解除照顾幼儿的后顾之忧、安心参加社会工作和学习，还要指导幼儿家长科学育儿，家园协同育儿，共同促进幼儿身心全面和谐发展。

第二节　我国学前教育的制度

一个国家要发展，必然要培养各级各类人才，大力发展教育事业，就必须设立相应的教育机构，建立相应的教育制度。教育制度是一个国家各级各类教育机构与组织体系有机构成的总体及其正常运行所需的种种规范、规则或规定的总和。

一、我国学前教育制度建设与改革发展

（一）我国的教育制度

我国现代教育制度始于清代。1840年鸦片战争后，中国沦为半殖民地半封建社会，帝国主义的疯狂侵略和国内资本主义势力的兴起，迫使清政府不得不对延续了几千年的封建教育制度进行改革，采取了"废科举，兴学校"的措施，改革教育，制定现代教育学制。

现代教育制度的核心是学校教育制度。学校教育制度简称学制，是指一个国家各级各类学校的系统及其管理规则，具体规定着各级各类学校的性质、任务、培养目标、入学条件、修业年限、领导体制及关系。1902年，

清政府颁布了钦定学堂章程，亦称"壬寅学制"，这是我国正式颁布的第一个学制，但未及实施。1904年初，又颁布了《奏定学堂章程》，亦称"癸卯学制"，这是我国第一个以法令形式颁布并正式实施的现代学制。它以日本学制为蓝本，保留了尊孔读经等封建教育的内容，其特点是教育年限长达26年。1912~1913年（阴历为壬子年到癸丑年）间，孙中山为首的民国政府制定颁布了"壬子癸丑学制"，设普通教育、师范教育、实业教育3个系统。配套发布了《小学校令》《中学校令》《专门学校令》《大学令》《师范教育令》和《实业学校令》，对各级各类学校的目的任务、课程设置、学校设备、入学条件、教职员任用、经费及领导管理都作了具体规定。1922年，民国北洋政府以大总统令颁布的《学校系统改革案》规定学制系统，称"壬戌学制"。

中华人民共和国成立以后，国家非常重视学校教育制度的建设，中央人民政府政务院于1951年11月1日颁布了《关于改革学制的决定》，确定了中华人民共和国的新学制。从层级与类别上看，我国实行的教育制度可划分为学前教育、初等教育、中等教育、高等教育等四类学校教育制度，这个学制还在1995年颁布的《教育法》里得到了确认。

（二）我国学前教育制度的发展

1904年的《奏定学堂章程》中的《奏定蒙养院章程及家庭教育法章程》是我国第一个以法令形式颁布并正式实施的现代学前教育制度。它确定机构的名称为蒙养院，招收三岁以上至七岁儿童，蒙养家教合一，"保育教导儿童，专在发育其身体，渐启其心知，使之远于浇薄之恶风，习于善良之轨范"。设置游戏、歌谣、谈话、手技等课程。蒙养院附设在育婴堂、敬节堂内，由乳媪、节妇充任保姆。

1912~1913年的"壬子癸丑学制"把蒙养院改名为蒙养园；1922年的"壬戌学制"中把蒙养园改名为幼稚园，明确了学前教育是学制的第一阶段；1932年颁布了《幼稚园课程标准》，1939年颁布了《幼儿园规程》，

1943年又修改为《幼儿园设置办法》，这时我国幼儿师范教育已得到不断的发展，学前教育机构在数量上也不断增加，西方的幼儿教育思想也相继传入我国。战争年代，中国共产党领导下的农村革命根据地、抗日民主根据地和解放区，办起了儿童保育院、托儿所以及战争环境下的"马背摇篮"，于1941年由陕甘宁边区政府颁发了《关于保育儿童的决定》予以管理和指导。

中华人民共和国成立以后，我国幼儿教育事业的发展掀开了新的篇章，党和政府高度重视学前教育，关注解放妇女和学前儿童的健康成长，极大地推动了我国学前教育事业的发展。1951年10月，中央人民政府政务院颁布了《关于改革学制的决定》，将幼儿教育列为第一部分，制定了《幼儿园暂行规程（试行草案）》《幼儿园暂行教学纲要（试行草案）》，实施幼儿教育的机构为幼儿园，招收3～6岁的幼儿，规定了中华人民共和国幼儿园的双重任务以及教养目标，使学前教育有章可循，空前发展。

随着我国改革开放和学前教育事业的发展，进一步加强统一领导，分级管理，科学保教，颁布了一系列专门的学前教育法规，如：1985年12月7日颁布了《托儿所、幼儿园卫生保健制度》；1989年8月20日颁布了《幼儿园管理条例》（简称《条例》）、《幼儿园工作规程（试行）》，《条例》是中华人民共和国成立以来第一个经国务院批准颁发的、比较系统地调整学前教育法律关系的规范性法律文件，它使我国学前教育管理跨入了法治化轨道；1996年3月9日颁布并于6月1日起实行《幼儿园工作规程》；2001年7月2日颁布实行《幼儿园教育指导纲要（试行）》，标志着我国学前教育课程变革进入一个更新的阶段；2012年10月颁布施行《3～6岁儿童学习与发展指南》[①]。这些保障学前教育正常有效运行的法规规章的颁布和实行，极大地推动了我国学前教育事业的科学发展。

---

① 以上法规在前文已有简称，但为了表示教育制度名称颁布时的完整性，在此用全称。

（三）我国学前教育改革动态与发展趋势

随着科学发展，尤其生理学、心理学、脑科学、教育学、社会学等多学科相关研究的深入，学前教育的重要性日益彰显。学前教育对于儿童终身发展、国民教育质量与全民素质的整体提升以及国家综合国力的增强均具有基础性和全局性的重要价值，这已是国际共识。我国学前教育事业在曲折中大踏步前进。随着改革开放的推进，国家专业研究机构、各高等院校学前教育学科专业以及群众性的研究组织相结合，展开了对学前教育理论和实践问题的广泛而又深入的科学研究，取得了学前教育体制机制创新、公共服务体系建设、学前儿童发展与保教质量提升等重大、众多的研究成果，与国际先进的学前教育相接轨。国家关于幼儿园《条例》《规程》《纲要》等法规、规章的颁发与实行，《国家中长期教育改革和发展规划纲要（2010—2020年）》《关于幼儿教育改革与发展的指导意见》的贯彻以及三期的学前教育行动计划的实施，极大地推动了我国学前教育事业的发展和保教质量的提升，呈现出以下几个方面的改革与发展趋势。

1. 致力于推进学前教育的民主化进程，不断提高学前教育的普及率

其一，表现为学前教育普及率持续上升。教育机会均等是教育民主化的基本内容，学前教育机会均等是学前教育民主化的前提。我国是人口大国，特别是近年来，随着二孩、三孩政策的实施，对学前教育资源总量的需求大大增加，国家和地方在加大对学前教育投入的同时，也鼓励、支持民办学前教育，以满足人民群众的需要，多形式、多渠道促进学前教育普及发展。学前教育普及率的提高使适龄幼儿受教育的机会得到了增加。

其二，学前教育的公平性不断加强。以往，我国农村学前教育发展缓慢。因此，国家在配置学前教育资源时，重点关注农村，关注民办学前教育，制定公平性政策，大大提高农村学前儿童的受教育机会。明确政府在学前教育方面的职责，确保公办和民办幼儿园相同的待遇，教育资源优先

向处境不利的地区和家庭倾斜，使每一个幼儿的生命都有一个良好的开端，保障每一个儿童享有受教育的权利。

2. 越来越看重学前教育在人一生发展中的基础性价值

我国学前教育界从20世纪80年代初开始，就对60年代和70年代以"智力开发"代替早期教育的倾向进行深刻的反思，呼吁教育要从"智育中心"转向促进学前儿童富有个性的全面发展，特别是社会性和情感的发展。我国教育部于1989年出台《规程（试行）》，1996年修订并正式颁布《规程》，2001年颁发《纲要（试行）》，2012年印发《指南》，都以促进学前儿童全面和谐而富有个性的发展为宗旨，并不断加强与深化指导，使之落实于学前儿童的发展上。

3. 加强婴、幼、小三个阶段教育的相互衔接

学前教育涵盖了从出生至入小学前的整个年龄阶段。随着教育改革的深入和世界人才竞争和教育竞争的日趋激烈，教育及其改革的重心下移，儿童的早期教育受到重视。婴幼儿是人的一生中生长和发展最迅速、变化最大的阶段。各方面的科学研究都证明人类出生最初三年的教育，对人一生的身心发展具有极为重要的意义，"教育从0岁开始"这一理念正在被愈来愈多的人所接受。而0～6岁这一人生的初始阶段，是一个相对完整的年龄阶段，有必要实施整体性的教育影响。在加强0～3岁婴幼儿早期教育与指导的同时，将婴幼儿教育的两大阶段进行整合，根据0～3岁婴幼儿和3～6岁幼儿的不同发展需要，有目的、有计划地分别施以不同而又互相衔接的教育。

学前教育作为基础教育的重要一环、开端阶段，还要与小学密切衔接，而且要与基础教育的其他阶段构成一个不可分割的整体，正如美国卡内基教学促进基金会原主席波伊尔先生所说的那样，"我越发地相信教育是一个整体网络，每一个学习阶段与其他阶段都关联着"。我国也很重视婴、幼、小三个阶段教育的相互衔接，把幼儿园纳入教育整体规划中统筹考虑。

4. 逐步形成"家、园、社区"共育的学前教育模式

社会经济、文化、科技的发展，特别是大众传播媒介的发展和由此带

来的人们生活环境、生活方式、家庭结构等的变化对学前教育产生了很大的影响，儿童的家庭和周边环境的质量对幼儿健康成长的重要意义和作用也随之越来越受到重视。因此，各国学前教育为适应社会的变化而在开放中求发展，在与家庭、社区的结合中求教育的高质量发展。

我国学前教育机构，特别是香港、台湾地区也都主张学前教育机构与家庭社区"通过正式和非正式接触"，实现"频密、开放和双向的"、不同层次、不同方式的沟通与合作。我国的广大地区学前教育在贯彻《规程》《纲要》《指南》实施课改的进程中，越来越重视幼儿园与家庭、社区的合作，与家庭共育并利用社区资源，广泛动员并组织协调各方面力量发展幼儿教育事业，发挥整体教育影响，提高教育质量，更好地促进幼儿的发展。

5. 学前教育内容的生活化

学前教育越来越强调幼儿的实际经验、直接知识的重要性，强调幼儿自身生活的教育价值。如具有影响力的意大利瑞吉欧教育，其课程来自幼儿的生活，从中发现并形成幼儿喜欢探索的"课题（Project）"，而不是由教师为他们设计要探索的单元和主题。美国著名学前教育专家凯兹高度地评价道："瑞吉欧方法表明，对于日常生活中的意义的充分提示可能对于幼儿具有深刻的价值和趣味。"瑞吉欧的教育特别强调，幼儿"从他们自己的日常生活经验中创造意义"，"我们并不把创造性当成圣物顶礼膜拜，我们并不认为它有什么特别的地方，它很可能只是从日常经验中演变出来"。我国《规程》强调，"合理地综合组织各方面的教育内容，并渗透于幼儿一日生活的各项活动中，充分发挥各种教育手段的交互作用"。《纲要》要求"幼儿园应为幼儿提供健康、丰富的生活和活动环境，满足他们多方面发展的需要，使他们在快乐的童年生活中获得有益于身心发展的经验"。健康、语言、社会、科学、艺术各个领域的教育，都强调在幼儿的生活中进行，更加注重学前教育内容的生活化。

6. 不断加强学前教育的国际交流与合作

我国的改革开放，为学前教育打开国门，放眼世界，增进交流和学习创造了机会。我国学前教育积极借鉴与学习国际先进经验，深入开展学前教育改革研究，产生了多元化的学前教育模式，逐步与国际高质量的学前教育接轨，不断建设具有中国特色的学前教育理论体系和实践体系，使我国的学前教育快速发展。我国于1989年加入了"为全世界儿童工作"的世界学前教育组织（法文缩写：OMEP），并对学前教育的科学研究以及国际交流与合作发挥作用。2013年7月，我国在上海由中国学前教育研究会·OMEP中国委员会、华东师范大学共同承办了以"学前教育机会与质量"为主题的世界学前教育组织第65届国际学术研讨会。2021年在杭州由中国学前教育研究会·OMEP中国委员会、浙江师范大学、浙江省学前教育研究会承办"幸福儿童美好亚太"世界学前教育组织（OMEP）亚太区域研讨会。40多年来，中国学前教育一直在加强国际交流与合作，促进了各成员在学前教育实践和研究方面的交流。

我们在以开放的态度学习、借鉴世界先进的学前教育理论和经验的同时，继承和弘扬我国学前教育的优良传统，立足本国实际，建设适合中国国情的学前教育体系，追求普及普惠的学前教育，追求科学、安全优质的学前教育，追求均衡发展、教育公平的学前教育，追求以儿童为本、多元共存，具有国际视野的学前教育。

二、我国学前教育法规体系

（一）我国教育法规体系

教育法规体系是根据一定的生产力发展的水平和具体的教育发展状况以及国民教育制度的性质，由从一般到具体的不同层次的规范组成的法规系统。

我国法律法规是指我国现行有效的法律、行政法规、司法解释、地方性法规、地方规章、部门规章及其他规范性文件以及不时所做的修改和补充。这是法的统称。中国特色社会主义法律体系是以宪法这一国家的根本法为统帅，以法律为主干，以行政法规、地方性法规为重要组成部分，由宪法相关法、民法商法、行政法、经济法、社会法、刑法、诉讼与非诉讼程序法等多个部门法组成的有机统一整体。其法律关系可以分为纵向（隶属）的法律关系和横向（平权）的法律关系。法律的效力大于法规，法规的效力大于规章，高层级法规为低层级法规制定的依据，低层级法规为高层级法规的具体化。

作为我国法律法规体系重要组成部分的教育法律法规体系，其纵向层面是由宪法、教育法、教育行政法规、地方性教育法规、自治教育条例、部门规章构成的统一体。其横向层面依据现行《教育法》调整对象的不同，有《学前教育法》（正在拟订、征求意见中）、《义务教育法》、《职业教育法》、《高等教育法》、《民办教育法》、《教师法》等。

（二）我国学前教育法规体系

我国目前已颁布的与学前教育有关的教育法律法规主要有《宪法》《教育法》《未成年人保护法》《教师法》《民办教育促进法》等以及相应的法规和规章。除此之外，学前教育执法还包括其他部门法中涉及学前教育各要素的有关法律法规和规章。

我国现行的学前教育法律法规体系是指在学前教育方面的不同层次的法律、规章等方面的系统文件，主要由以下方面的内容组成。

1. 宪法中关于学前教育的条款

《宪法》第19条规定了国家"发展学前教育""鼓励集体经济组织、国家企业事业组织和其他社会力量依照法律规定举办各种教育事业"。《宪法》第49条规定了"儿童受国家的保护""父母有抚养教育未成年子女的义务"等。

2. 教育法律中关于学前教育的条款

《教育法》第17条已将学前教育纳入学校教育制度，并已规定为我国的教育基本制度。因此，该法确定的教育活动的基本原则、教育机构的法律地位和权利义务、教师和其他教育工作者的权益、教育机构与社会的关系以及教育投入与条件保障的条款，对幼儿园等学前教育机构都是适用的，也是举办、管理幼儿园等学前教育机构以及幼儿园保育、教育活动应遵循的最基本的法律规定。《教师法》第2条规定该法适用于在幼儿园专门从事教育教学的教师，因此其关于教师权利与义务、资格与使用、培养与培训、考核、待遇等的规定，都是幼儿园教师工作应遵循的法律规定。

3. 其他法律中关于学前教育的规定

学前教育涉及许多法律，但从儿童的年龄特点和儿童教育工作特点出发，最主要体现在两个方面的法律上：《未成年人保护法》在学校保护、社会保护两章中专门对儿童保护作出了规定；此外，在《残疾人保障法》中，专门对残疾儿童的学前教育做了规定。《传染病防治法》和《食品卫生法》，虽然不是专门针对幼儿园的，但鉴于幼儿园工作的特点以及幼儿园卫生保健的重要性，也应重点了解。

4. 学前教育行政法规和学前教育规章

关于学前教育的专门法规有自1990年2月1日起施行的《条例》。这是中华人民共和国成立以来，经国务院批准颁发的第一部幼儿教育行政法规，它是以《教育法》为依据制定的。《条例》对幼儿园的管理作出了全面的规范，包括幼儿园保育、教育工作的基本原则，幼儿园的管理体制，幼儿园的设置和审批规范，幼儿园的保育教育工作规范，幼儿园的行政事务规范等。它是制定《规程》和《纲要》的依据。

学前教育规章主要有1985年12月7日颁布的《托儿所、幼儿园卫生保健制度》，经过6年的试行后，于1996年3月9日颁布并于6月1日起施行的《规程》，2001年7月2日颁布的《纲要》，2011年12月颁布的《幼儿园教师专业标准》，2012年10月颁布的《指南》。

学前教育的基本要素

构成学前教育的要素主要包括：学前儿童、教师、教育内容以及教育环境。学前儿童在教育活动中既是接受教育的人，更是学习与发展的主体；教师与学前儿童在教育过程中发生着十分复杂的互动关系，教师在教育过程中要按照学前教育规律引领和促进学前儿童发展，发挥主导作用；教育内容是教育活动的载体；教育环境是学前儿童学习与发展不可或缺的物质资源和精神氛围。以上教育的四要素是教育活动必不可少的，这些要素在教育过程中相互作用、相互影响地发挥各自的功能。

第一节　学前儿童与教保人员

学前儿童是构成学前教育的核心要素，是各种教育活动中儿童学习与发展的主体。下面我们将从教育学的视角分析学前儿童身心发展的独特性，进而进一步了解学前儿童学习与发展的主要方式及其与其他各要素之间的关系。

一、学前儿童

（一）学前儿童身心发展的独特性

学前儿童是指从出生到入小学前的0～6岁儿童。根据学前儿童的身心发展特征，其教育又分为0～3岁婴幼儿的早期教育和3～6岁的幼儿教育。

1. 0～3岁婴幼儿的身心发展

儿童刚出生时还是一个自然实体、自然人，在父母的哺育下，生理、心理和行为都迅速发展。

其一，大脑的发育。大脑以一种惊人的速度迅速生长，新生儿大脑重量相当于成人脑重量的25%，到2岁时幼儿大脑重量已达到成人脑重量的75%。儿童大脑的发育包括大脑结构的变化、神经系统的发展和大脑的分化、发展等。其二，身体的发展。0~3岁婴幼儿身体的生长发育十分迅速，表现在身体大小、比例的变化和骨骼的生长，其动作技能伴随着神经系统的发展而发展，逐渐能够掌握自己的身体。其三，语言的发展。哭是新生儿的一大特征，刚出生时哭声是未分化的，一个月后婴儿的哭声就渐渐分化，得以让父母能辨认是饥饿还是痛苦等不同的哭叫声。随着其在母亲不断地与之交流过程中牙牙学语，一岁左右的婴幼儿就开始学叫爸爸妈妈，渐渐进入单词句阶段，用简化的语言、简单的句子与人谈话。如果发展得好，两岁的幼儿就能很通畅地表达自己了。其四，认知的发展。婴幼儿行走、抓握等动作技能的发展，使之有能力在更大的范围里学习探索周围世界，大大促进其感知觉及其整合能力的发展、思维的发展。0~3岁婴幼儿的思维发展是以直觉行动性思维为主要特征，并逐渐发展其直观形象思维。其五，情绪与社会性的发展。新生儿就渐渐开始有感兴趣、痛苦、厌恶和快乐的情绪表现，而后出现愤怒、悲伤、欢乐、惊讶和害怕等情绪情感，半岁以后又出现惊奇、害羞和嫉妒等情绪，而且在与父母的相处中表现出一定的情绪情感的辨别能力，形成自我意识，逐步增强自我调节能力，萌生道德感，获得早期社会性发展。

2. 3~6岁幼儿的身心发展

儿童出生以后，在一定的社会生活和教育条件下，经过三年的时间，已从一个弱小的个体发展到能够到处走动，广泛操纵物体，进行初步的言语交际，并且能从事一些简单的活动。

（1）身体与动作的发展

大脑的两半球分别控制着身体的不同区域，各自执行不同的功能。幼儿6岁时大脑的重量就已经接近成人。随着脑的发展，幼儿身体的各部分也相应得到了发展，尤其是动作的协调性发展。随着身体变得更加成熟、中枢神经系统不断发展以及活动范围更加广泛，幼儿开始不断校正自己的动作，以适应新环境的挑战，并要达到更新的目标。随着幼儿的体形变得更加趋向于成人，不再头重脚轻，幼儿的平衡能力发展很快，运动促进了走、跑、跳，投掷、攀登等大肌肉动作的发展。如同大动作一样，小肌肉动作也得到了较大提升。幼儿手眼协调能力和对小肌肉的控制能力迅速提高，能够搭积木、用剪刀、粘贴、涂涂画画、自己穿衣、吃饭等。

（2）心理发展的独特性

幼儿各种心理过程带有明显的具体形象性和无意性，抽象概括性和随意性只是刚刚开始发展。幼儿不断形成一般表象和低级的概念，渐渐能对事物进行分析、综合、抽象、概括，从而进行初步的逻辑思维。但由于知识经验的贫乏，言语发展还不够，主要还是以直观表象的形式来认识外界事物，概念处在具体形象水平上，逻辑思维都具有直观性和形象性，需要直观形象的不断支持和强化，否则会产生认知困难。

同时，由于幼儿知识经验的贫乏和言语发展还不够，他们还不能有意识地控制和调节自己的行动，心理过程都带有很大的无意性，心理活动也带有很大的不稳定性。在很大程度上，幼儿很容易受外界新鲜事物的吸引而改变自己的心理活动，有目的、有系统地独立思考的能力很差，容易受权威的支配和影响。从4岁开始，特别是到了五六岁，幼儿的各种心理过程的随意性和稳定性都不断增长，为其进入小学学习做了充分的准备。

幼儿行为的自觉性逐渐得到了发展，相对于婴儿而言，幼儿能逐渐使自己的行为服从于较远的目的，自我意识得到进一步发展。婴儿的行为主要是受直接作用于他的事物所支配的，把这些事物挪开了，婴儿的心理活动也就随之停止或改变，婴儿的思维带有很强的直觉行动性。在教育影响下，大脑皮质抑制迅速发展，言语系统初步发展。到了幼儿时期，幼儿对周围的人有了一定的了解，交往能力不断提高，喜欢与同伴一起游戏。随着自我意识的发展，幼儿对性别角色的认识、初步的道德感、友谊感也得以发展，形成最初的个性倾向，并形成人的一生发展的基础。

（二）学前儿童学习与发展的主要方式

1. 游戏活动

游戏能有效满足学前儿童自愿自主参加的充分展现自我、实现自己的个人愿望、快乐体验的心理发展需要，获得身体动作、认知、语言、情感与社会性的发展。1岁进入幼儿期的学前儿童，一方面，由于身心各方面的发展，初步产生了参加社会生活的愿望，即渴望参加成人的社会实践活动，特别是有了劳动和学习活动的需要。但是，另一方面，学前儿童的能力还是非常有限的，他还不能很好地掌握自己的行动，他的知识经验还非常缺乏，还不能很好地控制自己，使自己的行为服从于比较远大的目的。因此，儿童渴望独立参加社会实践活动这种新的需要跟从事独立活动的经验及能力水平之间产生了重大的矛盾。这是学前儿童心理上的主要矛盾。而游戏活动就是解决这一矛盾的主要活动形式，在游戏活动中，学前儿童心理的主要矛盾逐步得到解决，从而也就推动了学前儿童心理不断向前发展。

2. 直接参与

学前儿童的学习是以直接经验为基础的，其身心是在与周围环境的相互作用中发展的。学前儿童通过直接参与日常生活活动、游戏活动、学习做事与完成一定任务等实践活动，获得直接经验，发展身体动作、认知、语言、情感与社会性。教师要创设丰富的教育环境，合理安排一日生活，最大限度地支持和满足学前儿童通过直接感知、实际操作和亲身体验获取经验的需要，严禁"拔苗助长"式的超前教育和强化训练。重视学前儿童的学习品质。学前儿童在活动过程中表现出的积极态度和良好行为倾向是终身学习与发展所必需的宝贵品质。要充分尊重和保护学前儿童的好奇心和学习兴趣，帮助学前儿童逐步养成积极主动、认真专注、不怕困难、敢于探究和尝试、乐于想象和创造等良好学习品质。忽视学前儿童学习品质培养、单纯追求知识技能学习的做法是短视而有害的。

二、学前教师

在构成学前教育的基本要素中，学前教师处于主导地位，与各种非学前教育专业的学前教育机构的其他工作人员相比，学前教师的作用无与伦比。学前教师职业与其他教师职业一样，是培养人、造就合格社会成员的职业，同时又因教育对象的特殊性使这一职业具有其自身的特点。

（一）学前教师的专业身份

学前教师是专业人员。我国《教育法》第16条规定："国家实行学前教育、初等教育、中等教育、高等教育的学校教育制度。"《中华人民共和国教师法》（简称《教师法》）第3条指明"教师是履行教育教学职责的专业人员"，学前教育是我国学校教育制度的起始阶段，学前教师与其他学段的教师一样，都是专业人员。我国2011年颁布的《专业标准》进一步明确"幼儿园教师是履行幼儿保育和教育职责的专业人员"。

作为基础教育的重要组成部分的学前教育，3～6岁的幼儿教育有着一百多年的历史。改革开放后幼儿教育的理论研究与实践探索取得了瞩目的成就，形成具有中国特色的幼儿教育理论体系和实践体系。《条例》（1989年）、《规程》（1996年）、《纲要》（2001年），都对幼儿园教师提出了专业素质要求。

所谓专业，是指经过专门的教育和训练、具有独特的专门知识和技术，按照一定的专业标准从事专门化的工作、为社会提供专门性的服务。学前教育教师职业已向专业化的方向发展，已成为需要经过学前教育专业培养和训练才能取得任教资格的"专业人员"。幼儿园教师是经过学前教育专业专门培养、训练的对幼儿实施保育和教育职责的专业人员。自1994年1月1日开始，我国实行了幼儿园教师资格制度。2000年颁发《〈教师资格条例〉实施办法》。2011年颁布《专业标准》并首先在浙江省、湖北省试点"国标、省考、县聘、单位用"的教师准入和管理制度，2015年开始在全国全面实施。《专业标准》是幼儿园教师履行专业职责和进行专业活动的基本规范与要求，是幼儿园教师培养、准入、培训、考核、管理等工作的重要参考依据，它从基本理念、内容与要求、实施和建议三个方面提出要求。

（二）学前教师的专业角色

1. 学前教师是学前儿童学习与发展的观察者和研究者

学前教师是学前儿童学习与发展的观察者和研究者，观察是教师采取其他任何教育行为的基础。观察能够为教师提供有关学前儿童的发展水平、特点、兴趣和需要等方面的信息；提供理解个别学前儿童需要的线索，以便有针对性地满足合理的需求，支持、帮助他们解决问题。观察学前儿童是引导他们学习与发展的基础。同时，观察也能够帮助教师决定如何与学前儿童进行互动。观察是研究的基础环节，研究还包括主动收集分析相关信息，不断进行反思，改进保教工作。教师以研究者的视角针对保教工作中的现实需要与问题，进行探索和研究，不断提高工作的时效性。作为研究者，学前教师需要制定符合自身特点和学前教育实际需要的专业发展规划，积极参加专业培训，不断提高自身专业素质。

2. 学前教师是学前教育活动内容的选择者、组织者和保教环境的创设者

学前教育活动内容的选择和组织对于学前儿童的现有水平要有一定的挑战性，既符合学前儿童的当下成长需要，又有利于其长远发展；既要贴近学前儿童的生活来选择学前儿童感兴趣的事物和问题，又要有助于拓宽学前儿童的经验和视野。在设计教育活动时，应充分考虑学前儿童的学习特点和认知规律，各领域的内容要有机联系，相互渗透，注重综合性、趣味性、活动性，寓教育于生活、游戏之中。除教育活动之外，保教环境也是重要的教育资源，保教环境是学前教育的载体，学前儿童是在与环境的互动中获得经验与发展的，环境对学前儿童还起着潜移默化的、持久深远的影响。作为学前儿童生活、学习、游戏的场所，学前教育机构必须将环

境创设作为日常工作中的重要组成部分。教师是保教环境的创设者，应创设和利用良好、适宜的保教环境来有效地促进学前儿童的身心发展。

3. 学前教师是幼儿学习活动的支持者、合作者、引导者

在有形的支持方面，学前教师应该充分利用学前教育机构的空间、设施、活动材料引发、支持学前儿童的游戏和各种探索活动，即引发、支持学前儿童与周围环境之间积极的相互作用。在无形的支持方面，教师的态度和管理方式应有助于形成安全、温馨的心理环境；教师的言谈举止应成为学前儿童学习的良好榜样，让学前儿童在教师营造的良好氛围中健康成长。教师需随时关注学前儿童在活动中的表现和反应，敏感地察觉他们的需要，及时以适当的方式回应，形成合作探究式的互动关系。教师需要尊重学前儿童在发展水平、能力、经验、学习方式等方面的个体差异，因材施教，努力使每一个学前儿童都能获得满足和成功。此外，教师应该获得家庭的支持，应本着尊重、平等、合作的原则，争取家长的理解、支持和主动参与，并积极支持、帮助家长提高教育能力，共同促进学前儿童健康成长。

4. 学前教师是学前儿童保教活动的组织者及教育资源的整合者

学前教师是学前儿童在学前教育机构的生活、游戏与学习活动的组织者，还是家庭、社区等教育资源的整合者，以实现保育与教育，有效促进学前儿童身心全面和谐而富有个性地发展。教师要根据学前儿童的年龄特点和身心发展需要组织安排其一日生活活动和游戏等教育活动。学前教育机构一日生活的组织在时间安排方面应有相对的稳定性与灵活性，既有利于形成秩序，又能满足学前儿童的合理需要，照顾到个体差异；在组织形式方面，教师直接指导的活动和间接指导的活动相结合，保证学前儿童每天有适当的自主选择和自由活动时间。教师直接指导的集体活动要能保证学前儿童的积极参与，避免时间的隐性浪费。在教育活动内容的组织方面，教师应充分考虑学前儿童的学习特点和认知规律，各方面的教育要有机联系，相互渗透，注重综合性、趣味性、活动性，寓教育于生活、游戏之中。教育活动的组织形式应根据需要合理安排，因时、因地、因内容、因材料

灵活地运用。此外，学前教育机构是一个开放的体系，它的良好运行需要社区、家长的大力支持。作为一名学前教育教师，必须学会和家长、社区沟通，整合各种有用的资源为学前儿童的发展做好服务。

（三）学前教师的专业发展

1. 学前教师专业发展的阶段划分

对于学前教师专业发展阶段的研究相对较少，这里主要还是借鉴教师专业发展阶段的有关观点和研究方法。美国学前教育专家凯茨（Katz，1972）以美国的学前教师为对象，针对学前教师的训练需求与专业成长进行划分，将学前教师的专业成长分为四个阶段——生存阶段、巩固阶段、更新阶段、成熟阶段，并概括出每一阶段学前教育教师专业成长的重点，强调通过满足学前教师的专业训练需求来促进教师的专业成长。

我国学者北京师范大学庞丽娟教授在关于幼儿园教师发展阶段的研究中，提出幼儿园教师专业发展的五阶段论——准备阶段（师范教育）、求生阶段（任职1~2年）、巩固阶段（任职3~4年）、更新阶段（任职第4、5年）、成熟阶段（四五年后），并且提出对幼儿园教师而言，在不同阶段具有不同发展特征和侧重点。华东师范大学姜勇教授等以"教师自主"为新视角，揭示了幼儿园教师的专业发展经历了五个阶段：新手—动机阶段（工作1年内）、适应—观念困惑阶段（工作2~5年）、稳定—行动缺失阶段（工作6~11年）、停滞—发展乏力阶段（工作11~15年）、更新—动机增强阶段（工作16年以上）。该五阶段论强调教师专业发展是一个动态的过程，关注幼儿园教师长远发展，为有关方面制订幼儿园教师发展计划提供了指导和依据。但是无论哪种阶段划分理论都不是严格按照年限来划分的，时间只是反映了当今幼儿园教师群体的成长过程。

2. 学前教师专业发展的基本规律及路径

（1）学前教师专业发展是一个连续的过程

学前教师专业发展是一个连续的过程，始于专业学习及入职适应期，终于以退职、退休为标志的职业消离期，其顺序大体是固定的，从新手到成熟，有的还发展为专家，从渐进性的量变到跃进性的质变，表现出若干个连续的阶段。下一阶段的一些特征在上个阶段末尾已开始萌芽，而上一阶段的一些特征在下一阶段开始时常常还留有痕迹。就同一发展阶段说，开始和末尾也是有很大变化的。不应把各发展阶段的划分看成绝对的、无联系的或突变的。

（2）学前教师专业发展是曲折往复、螺旋上升的

如果把学前教师专业发展视为一条登山的蜿蜒长路，可看到它呈螺旋上升状态，但上升的坡度或者说速率是变化着的。在总体上升的同时，也会有平路，甚至有转折、下行道路夹杂其中。学前教师从新手、入门者、胜任者、熟练者到专家的发展，往往不是一帆风顺的，而是曲折反复的。当入门、逐步熟悉时，往往会出现自己继续往哪个领域发展的"成长选择"的茫然状态；当比较熟练、习惯时，往往会出现"发展乏力"的倦怠状态。教师发展的内外因素作用的结果是，学前教师发展所能达到的发展阶段有所不同，多数能成为"胜任者""熟练者"，由于个人等多种因素影响，不是所有学前教师的专业发展都能达到"专家"阶段。

（3）学前教师专业发展带有鲜明的个人色彩

学前教师专业发展总趋势和基本特征可预测，各发展阶段特征的描述符合多数学前教师的总体发展状况，具有相对的稳定性。但对某一位特定的学前教师而言并不完全具有必然的适用性和针对性。在现实中，每位学前教师的专业成长是一个复杂的、具有个体差异性的过程，这个过程是在外部社会因素影响下，通过教师自身内部不断完善、更新、探索而不断向前延续和拓展的，伴随着教师的整个教育职业生涯。职前受训情况的不同，职后成长环境的不同，个人努力程度和发展策略的差异，决定其各阶段的发展特点带有鲜明的个人色彩。

（4）勤奋努力与反思性实践对学前教师专业发展至关重要

一旦教师开始了自己专业生涯的"第一步"，就应该将这项计划与最初

的职业梦想一同进行下去。教师应基于不同发展阶段的特征，选择做恰当的事情。在勤奋努力的前提下，不断尝试各种新的想法，敢于冒风险，敢于向困难挑战而不贪图安逸，这样才能成为一名优秀的专业教师。当然这种冒险不是盲目和狂妄，它要求教师具有坚实而深厚的专业知识和技能基础、坚毅的自信心和积极的自我价值认同感。在教学中，要努力使自己成为一个反思型的教育实践者，并使这种思考成为职业生涯的一种习惯，经常有意识地对自己的教育行为、实践活动以及教育的有效性进行回顾、重建和重现，对自己的行为表现和学前儿童的行为表现能用事实进行深入的分析与解释，或者坚持每天写点工作日记，就个人参与学前儿童成长活动当中的所见所想及一些学前儿童发展中的问题，尝试做些观察研究。这些反思，还有助于平衡自己的心态，激发热爱儿童的深厚情感，坚定个人的专业信念。要从各个专业发展阶段的发展任务出发，解决主要矛盾，循序渐进，实现发展目标。

（5）学前教师专业发展需要有针对性的分类指导

针对学前教师专业发展阶段特征，对学前教师进行群体管理时要注重分类指导，满足不同阶段教师的发展需求。如对职前学习期的后备师资来说，要着重帮助他们解决专业定向问题；对新手教师来说，要着重帮助他们解决职业适应问题；对处于"熟悉—成长选择"和"习惯—发展乏力"状态下的教师来说，要着重帮助他们解决职业倦怠问题；等等。学前教师管理人员，应该为教师制订促进教师专业发展的培训计划并切实执行，如帮助新教师掌握教育成功所必需的技能、技巧，辅导他们处理教育过程的组织管理、时间安排、人际关系等方面的问题；通过组织学前教师参加学前教育观摩活动，促使教师之间相互交流观点和经验；通过召开家长会，让教师与家长倾心座谈，相互询问，交换意见和看法，利用社会资源改善教师自己的教育，加强与家长的联系；经常组织理论学习，参与专业团体的交流和讨论，使教师自身的发展与学前教育专业的最新发展相一致，不断提升专业素质。

三、学前保育保健人员

学前教师是学前教育的关键要素，对学前儿童发展起主导作用。学前儿童的发展特点决定了学前儿童是在日常生活和游戏中学习与发展的，学前儿童在生活与教育过程中需要成人的照顾，需要做好保健和保育工作，做到保教结合。因此，学前教育除了教师以外，还配备有保育员，配合每一个教师协同做好保教工作，学前教育机构还按其规模配备有1～3位的保健员。

（一）保育员及其工作

保育员是指在托幼园所、社会福利院及其他保育机构中，从事儿童基本生活照料、保健、自理能力培养和辅助教育工作的人员[①]。保育员在学前教育机构负责照料管理学前儿童的生活、卫生，辅助保健人员和教师的学前儿童卫生保健、养育和教育工作。学前儿童的保育是托幼园所工作的重要组成部分，它直接关系到学前儿童的正常发育与健康成长。学前儿童保教工作需要在教师的引领下，教师与保育员双方配合一致，协同育人，真正做到保教并重、保教合一，积极促进学前儿童的和谐全面发展。现代保育不仅关注学前儿童身体健康，除了要做好学前儿童及其生活用具、活动用具、场所的清洁与护理，在保健人员的指导下执行学前儿童保健、卫生消毒制度和各项安全制度，负责学前儿童的生活环境创设、日常起居照护和教玩具、生活与活动用品的卫生与管理，还要关注学前儿童心理健康和社会性发展。因此，保育工作应该从传统的保护身体发育扩展到促进学前儿童心理和社会适应能力的发展，即实施"生理—心理—社会"的全面保育。

生理保育：注重学前儿童的疾病防治和健康促进，加强营养和锻炼，

---

① 《保育员国家职业标准》，中华人民共和国人力资源和社会保障部，2019年。

搞好安全保护工作。要求科学护理学前儿童的生活，根据学前儿童生长发育的规律及特点，合理安排与照顾婴幼儿的饮食、睡眠等生活起居活动，为学前儿童身心健康发展创造良好的生活条件。

心理保育：这是对学前儿童心理及其能力的保护与增进，使其心理不受伤害，能正常发育，通过积极培养以增强其心理能力。当前，学前儿童心理健康问题已成为家长、教师乃至于全社会都日益关注的问题，也成为现代学前儿童保育工作要加强的重要内容。学前儿童心理的保育，应注重情感保育，培养学前儿童良好的情绪和个性，提高其心理健康水平。在托幼园所每日生活中不仅要关注学前儿童的身体健康，而且还要关注学前儿童的心理健康，满足学前儿童合理的心理需要。

社会性保育：改善学前儿童的生活环境，培养学前儿童的探索精神和社会适应能力，增进友好交往。学前儿童在学前教育机构能否心情愉快地生活，也与学前儿童自身能否与同伴建立良好的关系有关。教师和保育员要协同帮助指导学前儿童学习与同伴交往、友好相处的社会交往技能。

国家制定关于保育员的职业资格和等级制度，最低学历要求是初中毕业，经过职业培训和岗位工作实践要求，最高有五级晋升空间。初级保育员为五级资格，中级保育员为四级资格，高级保育员为三级资格，再经岗位实践一定年限经考核还可往技师以及高级技师资格晋升。

（二）保健员及其工作

保健员是受过基本的医药卫生训练的卫生保健人员。学前教育机构保健员上岗前必须经过当地妇幼保健机构组织的卫生保健专业知识培训并考核合格。保健员在学前教育机构负责全园的卫生保健工作，按照《托儿所幼儿园卫生保健工作规范》，制定工作计划、措施、制度，并组织实施、检查、总结。负责全园师生的卫生保健、膳食营养、健康、安全等工作的宣传、指导、监督与管理，及时了解，认真分析，主动反馈并调查，确保师生身心健康。密切与县（区）保所、疾控中心联系，做好教师等工作人员和学前儿童体检及疾病防治的宣传、指导等工作。负责做好学前儿童医疗及保险方面的登录、统计、申报等相关工作。妥善保管好医疗器械、消毒用品和药品等。协助做好保育员与营养员的服务、指导与监督考核工作。定期向园长、后勤主任汇报工作并接受检查、指导与监督。负责做好相关资料的收集、整理与归档工作。此外，保健员要做好对学前教育机构全体学前儿童健康的管理。如班级卫生保健、学前儿童服药的指导、检查、健康建档等。

学前教育机构全体工作人员必须以学前儿童的健康成长、身心全面和谐发展为核心，团结协作，形成合力，将保教结合原则渗透到学前儿童的一日活动之中。学前教育机构的日常生活包括入园、盥洗、进餐、午睡等。这些活动虽然很平常，但是教师、保育员、保健员应该从这些琐事中培养学前儿童良好的行为习惯。在一日生活中和游戏等各种活动中，所有人员都要了解每个学前儿童的情况，针对不同的个体采取不同的教育方法。抓住学前儿童的特点，利用平时的机会，多与学前儿童交流。教师通过开展各种游戏活动来培养学前儿童的自信心、相互之间的协调能力，使学前儿童与同伴之间能友好地交往，并能提高学前儿童的生活自理能力和安全防护意识。全体工作人员通力合作，通过保育与教育合理的融合，真正做到"保中有教、教中有保"，促进全体学前儿童全面和谐而富有个性地发展。

第二节　学前教育的目标

一、学前教育目标的基本内容

（一）学前教育目标的含义

学前教育目标，也称幼儿园教育目标，是现阶段幼儿园教育目标的具体化，是国家对幼儿园培养人才的规范和要求，是全国各类幼儿园教育机构的统一指导思想。

（二）制定学前教育目标的依据

1. 教育目的

幼儿园教育目标是根据教育目的并结合幼儿园教育的性质和任务提出来的。

2. 学前儿童身心发展规律及其需求

①学前教育目标直接指向的对象是学前儿童。

②学前儿童身心发展是有规律的，既有连续性，又有阶段性。

制定教学目标必须包括两方面内容：符合学前儿童一般年龄特征；尊重特定儿童群体现有发展水平。

3. 社会发展的客观要求

①20世纪50年代：要求学前教育完成教养幼儿、为生产建设服务（含解放妇女劳动力）两大任务。

②20世纪70年代末80年代初："四个现代化"建设，"多出人才、快出人才、出好人才"。

③20世纪80年代以来：强调在丰富儿童知识、经验的过程中，要注重开发智力和才能，培养良好个性，发展社会性品质和适应能力等。

④现今：要求进一步深化改革，全面推进素质教育，运用现代教育技术开拓创新教育，强调培养创新精神和实践能力等。

4. 学前教育的启蒙性质

学前儿童理解与认识的对象应该是周围生活环境中具有代表性、浅显易懂的自然知识和社会知识。尽管教师对学前儿童认知的要求是粗略和肤浅的，但它们必须是科学的、唯物的和辩证的。就学前教育方式而言，它应该生动、具体、直观，并要求将各种形式、手段和方法合理结合起来使用。就教育目标而言，应强调的是，学前教育不应侧重于传授知识，而应重在提高学前儿童的素质，发展学前儿童的智力和创造力，培养学前儿童良好的人格并提高其适应社会环境的能力。

二、我国学前教育的目标

（一）托儿所教育目标

1981年，卫生部妇幼卫生局颁布的《三岁前小儿教养大纲（草案）》明确地指出了托儿所教育的任务。

广东中山市教育局在《托儿所教育的内容与要求》中提出的托儿所教育目标可作为我们认识0～3岁儿童教育目标的参照。托儿所教育划分为发育与健康、感知与运动、认知与语言、情感与社会性几个方面。

（二）幼儿园教育目标

1996年，在对1989年的《幼儿园工作规程（试行）》进行修订的基础上，国家教委正式发布了《幼儿园工作规程》。与1989年的教育目标相比，该目标把"体"放在首位，突出了学前儿童身心发展的年龄特点。2016年3月，重新修订《幼儿园工作规程》。

教育部2001年颁发的《幼儿园教育指导纲要（试行）》中，幼儿园的教育内容划分为健康、语言、社会、科学、艺术五个领域。

三、我国学前教育目标的特点

（一）保育和教育并重

保育指的是成人为儿童提供生存与发展所必需的环境和物质条件，并给予精心照顾和培养，以帮助儿童获得良好发育，逐渐提升其独立生活的能力。

《幼儿园工作规程》将幼儿园的保育提到了与教育并重的地位，指出了制定《幼儿园工作规程》的目的就是"提高保育和教育质量"。

（二）注重学前儿童的全面发展

我国总的教育目的是以马克思主义关于人的全面发展的学说为理论基础的。马克思主义个人全面发展的内涵就是个人智力和体力尽可能多方面地、充分地、自由地发展，并在此基础上实现脑力劳动与体力劳动相结合。

学前教育目标是教育目的的下位概念，它必须遵循国家总的教育目的。

（三）关注学前儿童的长远发展

《幼儿园工作规程》指出，幼儿园教育是"基础教育的有机组成部分"。

学前教育阶段任何急功近利式的做法都无益于儿童的长远发展，我们需要将眼光投注于那些能使儿童终身受益的品质上。

《幼儿园教育指导纲要（试行）》把情感和态度作为学前儿童发展最重要的方面并将其列在首位。

第三节　学前教育的内容

教育内容是指为实现教育目标，经选择而纳入教育活动过程的关于德、智、体、美、劳等方面的内容。学前教育内容是为实现学前儿童德、智、体、美、劳全面发展的保教目标，根据学前儿童身心发展特点和需求而选择和组织实施的内容，它可相对划分为健康、语言、社会、科学、艺术五大领域。

一、学前儿童全面发展教育

在我国，学前教育主要分为0～3岁婴幼儿早期教育和3～6岁幼儿教育两个阶段，而0～3岁婴幼儿早期教育是以家庭教育为核心、为主的教育，在此，我们主要讨论3～6岁幼儿在幼儿园中实施的教育。

（一）幼儿全面发展教育的含义

人的发展是个体生命过程中所发生的一系列生理、心理和社会适应的变化过程，是整个人的、系统的、连续性的变化。培养和促进新生一代德、智、体、美、劳全面和谐而又充分发展，是中华人民共和国成立以来教育的出发点和始终努力追求的目标。幼儿全面发展教育是指以幼儿身心发展的现实与可能为前提，遵循幼儿身心发展的特点和规律，有目的、积极、适宜地影响和促进幼儿德智体美劳全面和谐而富有个性地发展，为其一生的成长奠定教育基础。

幼儿全面发展教育是由体智德美劳等构成的有机整体，五育在幼儿发展中具有各自独特的作用和价值，同时又是相互依存、相互渗透、相互影响地构成教育的整体。因此，各育都不可偏废、不可相互取代，也不可相互割裂、各自为政地孤立开展，而应该充分发挥各育的独特作用，有机联系和有效整合地实施全面发展教育，提高教育的整体效益，形成教育合力，促进幼儿身心整体的协调发展，为幼儿一生的发展打下良好的基础，为国民素质全面提高打下良好的基础。对幼儿实施德智体美劳全面发展教育是我国幼儿园教育目标的根本精神和幼儿园的出发点，也是我国幼儿教育法规所规定的幼儿教育任务。

（二）幼儿全面发展的保教目标

《规程》第三条中指出，幼儿园的任务是："贯彻国家的教育方针，按照保育与教育相结合的原则，遵循幼儿身心发展特点和规律，实施德、智、体、美等方面全面发展的教育，促进幼儿身心和谐发展。幼儿园同时面向幼儿家长提供科学育儿指导。"在促进幼儿身心和谐发展的规格和要求上，《规程》对幼儿全面发展教育目标作出了具体规定。

1. 体育目标

《规程》指明幼儿发展教育的体育目标："促进幼儿身体正常发育和机

能的协调发展，增强体质，促进心理健康，培养良好的生活习惯、卫生习惯和参加体育活动的兴趣。"

幼儿生长发育、肌体健康既是保证全面发展的物质基础，又是发展素质结构中的重要成分。幼儿处在一个柔弱、不完善的、未成熟的生长阶段，对环境的适应能力很弱，抵抗疾病的能力也比较差，各种器官的运动机能还不完善；加上生活经验不丰富，从事活动的能力、自控的能力、协调自己行为的能力都比较差。这就要求教师创设适当的环境，给予精心的照料、引导和教育。通过开展丰富多样、适合幼儿年龄特点的各种身体活动，如走、跑、跳、攀、爬等，鼓励幼儿坚持下来，不怕困难不怕累，从而激发幼儿参加体育活动的兴趣，养成锻炼的习惯，增强幼儿参加体育活动的主动性，进而促进他们身体良好的发育，增强他们的体质。

2. 智育目标

《规程》指明幼儿的智育目标："发展幼儿智力，培养正确运用感官和运用语言交往的基本能力，增进对环境的认识，培养有益的兴趣和求知欲望，培养初步的动手探究能力。"

《规程》强调要"培养正确运用感官和运用语言交往的基本能力"，"培养有益的兴趣和求知欲望，培养初步的动手能力"，这是因为幼儿在活动过程中表现出的积极态度和良好行为倾向是终身学习与发展所必需的宝贵品质。幼儿的思维具有具体形象的特点，他们是通过直接感知和具体行动进行思维。这要求教师在教育教学活动中，要充分尊重和保护幼儿的好奇心和学习兴趣，帮助幼儿逐步养成积极主动、认真专注、不怕困难、敢于探究和尝试、乐于想象和创造等良好学习品质，要利用和创造大量的机会，引导他们运用多种感官和语言去与物接触交往，才能增进他们对环境的认识，培养有益的兴趣和求知欲望以及正确运用感官、运用语言交往的能力和动手的能力，发展智力。忽视幼儿学习品质培养和单纯追求知识技能学习的做法都是短视而有害的。

3. 德育目标

《规程》指明幼儿的德育目标："萌发幼儿爱祖国、爱家乡、爱集体、爱劳动、爱科学的情感，培养诚实、自信、友爱、勇敢、勤学、好问、爱护公物、克服困难、讲礼貌、守纪律等良好的品德行为和习惯，以及活泼开朗的性格。"

《规程》中对幼儿在情感、品德、行为、习惯乃至性格培养上都提出了具体要求。幼儿年龄小、经验少，只能从他们身边的、具体的、看得见摸得着的情景出发，有秩序地、渐进地进行引导，才能帮助他们形成正确的是非观，萌发初步的道德情感，培养良好的品德、行为和习惯。学前教育阶段的品德教育应着重从情感教育入手，比如要萌发幼儿爱祖国的情感，要从幼儿对自己的父母、亲属、教师、同伴、邻居的爱开始，然后引导他们对家庭、对家乡、对周围接触到的社会生活的爱，以形成他们对祖国的爱。因此，对幼儿情感的培养，对幼儿良好的品德、行为和习惯的培养，教师都应根据幼儿特点，由近及远、由此及彼、由具体到抽象地进行。

4. 美育目标

《规程》指明幼儿的美育目标："培养幼儿初步感受美和表现美的情趣和能力。"幼儿园的美育并非强调幼儿必须掌握多少的艺术技能技巧。作为艺术启蒙教育，要求幼儿园教师要注重引导幼儿接触周围环境和生活中美好的人、事、物，丰富他们的感性经验和审美情趣，激发他们表现美、创造美的情趣，从而萌发幼儿初步的感受美和表现美的情趣和能力。

特别需要提出的是，幼儿园的教育目标是促进幼儿在德、智、体、美等方面全面和谐地发展。这既反映了时代要求的未来建设者和接班人应具有的素质结构，也反映了幼儿身心发展特点的内在要求。幼儿的发展是一个有机的整体，要注重领域之间、目标之间的相互渗透和整合，促进幼儿身心全面协调发展，而不应片面追求某一方面或几方面的发展。幼儿园教师既不能片面偏重也不能偏废某一方面，才能促进幼儿整体的协调发展，为幼儿一生的发展打下良好的基础，为国民素质全面提高打下良好的基础。

二、幼儿园教育的主要内容

幼儿园教育内容是为实现保教目标服务的，应与幼儿身心发展特点和发展需求相适宜。《纲要》明确指出："幼儿园的教育内容是全面的、启蒙性的，可以相对划分为健康、语言、社会、科学、艺术五个领域，也可做其他不同的划分。各领域的内容相互渗透，从不同的角度促进幼儿情感、态度、能力、知识、技能等方面的发展。"为了实施全面发展的幼儿教育，《纲要》对各领域的教育内容也作了相关要求。

（一）健康领域

①建立良好的师生、同伴关系，让幼儿在集体生活中感到温暖，心情愉快，形成安全感、信赖感。

②与家长配合，根据幼儿的需要建立科学的生活常规。培养幼儿良好的饮食、睡眠、盥洗、排泄等生活习惯和生活自理能力。

③教育幼儿爱清洁、讲卫生，注意保持个人和生活场所的整洁和卫生。

④密切结合幼儿的生活进行安全、营养和保健教育，增强幼儿的自我保护意识和能力。

⑤开展丰富多彩的户外游戏和体育活动，培养幼儿参加体育活动的兴趣和习惯，增强体质，提高对环境的适应能力。

⑥用幼儿感兴趣的方式发展基本动作，提高动作的协调性、灵活性。

⑦在体育活动中，培养幼儿坚强、勇敢、不怕困难的意志品质和主动、乐观、合作的态度。

（二）语言领域

①创造一个自由、宽松的语言交往环境，支持、鼓励、吸引幼儿与教师、同伴或其他人交谈，体验语言交流的乐趣，学习使用适当的、礼貌的

语言交往。

②养成幼儿注意倾听的习惯，发展语言理解能力。

③鼓励幼儿大胆、清楚地表达自己的想法和感受，尝试说明、描述简单的事物或过程，发展语言表达能力和思维能力。

④引导幼儿接触优秀的儿童文学作品，使之感受语言的丰富和优美，并通过多种活动帮助幼儿加深对作品的体验和理解。

⑤培养幼儿对生活中常见的简单标记和文字符号的兴趣。

⑥利用图书、绘画和其他多种方式，引发幼儿对书籍、阅读和书写的兴趣，培养前阅读和前书写技能。

⑦提供普通话的语言环境，帮助幼儿熟悉、听懂并学说普通话。少数民族地区还应帮助幼儿学习本民族语言。

（三）社会领域

①引导幼儿参加各种集体活动，体验与教师、同伴等共同生活的乐趣，帮助他们正确认识自己和他人，养成对他人、社会亲近、合作的态度，学习初步的人际交往技能。

②为每个幼儿提供表现自己长处和获得成功的机会，增强其自尊心和自信心。

③提供自由活动的机会，支持幼儿自主地选择、计划活动，鼓励他们通过多方面的努力解决问题，不轻易放弃克服困难的尝试。

④在共同的生活和活动中，以多种方式引导幼儿认识、体验并理解基本的社会行为规则，学习自律和尊重他人。

⑤教育幼儿爱护玩具和其他物品，爱护公物和公共环境。

⑥与家庭、社区合作，引导幼儿了解自己的亲人以及与自己生活有关的各行各业人们的劳动，培养其对劳动者的热爱和对劳动成果的尊重。

⑦充分利用社会资源，引导幼儿实际感受祖国文化的丰富与优秀，感受家乡的变化和发展，激发幼儿爱家乡、爱祖国的情感。

⑧适当向幼儿介绍我国各民族和世界其他国家、民族的文化，使其感知人类文化的多样性和差异性，培养理解、尊重、平等的态度。

（四）科学领域

①引导幼儿对身边常见事物和现象的特点、变化规律产生兴趣和探究的欲望。

②为幼儿的探究活动创造宽松的环境，让每个幼儿都有机会参与尝试，支持、鼓励他们大胆提出问题，发表不同意见，学会尊重别人的观点和经验。

③提供丰富的可操作的材料，为每个幼儿都能运用多种感官、多种方式进行探索提供活动的条件。

④通过引导幼儿积极参加小组讨论、探索等方式，培养幼儿合作学习的意识和能力，学习用多种方式表现、交流、分享探索的过程和结果。

⑤引导幼儿对周围环境中的数、量、形、时间和空间等产生兴趣，建构初步的数概念，并学习用简单的数学方法解决生活和游戏中某些简单的问题。

⑥从生活或媒体中幼儿熟悉的科技成果入手，引导幼儿感受科学技术对生活的影响，培养他们对科学的兴趣和对科学家的崇敬。

⑦在幼儿生活经验的基础上，帮助幼儿了解自然、环境与人类生活的关系。从身边的小事入手，培养初步的环保意识和行为。

（五）艺术领域

①引导幼儿接触周围环境和生活中美好的人、事、物，丰富他们的感性经验和审美情趣，激发他们表现美、创造美的情趣。

②在艺术活动中面向全体幼儿，要针对他们的不同特点和需要，让每个幼儿都得到美的熏陶和培养。对有艺术天赋的幼儿要注意发展他们的艺术潜能。

③提供自由表现的机会，鼓励幼儿用不同艺术形式大胆地表达自己的情感、理解和想象，尊重每个幼儿的想法和创造，肯定和接纳他们独特的审美感受和表现方式，分享他们创造的快乐。

④在支持、鼓励幼儿积极参加各种艺术活动并大胆表现的同时，帮助他们提高表现的技能和能力。

⑤指导幼儿利用身边的物品或废旧材料制作玩具、手工艺品等来美化自己的生活或开展其他活动。

⑥为幼儿创设展示自己作品的条件，引导幼儿相互交流、相互欣赏、共同提高。

第四节　学前教育的环境

一、学前儿童成长的环境

学前儿童成长的环境是指影响学前儿童身心发展的一切外部条件的总和。

学前儿童成长的环境是一个系统，以学前儿童为中心，根据由近及远、关系密切程度的不同，分为学前儿童成长的微观环境、中观环境和宏观环境。

（一）学前儿童成长的微观环境

学前儿童成长的微观环境主要包括学前儿童成长的家庭教育环境和学前教育机构中的环境，后者包括幼儿园和早教机构等。学前儿童生活、学习所处的家庭、幼儿园，其人、事、物等及其关系构成微观环境系统，直接影响着学前儿童的发展。

家庭是以血缘关系组成的、人一出生就生活在其中的社会群体，是学前儿童成长最自然、最重要的微观环境。学前儿童与父母等家庭成员共同生活，是其成长最基本的、不可或缺的生态环境。家庭人文环境，包括家庭成员及其与学前儿童之间关系、文化修养与氛围、家庭的生活方式、父母的文化与教育观念、教育方式，以及家庭物质条件与环境设置，都对学前儿童的发展产生重要的影响。家庭成员之间形成的氛围、言谈举止等心理道德环境是家庭环境的核心，对学前儿童情感与社会性发展产生潜移默化的影响，并进而影响其他方面的发展。如，家庭是团结和睦的还是矛盾分裂的，是积极向上的还是消极颓废的，是热情温暖的还是孤独冷漠的，是有节奏有条理的还是懒散杂乱无章的，都直接影响着学前儿童心理素质的形成。

学前教育机构中的环境是指在学前教育机构中，对学前儿童身心发展产生影响的一切物质和精神环境的总和。《纲要》对幼儿园有效创设和利用环境做了专门的阐述："环境是重要的教育资源，应通过环境的创设和利用，有效地促进幼儿的发展。①幼儿园的空间、设施、活动材料和常规要求等应有利于引发、支持幼儿的游戏和各种探索活动，有利于引发、支持幼儿与周围环境之间积极的相互作用。②幼儿同伴群体及幼儿园教师集体是宝贵的教育资源，应充分发挥这一资源的作用。③教师的态度和管理方式应有助于形成安全、温馨的心理环境；言谈举止应成为幼儿学习的良好榜样。④家庭是幼儿园重要的合作伙伴。应本着尊重、平等、合作的原则，争取家长的理解、支持和主动参与，并积极支持、帮助家长提高教育能力。⑤充分利用自然环境和社区的教育资源，扩展幼儿生活和学习的空间。幼儿园同时应为社区的早期教育提供服务。"

学前教育机构中的环境是专门为学前儿童设置的，符合学前儿童的年龄特点和生活、教育的需要，具有专业性、规律性、符合时代的社会需求等特点，是有明确目的、有计划、有组织的，它与其他环境相比，更能使学前儿童朝着保教目标发展，对促进学前儿童健康发展起到重要作用。

（二）学前儿童成长的中观环境

学前儿童成长的中观环境是指除学前儿童所处的家庭和学前教育机构

之外的、可经常涉足或能影响家庭生活的环境，如社区、村庄环境以及父母工作系统的环境等。

社区、村庄环境对学前儿童认识自然与社会、扩大视野极为重要，教师及学前儿童家长应当注重开发和利用社区、村庄环境以及父母工作系统的环境。作为教师，我们应当利用好社区、村庄环境以及父母工作系统的环境中的公共设施和公共资源，为学前儿童健康成长服务，促进学前儿童身心和谐发展。同时，在社区、村庄环境以及父母工作系统的环境中，长辈的教育态度和教养方式，邻里和社区居民、村庄村民以及父母工作系统环境中人的言谈举止、精神风貌等都直接或潜移默化地影响着学前儿童的发展。

（三）学前儿童成长的宏观环境

学前儿童成长的宏观环境指学前儿童成长的社会大环境，主要指学前儿童及其家庭所处的社会发展大环境，包括社会政治经济、文化等方面。这一问题，我们在第一章第二节的"学前教育与社会发展"部分已经讨论过，社会政治经济制度决定学前教育性质、领导权、受教育权、教育目的、教育内容、教育结构和教育体制，进而决定学前儿童享有怎样的教育，进而影响其成长。伴随着我国改革开放经济、科技迅猛发展，党和政府越来越重视学前教育，相继出台政策法规促进学前教育普及普惠安全优质发展，从制度上确保学前教育的健康发展，进而不断优化学前儿童发展的中观环境和微观环境，实实在在地使广大学前儿童受益，使其获得良好的教养而身心健全发展。社会文化、社会风气、网络和媒体等环境，也会通过中观环境和微观环境影响学前儿童的发展。如，友好的邻里关系、友爱的同伴关系、和睦的家庭关系，能使学前儿童与他人建立良好的人际关系，学前儿童心情愉悦，有利于学前儿童身心健康；健康的网络和媒体能为学前儿童提供积极的榜样示范，有利于学前儿童确立正确的偶像观，能明辨是非，知道美丑和好坏；良好的社会风气和优良的社会文化环境有利于学前儿童从小受到良好的社会环境影响，为树立正确的世界观和高尚的价值观奠定基础。

总之，良好的教育环境对于学前儿童的发展是至关重要的，它不仅可以发展学前儿童的认知能力，而且对于塑造儿童健康的人格有着十分重要的作用。

学前儿童成长的不同环境之间不是孤立的，家庭、学前教育机构、社区等教育环境以及社会大环境，交互作用，相辅相成。学前儿童从出生到学龄初期，家庭教育占特别重要的地位。家庭是学前儿童健康成长的第一个也是最重要的生活场所，家庭教育是任何教育所不能代替的，学前教育机构教育、社会教育都是在家庭基础上的延伸、扩展和提高。要真正了解一个学前儿童，首先要了解其家庭。同时，学前教育机构的教育与社会教育的影响又不断地反映到家庭中来，实践证明，重视与家庭协同共育的学前教育机构，若能充分发挥家长的作用，教育工作就顺利；反之，忽视家庭教育的学前教育机构，就会事倍功半。要保证学前儿童的全面发展，学前教育机构与家庭必须紧密配合，同心协力地对学前儿童进行教育。由此可见，环境的教育价值对学前儿童来说非常明显，学前儿童是在与环境的互动中获得各方面的能力和发展的。

二、幼儿园教育环境

（一）幼儿园教育环境的内涵

幼儿园教育环境是教育者根据既定的教育目标，有目的、有计划地运用环境中的各种要素，创设出来的具有教育功能的环境。

幼儿园教育环境主要包括物质环境和人文环境。

1. 幼儿园物质环境

幼儿园物质环境是指幼儿园中对幼儿有影响作用的，有形的、静态的各种物质要素的总和，包括学前教育机构的建筑、设施、班级规模、空间设计、物质材料，等等。

幼儿园物质环境是幼儿生活、学习、娱乐的重要场所，它为幼儿进行各种活动提供了设施、游戏与学习材料和各种物质保障。良好的幼儿园物质环境能让幼儿在其中自由探索发现，感知和认识事物，从而开发幼儿的潜能，促进幼儿全面和谐发展。因此，创建符合幼儿身心成长需要的物质环境非常重要。

2. 幼儿园人文环境

幼儿园人文环境即幼儿园精神环境，是指在幼儿园中对幼儿产生影响的一切无形的、动态的人文精神因素的总和，主要指人际关系和心理氛围。包括幼儿园教师的教育观念和行为、师幼关系、同伴关系，幼儿园的文化氛围和风气等。

幼儿园人文环境包含：①幼儿园内外环境的净化；②幼儿园内环境的绿化、美化、儿童化，这里包含了幼儿园班级环境的整洁美观、安静舒适、高雅和谐、符合幼儿精神世界需求以及班级富有教育性的物质环境；③为教育活动创设的健康、丰富的生活和活动环境以及人际交往中的安全、温馨的心理环境；④尊重、平等、合作的家庭和社会环境等。

幼儿园教育环境是实施幼儿教育的重要载体，良好的幼儿园环境除了为幼儿教育提供了物资保障、财力保障、人力保障、制度保障、信息保障、人文与精神保障外，对于具体的教师教育活动来说，更是实施保育和教育、达到保教目标的重要载体。没有相应的环境资源，再好的教育理念、教育方案都难以实施。不同的环境对幼儿身体、认知、情感与社会性等发展的影响不同，适宜的空间环境、丰富多样的幼儿教育环境有利于引发、激发和支持幼儿的游戏与学习，使幼儿主动地在与环境的相互作用中获得发展。否则，如同拥挤而又缺乏玩教具的环境易于引发幼儿的吵闹、攻击等行为一样对幼儿产生不良的影响。

环境是重要的教育资源和幼儿发展条件，幼儿身心发展的各方面，无一不受环境的作用和影响，幼儿是在与环境的相互作用中变化成长的。家庭和社区都是对幼儿的发展起重要作用的环境因素，幼儿园则是环境中的自觉因素，通过主动、积极地组织多方面的力量，创设适宜幼儿学习与发展的环境，充分发掘和利用社区环境、获得家庭的协作，会取得良好的教育效果，有效地促进幼儿的发展。

（二）幼儿园教育环境创设的意义

环境是重要的教育资源，幼儿园良好的育人环境能展示出一个幼儿园的办园宗旨和办园理念，幼儿园教育环境创设则是幼儿园课程实施及教育目标落实的重要组成部分。

幼儿园是促进幼儿身心健康发展的重要场所，良好的幼儿园教育环境，就是一本立体的、多彩的、富有童趣的无声教科书，处处都能彰显出环境的教育力量，让幼儿感受环境之美，活动之欢，生活之乐，这极大地提高幼儿活动的质量。如幼儿一年四季都置身于美丽的校园，看到各种鲜艳的花朵，闻到不同季节花草的香味，这将促进幼儿感知能力的发展；幼儿园为幼儿提供观察大自然、感受四季变化的机会，这必然能促进幼儿了解四季与各种植物之间的关系。通过运用各种感觉器官，感知事物的变化，观察内容丰富的环境，有利于提高幼儿的观察力、理解力，从而提高幼儿的想象力和创造力，促进幼儿智能发展；在幼儿园教育环境创设过程中，幼儿教师引导幼儿积极参与环境创设，如，根据不同季节的变化引导幼儿一起布置体现不同季节的环境，鼓励幼儿勤于动手，学会观察，利用生活中的废旧物品制作玩具，学会合作与交流；心理相融、亲切和蔼的老师，友好友爱、合作互助的同伴等，这些在日常生活和学习中不知不觉就对幼儿进行了生动、直观、形象和综合的教育，有利于幼儿感知、观察能力，交流与合作能力的发展，对培养幼儿关心集体、乐于参与集体活动、善于表达自己思想有促进作用，同时对幼儿情感、态度和价值观的形成也具有积极作用。

总之，在幼儿园里感受到环境的舒适、空气的清新、事物的美好、老师的关爱、同伴的友好、交流的乐趣、合作的快乐，这对于幼儿健康成长起到积极作用。幼儿园环境创设的根本目的是要为幼儿提供良好的生活环境和学习环境，为幼儿身心健康、全面和谐发展创造良好条件。

（三）幼儿园教育环境创设的基本要求

幼儿园教育环境创设是指教育者根据幼儿园教育的要求和幼儿身心发展规律、需要，充分挖掘和利用幼儿生活环境中的教育因素，并创设有利于幼儿与环境、材料积极互动学习的生活、游戏与学习的丰富环境，充分发挥其环境的教育因素，促进幼儿身心主动发展。

1. 体现幼儿教育的特点

幼儿园作为幼儿生活学习的重要场所，应该符合幼儿身心发展特点，体现学前教育的功能特点，要为幼儿提供健康向上、丰富多彩的生活、游戏与学习的环境条件，满足他们德、智、体、美多方面发展的需要，使他们在快乐的童年生活中获得身心健康和学习成长的经验。幼儿园环境创设要体现安全性、启蒙性、教育性的幼儿园教育环境的特点。

安全性是指对幼儿园环境的创设，要充分考虑3～6岁的幼儿身心发展极不成熟，在生活学习中缺少必要的知识和日常生活经验，自我保护意识和能力都较差的特点，在幼儿园教育环境的创设与布置中，一定要把安全放在第一位。《规程》也明确提出："幼儿园的设备设施、装修装饰材料、用品用具和玩教具材料等，应当符合国家相关的安全质量标准和环保要求。""幼儿园应当把安全教育融入一日生活，并定期组织开展多种形式的安全教育和事故预防演练。"幼儿园只有在环境的创设过程中，真正将幼儿的安全放在第一位，才能保护好幼儿的身心健康。

启蒙性是指在学前教育阶段，不以传授系统知识为主要目标，幼儿园通过各种途径对幼儿身心发展产生影响，尤其是要创设符合幼儿身心发展特点和发展需求的特定环境，提供的内容是最基本的，具有启蒙性，幼儿才能从环境中获得许多有益的经验，并能运用自己已有的经验去影响、作用于环境。

教育性是指幼儿园环境的创设，不仅是为了幼儿园美化的需要，更是幼儿园教师为了实现教育目的的重要"媒介"，把教育的目的隐含在环境中，处处都能让幼儿在环境中受到潜移默化的教育影响，从而引发幼儿应有的行为。因此，幼儿园教育环境创设要处处体现教育性的特点。

2. 彰显幼儿园教育环境育人的特殊功能

幼儿园教育不以传授系统知识为主要目标，而是通过生活、游戏等各种途径对幼儿身心发展产生影响。幼儿园教育环境的创设，必须体现幼儿的年龄特点，具有启蒙性，才适合幼儿，才能激起幼儿与之相互作用，从而获得许多有益的经验，进而又能不断地运用自己已有的经验去影响、作用于环境，建构新的认知。《纲要》指出："环境是重要的教育资源，应通过环境的创设和利用，有效地促进幼儿的发展"，明确强调了环境的教育作用必须以幼儿的发展为本。《纲要》还指出："幼儿园的空间、设施、活动材料和常规要求等应有利于引发、支持幼儿的游戏和各种探索活动，有利于引发、支持幼儿与周围环境之间积极的相互作用"，这就需要幼儿园教师通过创设良好的教育环境，合理组织教育内容，提供丰富的玩具和游戏材料，开展适宜的教育活动，有效促进幼儿的发展。

（1）环境创设要与保教目标一致

幼儿园教育环境创设要与教育目标相一致，不能片面追求幼儿智力的发展，也不能片面追求某一办园特色，而忽视幼儿品德、身体素质、情感、意志以及社会性等方面的发展。幼儿园教育环境创设要有利于保教目标的全面实现，从幼儿的兴趣、发展需要出发，环境的设置和材料的投放要有针对性，充分体现环境的教育价值。

（2）环境创设要适合幼儿的年龄特征

幼儿的年龄特点决定了他们认识事物的方式与成年人不同。在进行幼儿园教育环境创设时，应当以幼儿为本，充分考虑幼儿的身心发展特点和年龄特征，从幼儿知识经验、认知水平、兴趣与发展需要、个体差异出发，有目的地通过环境的创设，吸引、激发、扩展和推动幼儿积极、主动活动，诱发幼儿通过丰富的物质材料，进行积极探索和思考，使幼儿园环境中的一切都成为幼儿教育的要素，处处显示出学前教育独特的文化内涵，彰显出幼儿教育的魅力，真正做到环境为幼儿服务，提高幼儿与环境互动、对环境探索的主动性和积极性，达到环境育人的目的。

（3）环境创设要体现幼儿的参与性

教师、幼儿共同参与环境创设的活动，是幼儿获得发展的重要途径之一，因此，在进行幼儿园环境创设时，无论是环境的设计和布置，还是材料的投放、幼儿作品的展示等，都应当从幼儿的实际出发，都应有幼儿参与其中，给予幼儿充分发表意见的机会，让幼儿做一些力所能及的事，让幼儿成为环境中的主人，让幼儿同教师共同完成幼儿园的环境创设，在此过程中，使幼儿能感受参与的乐趣，培养合作精神和能力，积累丰富的经验，体验成功的快乐，增强主动性、责任感和自信心。

（4）环境创设要有发展性

环境创设应随着幼儿的发展变化而动态调整，使环境促进幼儿发展更加有效。幼儿具有明显的发展特点，在教育过程中，不能静止地看待幼儿，而应当将幼儿看成动态的发展的人。同样，环境也不是孤立的、静止的、不变的，它也会随着季节、节日以及幼儿园课程内容的不同而发生变化。因此，教师在进行幼儿园教育环境创设时，既要考虑季节、节日以及幼儿园课程内容的不同，让环境始终对幼儿有新鲜感和吸引力，又要不断深入观察了解幼儿，考虑幼儿的兴趣、能力的不同，把握幼儿与环境互动的情况，及时调整，使环境与幼儿的发展实际更贴近，让幼儿能在环境中有效互动，增长经验，获得全面发展。

（5）环境创设要美观实用低成本

在进行幼儿园教育环境创设时，应力求布局结构合理，色彩鲜艳协调，风格多样独特、情趣深远高雅，从而使幼儿萌发对美好事物的审美情趣，激发幼儿的积极情感体验。同时，幼儿园环境的创设要把平面和立体有机结合起来，充分利用空间，要根据幼儿园自身的经济条件勤俭办园，不盲目攀比，发挥幼儿教师和幼儿的聪明才智，因地制宜，就地取材，利用无害的废物，努力做到一物多用，不浪费资源，增强和提高办园效益。

第四章　幼儿园课程

第一节 幼儿园课程的特点

一、幼儿园课程的内涵及其特点

(一)幼儿园课程的内涵

在我国，幼儿园课程在不同的历史时期曾有过不同的含义。

20世纪二三十年代，我国理论界对幼儿园课程的研究已经比较深入，幼儿园课程这一概念已正式运用于幼儿园。陈鹤琴作为我国幼儿园课程理论的奠基人，于1932年拟订颁布了《幼儿园课程标准》。他虽然没有给幼儿园课程下一个明确的定义，但他一再强调，幼儿园应该给幼儿一种充分的经验，这种经验来源于幼儿：一是与实物接触，二是与人接触。应该把幼儿能够学而且应该学的东西有选择地组织成系统，应该以幼儿的两个环境——自然环境和社会环境——为中心组织课程。另一位学前教育先驱张雪门说，幼儿园课程是什么？就是给三周岁到六周岁的孩子提供能够做而且喜欢做的经验的预备。张宗麟也指出，幼儿园课程者，广义地说，乃幼稚生在幼儿园一切之活动也。这些理念，在今天看来依然十分先进。

改革开放以来，幼儿园教育工作者不断总结我国幼儿教育的理论与经验，学习国外先进的儿童心理、教育与课程理论，对幼儿园课程进行了全面深入的改革，出现了多样化的课程定义。

幼儿园课程的终极目标是促进幼儿的发展。幼儿是发展的主人，尊重幼儿的主体地位，首先意味着要尊重幼儿的天性和认知规律。幼儿的学习具有直接经验性，是通过实际操作、亲身体验，去模仿、感知、探究，在"做中学""玩中学""生活中学"，不断积累经验，逐步地建构自己的理解与认识。教师创造一个充满爱和尊重的、富于理解和激励的、宽松而安全的、积极互动的环境，引导幼儿在生活与游戏中快乐地动手动脑、感知体验、交往合作、探究创造，是促进幼儿学习与发展的最好条件。

借鉴幼儿教育研究先驱对幼儿园课程的理解，根据幼儿的年龄特点，我们认为，幼儿园课程是实现幼儿园教育目的的手段，是帮助幼儿获得有益的学习经验，促进其身心全面、和谐发展的各种活动的总和[①]。

（二）幼儿园课程的特点

1. 奠基性与启蒙性

《纲要》指出，幼儿园教育是基础教育的重要组成部分，是我国学校教育和终身教育的奠基阶段。作为幼儿园教育实施载体的幼儿园课程，直接影响着幼儿在这一阶段的学习与发展，进而为其一生发展打好基础。正如德国教育家斯普朗格所说，教育的最终目的不是传授已有的东西，而是要把人的创造力量诱导出来，将生命感、价值感唤醒，所以幼儿园课程不是传授知识，而是开启幼儿的心灵与智慧，让每一个幼儿在愉快、自信、有尊严的幼儿园生活中发掘潜力，良性成长，不仅更好地适应小学生活，而且为一生的学习和发展奠定基础。因此，奠基与启蒙是幼儿园课程的基本任务。

2. 全面性与整合性

幼儿园的任务是遵循幼儿身心发展的特点和规律，实施德智体美劳等方面全面发展的教育，促进幼儿身心和谐发展。要完成这样的任务，幼儿园课程必须是全面的、高度整合的。《纲要》指出，幼儿园课程内容相对划分为五个领域，各领域内容有机联系、相互渗透，从不同角度促进幼儿情感、态度、能力、知识、技能等方面的发展。整合不仅体现在领域之间、目标之间，课程组织实施的方法、途径，教育资源的利用等方面，也都具有整合的特点，只有如此课程才能促进幼儿情感、认知、身体、品质、审美及行为习惯等多方面和谐发展。

---

① 冯晓霞.幼儿园课程第二版［M］.北京:北京师范大学出版社,2001.

3. 活动性与直接经验性

"我听到了，我忘记了；我看到了，我记住了；我做过了，我理解了"，这句通俗易懂的话告诉我们，幼儿的学习方式和特点是"做中学"，幼儿在参与、探索和交往中，通过各种感官获得直接经验，进而认识事物，理解事物之间的关系，形成对周围世界的初步认识。因此幼儿园课程的存在形式是活动，是帮助幼儿获得有益经验的各种活动。所以，幼儿园要创设丰富的教育环境，合理安排一日生活，最大限度地支持和满足幼儿通过直接感知、实际操作和亲身体验获取经验的需要，严禁"拔苗助长"式的超前教育和强化训练[①]。

4. 生活性与游戏性

幼儿的学习是在日常生活和游戏中进行的，生活和游戏既是幼儿的基本活动形式，也是基本的学习途径。对于3～6岁幼儿来说，生活自理能力、良好的生活卫生习惯、人际交往的态度与能力、自我保护的意识与技能等是重要的学习内容，对这些内容的学习，就像在游泳中学会游泳一样，只能在生活中学会生活，在交往中学会交往，离开生活实际，学习就成为灌输和训练，不仅毫无意义与效果，还破坏了最宝贵的学习兴趣与学习品质。游戏是孩子最喜欢的活动，蕴含着丰富的教育价值，游戏就是孩子的生活，因此幼儿园课程具有生活性与游戏性的鲜明特征，生活与游戏既是课程内容的来源，又是课程实施的途径。

5. 潜在性

所谓潜在性指的是幼儿园课程通过间接、无意识的方式对幼儿的情感、认知、态度产生影响，被称为隐性课程，与显性课程相对。这种潜在性的影响常常通过物质空间如幼儿园环境、活动室设置、玩具材料投放等，组织制度如生活常规、奖惩制度等，文化心理如师生关系、教师的期望与态

---

① 李季湄,冯晓霞.《3—6岁儿童学习与发展指南》解读［M］.北京:人民教育出版社,2013.

度等途径发挥作用。幼儿由于其年龄特点，更容易受到环境的影响，所以尽管幼儿园课程有明确的目标和学习领域，但是并不是像小学那样有课表、教材或者作业，课程实施是通过创设良好的环境、合理组织一日生活、开展游戏和幼儿喜爱的活动进行的。孩子不会感受到老师的教育意图与期望，更多感受到的是和老师一起游戏，幼儿园就是一个和小朋友共同生活和游戏的地方，而不是学校。因此，幼儿园课程蕴含在环境、材料、活动、关系和教师的行为之中，潜移默化地发挥着促进幼儿健康成长的作用。

二、幼儿园课程的价值取向

（一）以知识为本的课程价值取向

美国著名学前教育家斯波戴克说过，在20世纪50年代的学前教育实践中，人们并不关心儿童自身的心理发展需求，即并不是以儿童能学什么或能做什么为依据的，而是把我们成人认为该教给儿童的教给他们……儿童是学前教育的客体，他们如同一个容器，接受着学前教育工作者传授的概念和知识[①]。1949年后，我国向苏联学习幼儿教育理论与经验，注重知识系统化与作业教学在儿童发展中的作用。所谓作业就是专门组织的集体教学形式，系统知识是在作业教学中传授的。教师是知识的拥有者，以教师为中心，以教材及知识为中心，成为当时幼儿园课程变革与发展的重要指导思想。幼儿园课程分为体育、语言、认识环境、图画和手工、音乐、计算六科，每一科都详尽地列出了具体内容、教学要点、方法及实施的细则。对于教师来说，教学就是把书本的知识或系统的知识教给幼儿，备课最重要的是备材料、备内容，从"如何教""怎么教"去考虑，而不是从幼儿、从幼儿发展的特点、从幼儿的探究等方面来进行。

---

① 周念丽,等.探询学前教育在现代主义和后现代主义影响下的发展轨迹［J］.幼儿教育,2003(02).

时至今日，以知识为本的课程价值取向仍然存在，幼儿园注重教授小学化的知识，教师们视"上课"为自己的主业，"重课轻游戏"的小学化现象依然严重，因此国家先后多次颁发文件，强调对"以游戏为基本活动"的坚持。在2021年颁布的《教育部关于大力推进幼儿园与小学科学衔接的指导意见（教基〔2021〕4号）》中，明确提出：坚持儿童为本。关注儿童发展的连续性、整体性、可持续性；幼儿园不得提前教授小学课程内容，不得布置读写算家庭作业，不得设学前班；要防止和纠正把小学的环境、教育内容和教育方式简单搬到幼儿园的错误做法。

（二）以儿童发展为本的课程价值取向

20世纪末，我国进行了新一轮基础教育课程改革，"为了每一个学生的发展"成为重要的指导思想。在此背景下，顺应世界教育改革的潮流，以儿童为本、以儿童发展为本，成为幼儿园课程变革的重要取向。这个思想在课程改革的成果——《纲要》的字里行间旗帜鲜明地表现出来。《纲要》总则的五条中除第一条之外，其他几条都分别从不同角度，围绕"以儿童发展为本"，明确指出：共同为幼儿的发展创造良好的条件；满足幼儿多方面发展的需要，使他们在快乐的童年生活中获得有益于身心发展的经验；尊重幼儿的人格与权利，尊重幼儿身心发展的规律和学习特点……促进每个幼儿富有个性地发展，等等。而且这一精神融入了《纲要》的其他各部分，指导着幼儿园课程的组织、实施、评价等环节。2012年颁发的《指南》再次提出，关注幼儿学习与发展的整体性，尊重幼儿发展的个体差异，重视幼儿的学习品质，强调课程为幼儿的终身学习与发展奠定基础。

第二节　幼儿园课程的编制

一、幼儿园课程目标

（一）幼儿园课程目标的含义

幼儿园课程目标是幼教工作者对幼儿在一定学习期限内的学习效果的预期[①]。目标在课程中起着十分重要的作用，它是课程其他要素选择或确定的依据，对整个教育教学过程起着指向作用。

幼儿园课程目标是幼儿园教育目标的下位概念，是依据一定的教育价值理念和教育规律提出的课程的具体价值和任务。幼儿园课程要完成什么样的任务？《纲要》把幼儿园课程分为健康、语言、科学、社会、艺术五个领域，对每个领域的课程目标做了比较详细的阐述。如语言领域的目标是：①乐意与人交谈，讲话有礼貌；②注意倾听对方讲话，能理解日常用语；③能清楚地说出自己想说的事；④喜欢听故事、看图书；⑤能听懂和会说普通话。

《指南》对《纲要》中提出的课程目标做了进一步细化与丰富，在五个领域的基础上，按照幼儿学习与发展最基本、最重要的内容，将五个领域划分为11个子领域，每个子领域提出了若干目标，每一个目标下都有"各年龄段典型表现"与相应的"教育建议"。如语言领域子领域"倾听与表达"提出了三条目标：

目标1　认真听并能听懂常用语言

目标2　愿意讲话并能清楚地表达

目标3　具有文明的语言习惯

---

① 　冯晓霞.幼儿园课程第二版［M］.北京:北京师范大学出版社,2001.

表4-1 各年龄段典型表现

3~4岁	4~5岁	5~6岁
1. 别人对自己说话时能注意听并作出回应 2. 能听懂日常会话	1. 在群体中能有意识地听与自己有关的信息 2. 能结合情景感受到不同语气、语调所表达的不同意思 3. 方言地区和少数民族幼儿能基本听懂普通话	1. 在集体中能注意听老师或其他人讲话 2. 听不懂或有疑问时能主动提问 3. 能结合情景理解一些表示因果、假设等相对复杂的句子

（二）幼儿园课程目标拟订的依据

1. 幼儿发展规律与发展需求

课程目标是在一定期限内对幼儿学习效果的预期，为了建立合理的期望，必须研究幼儿心理发展规律及学习特点，研究幼儿的发展需要，这是课程目标制定科学性和合理性的基本保障。

例如，《指南》在健康领域子领域"身心状况"中，提出了"具有一定的适应能力"的发展目标。这一目标正是根据幼儿的年龄特点，从人体对天气冷热及其变化的适应、对日常交通工具的适应、对新环境和集体生活的适应等方面提出的幼儿学习与发展的具体目标。

所谓发展需要，指的是"理想发展"与"现实发展"之间的差距，它是课程的"用武之地"——有效发挥引导、促进幼儿学习和发展的地方。例如，我国城市中独生子女较多，不少家长对孩子保护和照顾过度，幼儿运动机会较少。同时，随着生活水平的提高，幼儿出门坐车、上楼乘电梯等现象也越来越多，无形之中减少了在日常生活中自然进行身体运动的机会，造成幼儿动作不够协调与灵活，自我保护能力差。因此，《指南》在健康领域子领域"动作发展"中，从身体素质发展的角度提出了"具有一定的平衡能力，动作协调、灵敏"和"具有一定的力量和耐力"的发展目标。

2. 社会的发展需求

教育是培养人的社会实践活动，幼儿园课程作为幼儿园教育实施的载体，在满足幼儿发展需要的同时，必然也要满足社会的需要，为幼儿积极适应未来的社会生活做准备，因此幼儿园课程目标的制定，必须考虑社会对幼儿成长的期望和要求。例如，目标中强调的培养幼儿积极主动的态度、强烈的学习兴趣、有效地与环境互动的能力、有初步的合作意识、责任感，等等，都反映了社会发展对其成员的品质要求。这里需要注意的是，人作为社会成员，社会对其要求与个人需求是统一的，因此课程目标的拟订与实现，能够统筹二者的关系，兼顾社会价值与个人价值。

社会对儿童成长的期望，我们可以从幼儿园教育的各类政策、法规、文件中，从家庭的要求中，以及从社会生活中知悉了解，因此教师在制定课程目标时，要遵循方针政策，尊重家长的合理需求，把握社会生活的发展变化，让今日幼儿成为明日栋梁，发挥幼儿教育在提高民族素质，促进经济、社会持续健康发展中的作用。

3. 学科知识的一般发展价值

知识是人类认识宇宙万物的经验积累，学习知识可以帮助受教育者认识自然、认识社会、认识自己，从自然人发展为社会人，因此知识是课程不可缺少的内容，学科知识是制定课程目标的重要依据和来源。

然而对于3～6岁的幼儿来讲，为什么要学习学科知识？学习的意义是什么？对学习者而言，各学科知识一般具有两种价值，学术发展价值和一般发展价值。学术发展价值强调将学习者引入该领域的专门研究，一般发展价值则注重学科知识的一般教育功能。幼儿的年龄特点和幼儿园课程的性质，决定了在制定课程目标时，考虑的是学科知识的一般发展价值，即学习的意义是培养幼儿的基本素质，萌发优良的个性品质。例如，语言领域子领域"倾听与表达"的目标是：认真听并能听懂常用语言；愿意讲话并能清楚地表达；具有文明的语言习惯。这些目标着重于口语交流能力的培养，幼儿在运用语言进行交流的同时，也在发展着人际交往能力、理解他人和判断交往情境的能力、组织自己思想的能力，从而发挥语言学习和发展对全面发展的价值。

（二）幼儿园课程目标的层次与结构

1. 幼儿园课程目标的层次

课程目标的确定与课程内容的选择、课程的组织实施以及课程评价紧密相连，因此在教学实践中，教师需要把课程目标在纵向上进行一定的划分，使之由抽象宏观趋于具体微观，以便更好地发挥目标的"导航"作用，保证幼儿园教育目标落实到幼儿的发展上。一般来说，幼儿园课程目标可划分为四个层次，这四个层次的目标划分既是逐级微观具体化的过程，也是逐级宏观概括的过程。具体化的过程可以使课程目标转化为可操作性的教育行为，抽象概括的过程可验证具体操作的教学目标与教育行为与上一级目标是否保持一致。（图4-1）

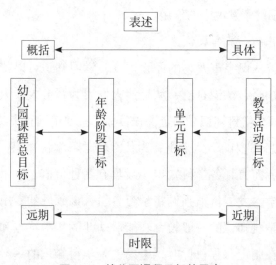

图4-1 幼儿园课程目标的层次

（1）幼儿园课程总目标

幼儿园课程总目标是通过三年幼儿园教育达成的总体发展要求，属于远期目标。在《纲要》中课程总目标以五大领域目标的方式呈现，《指南》

则提出了五大领域11个子领域32个目标。这类目标一般比较宏观，表述较为概括、抽象。

（2）年龄阶段目标

年龄阶段目标也叫学年目标，表述的是一个特定的教育阶段期望达到的成果，是课程总目标按照小、中、大班幼儿发展水平在三个年龄段的分解，分步保证总目标的实现，相关内容可参考《指南》。

（3）单元目标

单元目标是年龄阶段目标的分解。所谓单元既可以是时间单元也可以是内容单元。如果是时间单元，这个层次的目标相当于学期计划、月（周）计划中的目标，如果是内容单元，这个层次的目标就是主题活动目标。

例如，某幼儿园根据新入园小班幼儿的实际状况，将社会领域目标细化如下。

第一个月：愿意上幼儿园，不哭闹；喜欢和老师、小朋友一起做游戏。

一个月以后，绝大多数幼儿入园适应基本完成。根据小班阶段中期培养目标及幼儿的实际发展状况，教师又制定出了第二阶段的教育目标。

第二个月：在老师的帮助下，能够初步适应幼儿园生活；在遇到困难时，知道向老师提出需求，获得老师的帮助；在成人提醒下，会使用"你好""谢谢"等简单的礼貌用语。

再如，某幼儿园中班第一学期开展了"我是中班小朋友""多彩的秋天"等主题活动。其中，"多彩的秋天"主题目标如下[①]。

①有观察的兴趣，能感受秋季自然景色的变化，感受秋天色彩的丰富和美丽。

②会用较连贯的语言描述自己在秋天的发现，初步学会欣赏散文诗，并尝试按照诗中的句式进行仿编。

③能用点彩、泥塑等多种方式表现出秋天的绚丽色彩，感受秋天的美。

---

① 曲新陵,章丽.幼儿园综合教育课程主题活动［M］.南京:江苏教育出版社,2013.

④感受三拍子歌曲中旋律的优美，能用歌声和动作初步表现出三拍子的强弱变化。

⑤能辨别长方形、梯形的主要特征，学习目测七以内的数群。

⑥注意保持手脸、服装的整洁，并能根据气温的变化自己增减衣服。

（4）教育活动目标

教育活动目标是一个具体的教育活动期望达成的效果，所拟订的目标一定要明确、具体，切忌空泛。例如"多彩的秋天"主题活动中，"秋天来了"活动目标如下[①]。

①观察发现幼儿园里的花草树木的生长变化，感受秋天的自然景色。

②能用较连贯的语言讲述自己的观察发现。

2. 幼儿园课程目标的结构

课程目标的层次是从纵向的角度探讨目标体系的构成，目标的结构则是对这个问题的横向分析。关于建立一个结构合理的课程目标体系的研究，在教育界最有影响的当数美国著名教育心理学家布鲁姆等人提出的教育目标分类学。他将教育目标分成认知、情感、动作技能三个领域，每一领域包含幼儿发展的不同方面。认知领域主要包括知识的掌握理解和认知能力的形成发展，情感领域主要包括兴趣、态度、习惯、价值观念和社会适应能力的发展，动作技能领域主要包括运动协调、动作技能方面的发展。

布鲁姆的教育目标分类学为教师拟订幼儿园课程目标提供了一个较为全面的框架，在课程实践中，除了认知领域的学习，教师也要重视幼儿在情意领域和动作技能领域的学习与发展，这三个方面互相渗透、互相联系、互相促进，保证幼儿身心全面和谐发展。

布鲁姆的教育目标分类学是从幼儿身心发展的整体结构提出的。除此之外，目标还可以从教育内容领域、全面发展教育的"五育"、幼儿的学习经验等方面进行分类。

---

① 曲新陵,章丽.幼儿园综合教育课程主题活动［M］.南京:江苏教育出版社,2013.

二、幼儿园课程内容的选择与组织

课程目标确定之后，接下来面临的另一个问题是：选择什么样的学习内容作为实现课程目标的载体？如果说课程目标解决的是为什么学、为什么教的问题，课程内容则解决的是学什么、教什么的问题。幼儿园课程目标是促进幼儿整体的发展，相应的课程内容也应该是全面的，涵盖健康、语言、社会、科学、艺术五个领域，课程内容的建构需要综合考虑社会的期望与要求、幼儿身心发展的特点、规律与发展需求，并以终身学习、可持续发展为指导思想，科学选择，合理安排。

(一)幼儿园课程内容的范围

人类文化浩如烟海，特别是在信息爆炸的今天，知识呈几何级数迅速增长。那么幼儿究竟应该学些什么？他们能够学些什么？哪些学习内容有利于他们的终身发展？根据幼儿园课程目标和幼儿的年龄特点，课程内容包含以下三种基本成分。

1.能够促进幼儿发展的基本知识

对于幼儿来讲，学习关于周围生活的粗浅知识，不仅能帮助他们认识自己生活的环境，还能适应环境、发展自我，例如避开危险、遵守规则、节约资源等。同时知识还是培养能力、形成良好的情感态度的载体，离开知识的学习，能力、情感态度的提高与培养，就会成为无源之水、无本之木，因此知识是幼儿园课程的重要内容。当然，重视知识学习并不意味着加大知识的深度和广度，给幼儿带来很大的学习压力，更不意味着知识学习由成人直接呈现或灌输，那样幼儿会丧失对学习的兴趣与自信，得不偿失。那么幼儿阶段需要且能够学习哪些知识？哪些知识具有发展价值呢？[①]

---

① 冯晓霞.幼儿园课程第二版［M］.北京:北京师范大学出版社,2001.

生命活动必需的知识，如与幼儿的健康、安全有关的知识。

有利于幼儿解决基本的生活、交往问题的知识，如基本的社会行为规则、规则的意义等。

帮助幼儿认识自己生活环境的知识，如自然和社会环境中常见事物的名称、属性，幼儿能理解的事物之间的关系和联系等。

为今后学习系统的学科知识打基础的知识，比如基本的数量、形、时间、空间概念等。

为成长为未来社会的高素质公民奠基的知识，如简单的环保知识等。

2. 能够促进幼儿发展的基本态度

情感态度反映了客观事物与个体需要之间的关系，具体表现为爱憎好恶、喜怒哀乐等，它是人类特有的高级而复杂的体验，积极的情感是个体发展的持续动力。在幼儿期，学习兴趣、自信心、责任感、独立性、合作精神、友好、尊重、同情等都是应着重培养的情感态度。

那么如何培养幼儿良好的情感品质呢？原则上讲情感态度不是"教"出来的，它是伴随着活动而产生的一种体验，类似的体验积累多了，就形成了比较稳定的倾向性。因此创设良好的情境，在情感体验中陶冶情感，是幼儿阶段培养情感态度的有效途径。例如，学习兴趣是在感受到学习活动的有趣，令人惊讶、兴奋后产生的。合作精神是在感受合作的快乐、力量与价值后产生的。自尊是在感受到自己受尊重、受重视后产生的。

3. 能够促进幼儿发展的基本行为

课程内容中包含能够促进幼儿发展的基本行为，其根本目的在于帮助幼儿学会活动的方式方法。所谓"缘木求鱼"，如果行事的方向、方法不对，必将劳而无功，而掌握活动的方式方法、原理原则，则可以事半功倍，体验到成功的快乐。

幼儿在幼儿园参与的大大小小的诸多活动，构成了一日生活和学习的主要内容。从大的方面说有生活活动、学习活动、游戏活动，具体来说又可以分解为许多小活动，如交往、睡眠、进餐、值日、劳动、观察、交流、小实验、手工、体育锻炼等。每一种活动都包含着一些基本的方式方法、技能技巧，例如怎样加入别人的游戏，与小朋友发生矛盾怎么办，游戏中如何分配角色，怎么做值日生能够更好地服务大家，等等。这些方式方法的学习离不开实践，是在"做中学"的过程中达成的，即在交往中学会交往，在劳动中学会劳动，在游戏中学会游戏，在观察中学会观察。因此教师应在幼儿园各项活动中抓住时机，指导幼儿学会活动的方式方法。

（二）幼儿园课程内容的选择

《纲要》明确提出选择学前教育课程内容应该体现以下原则。

1. 既适合幼儿的现有水平，又有一定的挑战性

课程内容的选择要与幼儿的已有经验相适应，适合幼儿的现有水平，但是这并不意味着课程内容是对幼儿已有的或完全可以通过日常生活获得经验的简单重复或平行扩展。例如，番茄是孩子们非常熟悉的一种蔬菜，无论春夏秋冬都能看到、吃到。对于它的颜色、味道、内部结构等属性，幼儿获得了大量的直接经验。如果老师再组织认识番茄的活动，显然多此一举，这是一种低水平的浪费。与之相应，酸奶也是孩子们熟悉的，但是绝大部分城市的孩子不知道酸奶的由来、酸奶和牛奶的关系，开展"酸奶真好喝"的活动，则是一个不错的选择。再如，孩子们在绘画中无意发现弄脏的小手能在白纸上留下印子，于是老师组织孩子们开展了系列活动。活动一：怎样让指纹更清晰。活动二：指纹一样吗？活动三：指纹能干什么？活动四：创作指纹画。通过这一系列活动，孩子们加深了对指纹的认识。

既适合幼儿的现有水平，又有一定的挑战性，也就是课程内容的难易程度应处在"最近发展区"，既要从幼儿的实际水平出发，又不能迁就幼儿现有的发展水平，而是让幼儿经过努力获得提高，正所谓"跳一跳摘到桃子"。这样的活动必须具备两个条件：一是活动对于幼儿个体来说，要独

立表现、完成存在一定的困难；二是在成人或能干的同伴的支持和帮助下，幼儿才能完成任务。发现幼儿的最近发展区，要求教师具备心理学的基本理论及敏锐的洞察力，通过各种方式了解他们已经达到的水平和预测可能达到的水平。

2. 既符合幼儿的现实需要，又有利于其长远发展

幼儿园课程内容的选择要贴近幼儿生活，服务于幼儿生活，满足幼儿的现实需要，与此同时，还要从促进幼儿终身发展的角度选择适宜的内容。那么教什么东西才能使幼儿终身受益呢?《指南》指出，幼儿在活动中表现出的积极态度和良好的行为倾向是终身学习与发展所必需的宝贵品质,《纲要》也把情感和态度作为幼儿发展最重要的方面列在前位。积极的情感和态度是个体持续发展的内在动力，如果教师选择的内容只关注到幼儿当前的发展，或只注意到其工具性价值，那它对幼儿的终身发展就会失去意义。如语言领域，是只注重幼儿学会识多少字、写多少字，还是更加关注激发幼儿对语言文字的兴趣及运用语言的能力。科学领域是注重幼儿获得科学的知识和技能，还是更加关注如何培养幼儿科学探究的欲望、好奇心与探究的方法和能力。知识与技能虽然有很强的工具价值，但好奇心、探究的欲望、方法、能力等才是一个人长远发展的不竭动力。

3. 既贴近幼儿生活，选择幼儿感兴趣的事物和问题，又有助于拓宽幼儿的经验和视野

大量的心理学研究成果表明，儿童的兴趣、需要及已有的经验是学习的动力和基础。为了引导有效地学习，教师必须关注幼儿的生活，关注他们的兴趣和需要。幼儿乐于参加的、能够全身心投入的活动，一定是他们感兴趣的活动。孩子"上课"时的说话、玩耍、调皮捣蛋，都是在以他们特有的方式告诉老师：我不感兴趣。因此选择课程内容时，教师要问一问："这个内容孩子喜欢吗?"

教师选择根据目标确定的课程内容，从幼儿长远的发展来看是必要的，但不见得所有的幼儿都感兴趣，那么就需要教师通过各种方式把它们转化

为幼儿感兴趣的内容。除此之外，教师还可以顺应幼儿的兴趣，生成课程内容。幼儿对大千世界充满了好奇和探究的欲望，他们对许多事物都会产生浓厚的兴趣，其中可能蕴含着丰富的教育价值。教师可以通过各种方式，如听听孩子们在说什么，看看孩子们在做什么，问问孩子们在想什么，从中发现教育的契机。只要留心观察，可以看到许多幼儿热衷的关注点，如外出散步时，孩子们会对蚯蚓或蚂蚁产生浓厚的兴趣；秋天到来时，满地的落叶会吸引他们的视线；社会生活中的重大事件，也常常会引起他们的争论。凡此种种，都为我们生成教育内容提供了契机。

教师还要注意引导幼儿的兴趣，深化教育内容。学前期的幼儿无意注意占优势，有意注意开始发展，受到这个特点的制约，他们很容易被其他事物所吸引。同时由于幼儿缺乏经验，对事物的探究往往缺乏深度。有时幼儿经常在一个有教育价值的内容即将诞生之时，就由于某种原因放弃探究，而转向其他的活动，从而失去很多值得深入探究的机会。所以教师要通过各种方式，找到恰当的干预时机，用巧妙的方法，引导幼儿的兴趣，深化教育内容。

课程内容的选择除了体现上述原则之外，还有一些基本要求，如与课程目标相一致、能够让幼儿获得直接经验、源于生活、利于幼儿全面发展等，不再一一赘述。

（三）幼儿园课程内容的组织

课程内容的组织主要指对知识技能和学习经验的排列和组合的方式。课程内容的组织形式多样，根据知识分类的强弱和考虑问题的逻辑，可以把课程内容组织成以下几种类型。

1. 学科课程

幼儿园领域课程属于这种类型。这种组织形式强调按照知识的内在联系及其结构组织课程内容。虽然领域课程属于学科课程，但它不同于学校教育中的"科目"，为了克服分科组织形式造成的知识割裂问题，领域课程相对弱化了知识的分类标准，把性质基本相同的知识囊括在一个相对大的"领域"之内，以使该领域内知识达到统一整合。例如，"健康领域"，涵盖了身体健康、心理健康、自我保护等内容；"科学领域"，包括了物理、生物、地理、环境等学科内容。这种形式加强了领域内部相关知识的联系，但领域之间还有可能是相互割裂的。

2. 核心课程

幼儿园主题活动课程属于这种类型。这种组织形式是围绕幼儿在生活中的各种问题来组织课程内容。主题活动课程以幼儿的实际生活经验为基础，从幼儿的需要和兴趣出发，让幼儿在探索和解决这些问题的过程中主动学习，了解生活、适应社会。由于这种课程是以"问题"为中心来组织与之相关的学科内容和学习经验，所以它真正打破了学科界限，然而由于教师无法准确地推断幼儿的问题能够扩展哪些经验，因而教育效果在很大限度上取决于教师的基本素质和教育素养。

3. 活动课程

幼儿园区域游戏属于这种类型。这种组织形式以幼儿的经验为中心，强调个体的兴趣和需要，注重让幼儿在生活情境中学习，教师的任务是根据幼儿年龄特点和发展的现有水平、状态、经验和发展需求、可能，为幼儿提供学习材料和学习机会，创设一个富有教育性的环境，让他们在与环境的相互作用中，自发地发现和掌握知识。在区域游戏中，幼儿可以根据自己的兴趣、需要和能力自由选择活动任务，自主地进行学习，教师是幼儿学习的支持者、合作者和引导者。这种课程为幼儿提供了更多的自主活动的机会，尊重差异，有利于幼儿个性的发展，但是幼儿获得的学习经验基本上是零散的，不能形成系统的知识网络，有时甚至是错误的。

4. 混合型的组织

上述三种课程内容的组织形式各有优势与不足，没有绝对的好或差，因此在实践中，课程要取得最优化的教育效果，课程组织就不可能只采用单一的形式。现在几乎所有的幼儿园课程都是采用混合型的组织，有的内容以领域课程的形式组织，有的内容以主题或单元的形式组织，有的内容以活动区游戏的形式组织。而且各类课程也在扬长补短，不断改进，例如领域课程特别强调幼儿的主动学习，主题活动课程重在加强学习内容的内在逻辑联系，区域游戏注重和领域活动之间的积极互动与动态变化，以保证幼儿学习的有效性。

（四）幼儿园课程计划

1. 课程计划的类型

课程计划即教育教学计划，是教师为实现课程目标，结合幼儿实际拟订的教育工作方案。幼儿园课程是帮助幼儿获得有益的学习经验，促进其身心全面和谐发展的各种活动的总和，所以在幼儿园里，凡是对幼儿发展产生积极作用的各种活动都应尽可能地纳入课程计划中。一般来讲，课程计划包括以下几个方面的内容：教师有目的有计划组织的教育活动、区域游戏的开展与指导、一日生活的安排与组织、环境的创设与利用、家园社区联系等。

课程计划根据不同的划分角度有不同的类型。根据计划的指导范围，可以分为全园性计划和班级计划。根据计划的具体内容，可以分为家长开放日工作计划、运动会计划、参观计划等。根据课程目标的层次，可以分为学年计划、学期计划、月（周）计划、日计划及具体活动计划，各种计划之间密切联系、相互渗透、有机结合，发挥教育工作的整体作用。一般来说，学年计划由园领导组织相关教师集体完成，作为带班教师，要能够制定以下四种工作计划：

（1）学期计划

学期计划是教师根据园所学期工作计划，结合本班实际制定的学期教育的任务、内容、要求和工作重点等。学期计划因幼儿园实际情况不同填写的项目也不同，同时幼儿园采用的课程模式不同，学期计划的内容和表达方式也不同，见表4-2和表4-3。

表4-2　幼儿园学期工作计划（一）

一、班级情况分析
二、本学期工作重点
三、教学目标
四、教育手段和措施
五、家长工作
六、环境创设
七、每月工作安排

表4-3　幼儿园学期工作计划（二）

项目	情况分析	学期目标	内容要求	备注
健康领域				
语言领域				
社会领域				
科学领域				
艺术领域				
个别教育				
家长工作				
环境创设				
其他				

（2）月（周）计划

月计划是教师将学期计划分解到每个月中，制定一个月的教育工作内容、要求和措施等。如果幼儿园采用主题活动的课程模式，主题活动计划可以代替月计划。周计划是将月计划分解到每周，把一周中每天幼儿从来园到离园的各项活动安排好，因此周计划是比较具体的一种教育计划，见表4-4和表4-5。

表4-4 幼儿园月工作计划

月工作重点				
	月目标	主要活动内容	环境材料	家长工作
健康领域				
语言领域				
社会领域				
科学领域				
艺术领域	音乐			
	美术			

表4-5 幼儿园周工作计划

星期		一	二	三	四	五
晨间谈话						
学习活动	一					
	二					
上午游戏活动	内容准备					
	指导重点					
下午游戏活动	内容准备					
	指导重点					
体育活动	晨间锻炼					
	下午锻炼					
离园活动						
生活活动			周观察重点及个别教育		家长工作	

（3）日计划

从周计划表里基本可以看到一日生活与活动的基本内容及安排，相比周计划，日计划更加详细具体，见表4-6。

表4-6　幼儿园一日活动计划

作息时间	活动内容	教育要求
7:30—9:00	来园接待活动	
9:00—10:00	生活（盥洗与点心） 游戏（区角游戏）/（各功能室）	
10:00—10:35	学习活动	
10:35—11:00	自由活动（传统阅读）	
11:00—12:00	生活活动（盥洗、午餐、散步、安静游戏等）	
12:00—14:40	生活活动（午睡、起床整理、盥洗与点心）	
14:40—15:30	区角活动/学习活动	
15:30—16:00	户外活动（体育游戏、散步等）	
16:00—16:10	离园准备（谈话与整理）	

（4）具体教育活动计划

教育活动计划就是常说的教案，记录的是活动开展要做什么、怎么做等。内容通常包括：活动名称、活动来源、活动目标、活动准备、活动过程、活动延伸、活动反思等。

2. 课程计划制订的基本要求

《纲要》第三部分"组织与实施"中明确指出：教育活动内容的组织应充分考虑幼儿的学习特点和认知规律，各领域的内容要有机联系，相互渗透，注重综合性、趣味性、活动性，寓教育于生活、游戏之中。教育活动的组织形式应根据需要合理安排，因时、因地、因内容、因材料灵活地运用，点明了课程组织的基本要求。

（1）符合幼儿年龄特点

科学、合理地制订课程计划必须符合《纲要》《指南》精神，以幼儿生理、心理特点为出发点，符合幼儿实际水平。例如保教合一，以游戏为基本活动，一日活动的组织应当动静交替，注重幼儿的直接感知、实际操作和亲身体验等。教育活动内容应当根据教育目标、幼儿的实际水平和兴趣确定，教育活动的组织应当灵活地运用集体、小组和个别活动等形式，为每个幼儿提供充分参与的机会，满足幼儿多方面发展的需要，促进每个幼儿在原有水平上得到发展。

（2）具有系统性

制订课程计划应当根据教育目标，以循序渐进为原则，由浅入深、由易到难，由简单到复杂、由已知到未知。同时，各年龄班之间、各学期之间，甚至月、周、日之间都要保持衔接，使后续的学习内容建立在前面学习经验的基础之上，是原有经验的扩展和加深，保证教育过程的一致性和连贯性，有效促进幼儿发展。

（3）具有综合性

促进幼儿全面和谐发展是幼儿园教育的任务，幼儿在德智体美劳方面的发展不是割裂的，而是相互联系、相互制约，因此五大领域教育内容相互渗透，任何活动都可以实现领域间的整合，不同领域的经验有机联系在一起，幼儿获得的经验才是整体的。不仅教育内容之间，一日生活的各种活动、各个环节之间也是一个有机联系的整体，只有充分发挥一日生活的整体教育功能，家园合作，才能帮助幼儿把学到的知识和获得的各种经验加以统整和贯通，提高学习效率，促进身心健康发展。

三、幼儿园课程的实施

（一）课程实施的实质

设计拟订完课程计划之后，教师就要依据课程计划组织幼儿活动了，这个过程就是课程实施。文本形态的课程计划只是一种构想，只有转化为实践，才能把理想的预期变为幼儿的实际发展，对幼儿产生实际的教育影响，因此课程实施是课程目标实现的一个重要环节和实质性阶段。课程实施可以有不同的层面，国家、地区、园所、班级都存在将课程计划付诸实践的问题，那么对一名教师而言，课程实施和课程计划之间是什么关系？是原封不动地执行课程计划以便达到预定的课程目标，还是教师能够而且应该根据现实需要对预定的课程计划进行有效的调整，抑或师生双方在具体的教育情境中，共同创造和促成课程的发生、发展和终结？教师是课程的开发者，既有的课程计划和教学策略只是一种参考和假设。

在幼儿园教育中，教师同幼儿打交道，是在同1/3的确定性和2/3的不确定性打交道，再完善的计划也不可能把课程实施过程中会发生的所有问题都预测得清楚而准确。所以课程实施不是一个简单的、机械的执行过程，而是开放的、变化的、具有情境性的，需要教师根据现实条件及幼儿特点不断进行调整、对话、生成的过程，进而把课程转化为幼儿的经验。因此《纲要》指出，教育活动的组织与实施过程是教师创造性地开展工作的过程。教师要根据《纲要》，从本地、本园的条件出发，结合本班幼儿的实际情况，制订切实可行的工作计划并灵活地执行。

(二)课程实施的途径

1. 教学活动

教学活动是教师有目的、有计划、有组织地引导幼儿获得有益经验的教育活动。这种途径具有目标明确、内容精选、步骤周密、教师的组织指导作用明显等特点。

2. 游戏活动

游戏是幼儿阶段的主导活动，所谓主导就是幼儿最喜欢、最能促进幼儿发展的活动。目前很多幼儿园都重视游戏活动的开展，上午和下午均有一个小时左右的游戏时间。游戏作为课程实施的一条途径，其作用能否发挥在于教师能否把游戏精神落实到课程中，给孩子自由，使孩子真正成为游戏的主人。

3. 日常活动

日常活动是除教学和游戏活动以外的一日生活中的其他所有活动，包括来园离园、进餐、睡眠、盥洗、自由交往、活动转换等。日常活动不仅是幼儿身体健康成长所必需，还是幼儿最重要的学习内容和学习途径。发展心理学指出，人生各阶段都有必须解决的发展课题，如果该阶段的发展课题没有很好地解决，就会影响下一阶段甚至一生的发展，而日常活动的内容例如生活自理能力、良好的生活卫生习惯、社会行为规范的养成等，都是幼儿阶段必须解决的发展课题，因此，日常活动是课程实施的一个重要途径。

4. 环境影响

环境作为课程实施的途径，其作用的发挥是潜在的，教师创设什么样的环境，就会引发幼儿什么样的行为。环境既包括物质环境，也包括精神环境。既包括幼儿园环境，也包括家庭、社区环境。《纲要》指出，幼儿园的空间、设施、活动材料和常规要求应有利于引发幼儿的主动探索和幼儿间的交往；教师的态度和管理方式应有助于形成安全、温馨的心理环境；言谈举止应成为幼儿学习的良好榜样。充分利用自然环境和社区的教育资源，扩展幼儿生活和学习的空间等。

5. 家、园、社区协同共育

家庭、幼儿园、社区是幼儿生活的微观环境，直接影响幼儿的发展，家、园、社区合作能够使这些教育影响方向一致，使幼儿在其中获得的学习经验具有连续性和互补性。因此《纲要》多次指出，幼儿园要与家长配合，与社区合作，协调一致，共同促进幼儿身心良好地发展。

（三）课程实施的基本要求

1. 全面性与交互性

课程实施的全面性与交互性是幼儿身心发展的需要以及幼儿园课程特

质的客观要求。幼儿园的教育任务是促进幼儿德、智、体、美、劳全面和谐发展，课程实施过程中，只有在目标、内容、资源、方法、形式、手段等多方面整合才能实现全面发展，彼此相互联系、保持一致，才能提高课程实施效益，保证幼儿发展的整体性和协调性。

所谓交互，即幼儿与环境的相互作用。幼儿的身心发展特点使他们不可能像中小学生那样主要通过课堂书本知识的学习来获得发展，而只能通过积极主动地与环境中的各种事物、人和事件相互作用，学习积累经验。因此课程实施中要充分发挥幼儿的主体作用，教师通过创设适宜的环境，为幼儿提供互动的机会和条件，引导、激发幼儿与材料、与同伴、与教师充分地相互作用，教师在观察的基础上提供支持和适宜的帮助。

2. 规律性与差异性

课程实施应遵循幼儿的身心发展规律，符合幼儿的年龄特点，运用科学的方法。例如幼儿阶段生长发育迅速，但独立生活能力较差，所以幼儿园教育应坚持保教结合的原则。再如3~6岁幼儿以具体形象思维为主，抽象逻辑思维初步萌芽，所以数学教育应具有生活性和操作性。但是幼儿心理学中谈及的身心发展规律通常是指幼儿的一般发展水平和特征，具体到每一个活生生的幼儿，由于遗传、环境、教育以及幼儿主观心理活动的不同，又各有具体的特点，彼此之间在性格、智力、语言、动作发展等方面存在较大差异，所以教师还要考虑不同幼儿对教育的不同需求，有的放矢地进行教育。

3. 游戏性与体验性

幼儿的学习必须建立在真实的学习和参与的基础之上。对于幼儿来说，游戏不仅是玩耍，也是学习、工作和生活。在各类游戏中，幼儿发展着动作技能以及语言表达能力、人际交往能力、想象力、创造力等，游戏是促进幼儿学习和发展的重要途径。游戏为幼儿提供了"直接感知、实际操作和亲身体验"的机会，因为游戏情境比教师创设的教学情境更真切，游戏中解决的问题都是幼儿的真问题。课程实施具有游戏性，并不是要幼儿园课程都以游戏的方式表现出来，也并不只是意味着保证每天两个小时左右的自主游戏时间，而是强调游戏精神在课程中的体现，关注幼儿的主体地位，尊重他们的选择权和决定权，使主动性、独立性、创造性成为幼儿学习活动的基本特征，促进幼儿主动性的发展并以此带动各方面的发展。

4. 一贯性与灵活性

常规是幼儿在幼儿园一日生活的各种活动中应该遵守的基本行为规范，常规教育与培养可以让幼儿知道什么时候应该做什么、应该怎样做，从而更好地适应幼儿园集体生活，形成良好的行为习惯，给幼儿一种安全感，因此幼儿园一日生活的安排应该保持相对的稳定，但是又不能像小学的作息时间安排那样机械死板，各环节活动时间或顺序在相对固定的同时应该具有一定的灵活性，根据幼儿的实际情况做出适当的调整，既有利于形成秩序，又能满足幼儿的合理需要，照顾到个体差异。例如，大部分幼儿都还对正在参与的活动表现出极大的兴趣和积极性，不妨把这个活动的时间延长一些。反之，幼儿对某个活动表现出注意力不集中、疲倦等状态，也可以把这一活动时间缩短些。

第三节　幼儿园课程领域和主题活动课程

一、幼儿园领域活动课程

（一）领域课程的特点

领域课程就是将幼儿园课程分为若干领域，以领域为单位组织和实施教育的课程。尽管幼儿园领域活动属于学科课程，但相对于中小学学科课程而言，具有一些独特之处。其学科知识的分类并不严格、精细，学科知识体系并不是以科学概念为核心，严格按照学科的内在逻辑进行组织，而是以表象或初级概念为基础和核心组织起来的经验层次的"前学科"体系，逻辑结构相对比较松散，只是扼要地提供了某些与幼儿的生活和发展关系密切的、"有用"的知识。此外，幼儿园领域活动强调紧密联系幼儿生活，注重培养幼儿的基本素质，为终身发展奠基。

幼儿园领域课程具有较强的计划性和可操作性，能为幼儿提供各领域中的关键概念，利于幼儿循序渐进地学习，提高学习效率。但是容易忽视幼儿的兴趣和需要，忽视幼儿的个别差异，割裂领域之间的联系，灵活性不高。

（二）领域活动课程计划

1. 目标与内容的把握

在领域课程中，科学且适宜的目标与内容是有效引领幼儿学习与发展的前提条件，因此其制定与安排，一定要凸显《纲要》和《指南》的精神，了解各个领域中幼儿学习与发展最基本、最重要的东西，了解各个领域的核心价值。与此同时，不仅要考虑幼儿的年龄特点与发展需要，更要重点分析本班幼儿的发展实际与已有经验，以及可以利用的教育资源等，初步确定适合本班幼儿的领域教育目标和内容。

2. 拟订学期或学年领域活动计划

将上述确定的教育目标和内容表述出来，制订学年或者学期教育活动计划。具体内容可繁可简，可以只列出时间和活动名称，也可以在此基础上增加活动目标、组织形式等。

3. 确定活动目标和内容

依据学期或者学年计划，在实施中教师需要选择与制定具体活动目标和内容。然而计划只是一个大致安排的框架，在具体教育过程中，教师要根据幼儿的需要、兴趣，生活中的偶发事件，班级幼儿的现实发展水平，及时调整活动内容和计划，进而选择和确定当时当地适合本班幼儿的活动目标与内容，使教育活动具有针对性和适宜性。

4. 设计活动过程

目标与内容确定后，就可以设计活动过程了。过程的设计应该注意与目标保持一致，使幼儿在游戏中掌握理解知识，获得游戏性体验，促进幼儿多方面的发展。

（三）领域活动的组织与指导

1. 符合幼儿实际

领域课程具有较强的计划性，这个特点容易造成活动与幼儿的实际发展水平不符、忽视幼儿的兴趣需要的倾向。因此需要教师准确把握幼儿的发展规律与发展现状，使计划的教育活动尽可能与幼儿的发展水平相当，使之保持在幼儿的"最近发展区"之内。同时，教师还需要找到活动目标和幼儿的兴趣需要之间的结合点，激发幼儿的学习动力，促进幼儿生动、活泼、主动地发展。因此领域活动在具有计划性的同时，一定要兼顾灵活性。

2. 促进幼儿长远发展

领域课程有利于幼儿较快地学习掌握比较系统的学科知识技能，但是这并不是领域课程的目标，领域活动依然要服从并服务于幼儿的长远发展，培养其终身受益的品质。教师要树立正确的儿童观、发展观，避免仅仅重视表现技能或掌握知识等活动的结果，而忽视幼儿在活动过程中的情感体验和态度的倾向。

3. 尊重个别差异

在领域活动课程中，教师常常采用集体教学的组织方式，容易忽视幼儿在发展水平、学习方式、已有经验等方面的差异，需要教师通过认真观察、任务分析和细心准备等方法，使活动开展与个体幼儿的需要相符合，促进每一个幼儿快乐、自信地发展。

4. 以发现学习为主

领域活动中知识技能的学习并不意味着教师讲、幼儿听，教师演示、幼儿看，教师提问、幼儿回答，幼儿只能被动地接受。领域活动设计应尊重幼儿的认知规律和特点，教学方式上宜活动化，以发现学习为主，让幼儿在直接感知、实际操作、亲身体验中理解事物，获得发展。

5. 注重整合

领域课程虽然有助于幼儿形成比较系统的"前学科"知识体系，但同时也使得领域活动主要局限于某一领域，在一定程度上弱化甚至忽视了领域之间的联系，造成幼儿经验的割裂，所以需要教师充分挖掘领域内容所蕴含的多方面的教育价值，注重领域间的联系、渗透与整合，促进幼儿整体的发展。同时，充分发挥一日生活整体教育的功能，秉承一日生活皆课程的理念，合理组织、科学安排一日生活中的各种活动，避免只重上课而轻生活环节的倾向。

二、幼儿园主题活动课程

（一）幼儿园主题活动课程的特点

主题活动是教师在一段时间内围绕事先选择的主题（可以是一个问题，也可以是一个事件或现象）组织的教育教学活动。它的特点是打破领域之间的界限，将各种学习内容有机联系在一起，幼儿通过该主题的学习，能够获得较为完整的经验。由于活动的主题与幼儿生活密切联系，活动开展过程是师幼共同设计、推动的，因此主题活动课程符合幼儿的兴趣与需要，能够促进幼儿主动学习。与此同时，由于课程中贯彻落实以幼儿为中心的宗旨，教师及时捕捉幼儿的信息并及时作出反应，根据需要调整计划，所以主题活动还具有开放性、灵活性的特点。

任何一种课程，有其优势的同时，也必然有其不足。与领域课程不同，主题活动课程在整合不同领域的经验方面具有明显的优势，但在体现学科知识的内在逻辑联系、实现相关经验的前后联系方面相对不足，因此在主题活动中，如何让幼儿有序、完整地获得领域的关键经验，是需要教师给予关注的。

（二）学期主题活动计划

采用主题活动课程模式的幼儿园，从幼儿的身心发展规律和学习特点出发，考虑幼儿的现实生活，系统把握和综合利用各种教育影响因素，在学期初制订出主题活动计划。预设学期的主题活动，可以从节日、季节、幼儿所见所闻的大事件、家乡文化、幼儿感兴趣的事物等角度预设主题，充分挖掘基于幼儿经验的主题探索路径和范围，预设各主题活动所需要和所涉及的领域、需要几周时间、一个学期可以安排几个主题。在此基础上，还要分析这几个主题的开展能否满足幼儿全面发展需要，如果不够平衡，还需要有哪些活动与之互补，等等。例如，某幼儿园中班第一学期计划开展六个主题活动，分别是：我是中班小朋友、蔬菜朋友、多彩的秋天、我们都是好朋友、好邻居、拥抱冬爷爷。这六个主题是教师依据教育目标，根据季节、节日及认知、幼儿发展需要等和幼儿生活相关的内容确定的，旨在帮助幼儿积累经验，发展能力。[①]

学期主题活动计划中可以列出各主题的教育要点、每个主题大体所需要的时间以及对教师的要求等，见表4-7。

表4-7　大班第一学期课程计划[②]

周次	月主题	要项	目标	备注
一至二	新鲜好奇的小孩	团体、老师与环境	1. 认识新环境与人物 2. 知道中心的活动流程 3. 认识团体生活 4. 增进对团体生活的适应能力 5. 激发并维持幼儿的好奇心 6. 培养正向的学习态度	开学前三天新生适应 开学一周后家长会 中秋节放假

---

① 曲新陵,章丽.幼儿园综合教育课程主题活动［M］.南京:江苏教育出版社,2013.

② 冯晓霞.幼儿园课程［M］.北京:北京师范大学出版社,2001.

续表

周次	月主题	要项	目标	备注
三至八	健康强壮的小孩	健康的身体、饮食、卫生	1. 知道健康所代表的意义 2. 认识影响健康的因素（卫生、饮食等） 3. 建立正确的健康观念 4. 加强个人日常生活自理的能力 5. 增强维护环境卫生的能力 6. 养成良好的卫生习惯（仪容、身体的整洁） 7. 建立良好的饮食习惯（进食礼仪、不偏食等）	国庆节放假 参观口腔医院并坚持刷牙齿 各班互相拜访 邀请家长示范拿手菜
九至十三	能动能静的小孩	基本动作、日常举止、安全	1. 认识人的基本动作能力 2. 了解身体动作与生活的关系 3. 增强日常生活与运动中的动作能力 4. 培养合宜的行为举止 5. 培养正确的运动态度与精神 6. 建立行动的安全概念 7. 提升自我保护的能力	秋季郊游 亲子运动会
十四至十七	可爱有礼的小孩	自我概念、人际、规范	1. 增进对自我的认识 2. 建立正向的自我概念 3. 提升表达与沟通的能力 4. 认识人与人之间的关系 5. 加强团体与社会生活的概念 6. 培养遵守团体规范的态度 7. 增进与人相处的技巧 8. 建立良好的友谊关系	新年联欢会 新年放假

续表

周次	月主题	要项	目标	备注
十八至十九	稳定快乐的小孩	统整与肯定	1. 知道使人改变的因素 2. 发觉自己一学期来的改变 3. 建立欣赏他人与自己的态度 4. 养成主动学习的习惯 5. 培养正向快乐的情操	成果展示会 放寒假

（三）主题活动课程构建

1. 选择主题

主题是主题活动设计的起点和灵魂。一个好的主题符合幼儿的兴趣需求，能够蕴含多样的教育价值，涵盖比较宽泛的教育内容，从而促进幼儿多方面的学习与发展。幼儿园课程目标、幼儿的生活、文学作品等，都可以成为主题的来源，例如：我爱我家、好吃的蔬菜、快乐新年、家乡的桥、北京奥运会等。

2. 制定主题活动目标

遵循《指南》精神，教师在分析主题蕴含的教育价值，分析幼儿的认知经验和已有发展水平以及兴趣爱好和发展需要的基础上，制定主题活动目标。由于主题活动是在相对较长的一段时间内开展的活动，涵盖多个领域的学习内容，因此活动总目标应该具有全面性和概括性，以促进幼儿整体性地学习与发展。

3. 预设主题活动内容

目标确定以后，教师需要选择与主题相联系的内容开展活动，活动内容的选择和价值判断就成了教师面临的巨大挑战。哪些活动内容对幼儿是有价值的？哪些内容适合幼儿现在学习？与主题相关的内容很多，如何从这些内容中选择出合适的内容，对于教师们来说并不是一件容易的事情。实践中，教师可以以主题所蕴含的基本事件、事实、现象等因素为中心，向外扩展，逐步细化，层层分解，直至找到相应的活动，包括教学活动、生活活动、游戏活动等。由于在这种整合中学科或领域的界限变得模糊，因而与幼儿生活的联系更紧密，所发挥的整体效应更好。

那么主题活动如何自然推进，使活动间的联系自然有机、水到渠成，让活动开展过程成为基于经验—丰富拓展经验—巩固提升经验的过程？解决问题的关键，一是尊重幼儿的兴趣和经验，根据幼儿经验成长的连续性，调整主题活动内容。教师通过观察倾听、了解幼儿的需求，和幼儿一起找出可以并值得延伸、扩展和深入探讨的内容，这些内容就是主题活动的起点，幼儿在探索中不断产生的新的问题与需求，就是主题活动的走向。二是关注主题背景下幼儿经验的纵深发展以及知识本身的内在逻辑和关联。例如，大班"准备上小学"主题中，从幼儿的已有经验"过完年又长大一岁了，要上小学了"入手，确立了四条发展线索：长大一岁了—小学什么样—学做小学生—和书交朋友，使得主题活动的开展层层深入，幼儿获得比较完整的主题经验。

主题活动内容可以以网络图的形式呈现，利于教师更全面地理解主题，从整体上了解主题所包括或可扩展的知识域，避免遗失主题蕴含的重要价值。整体考量各个活动与主题目标之间的关系，避免偏离与重复。

4. 拟订主题活动方案

主题活动目标、内容思考成熟后，就可以拟订一个初步的主题活动方案了。主题活动方案一般包括主题名称、主题说明、主题目标、主题网络及主题系列活动。系列活动一般包括教学活动、生活活动、活动区游戏、环境创设、家园社区合作等。主题活动计划只是一个初步的设想，在具体实施中，由于各种因素的影响，可以进行相应调整。

5. 设计具体活动

设计具体活动就是写教案。教学活动的具体展开宜粗不宜细，有大致的线索即可。

（四）主题活动的开展与指导

1. 主题活动的整合要自然有机

注重知识之间的横向联系是主题活动的优点，加强整合是希望幼儿获得的经验不再是相互割裂的学科知识，而是一个统一的整体。但是知识之间的横向联系是自然的，不能为了整合而整合，否则就会变成主题下的"拼盘"，失去整合的意义与价值。教师一定要明确，整合只是一种手段和方法，并非目的。每一个主题不一定非要涉及所有学科或领域的内容。是否把某一领域或学科的知识、内容整合到某一主题中，取决于这样做的意义的大小，即各学科或各领域的内容能自然、有机地整合在一起，而且使幼儿易于理解，便于掌握，能促进幼儿身心整体发展。教师要寻求主题概念下学科领域间的自然连接处，无须勉强整合所有学科领域。[①]

2. 主题活动的开展要贯穿于一日生活

一日生活包括各种活动，每一种活动都具有独特的价值，发挥着独特的作用，教师应根据需要合理安排，因时、因地、因内容、因材料灵活地运用，统筹考虑哪些内容适合开展集体教学活动，哪些内容适合通过游戏或者生活活动来实施，区域游戏投放哪些材料，需要创设怎样的环境，如何利用家庭资源和社区资源等，以及如何使这些方面围绕主题形成教育合力，做到在生活中学习，在游戏中学习，学习联系生活、利用生活，使一日生活成为一个真正的教育整体。

3. 幼儿是课程的积极建构者

幼儿是主题活动的主体，不仅是参与者，还可以是设计者。要让幼儿发挥主角作用，师幼共同推动课程的发生发展。教师要站在幼儿的立场，基于幼儿的经验、兴趣、需求、问题，设计和调整课程计划。无论是主题

[①]　王春艳.关于学前整合课程的几点认识［M］.幼儿教育,2005(23).

的来源还是内容的预设，无论是活动开展还是主题环境的创设，都要不断追随幼儿，倾听幼儿的声音，在活动中尊重并满足他们的意愿和想法，促进幼儿主动学习。

第五章

幼儿游戏

每每看到孩子沉浸在游戏之中，很多父母不禁要发愁，认为孩子不务正业，是在做无意义的事情。其实对于身心快速成长的幼儿来说，游戏的意义是重大的。幼儿的游戏蕴含着深远的教育价值，潜藏着丰富的教育契机，建构着坚实的成长阶梯。在游戏中，幼儿不是在做无意义的事，他们在探究世界，发现着自己的能力和兴趣。游戏可以发展幼儿的主动性、创造性、自主性，促进身体的发育，可以发展幼儿的想象力，培养注意力，发展感知觉能力，丰富情感，形成良好的行为品质。在游戏的过程中，幼儿还可以掌握处理人际关系的方法与技能。游戏中的幼儿是小小的研究家，他们专心致志、兴致勃勃地在做着他们喜欢的工作。游戏使他们的愿望与目的得到实现，使他们快乐而满足。因此，在学前教育机构和家庭中都要十分重视幼儿的游戏活动，使他们在游戏的天地中快乐地学习，健康地成长。

第一节　幼儿游戏的概述

一、幼儿游戏及其功能

（一）对游戏的理解

一般来说，任何研究都应当以明确陈述的概念作为研究的逻辑起点，但是，关于游戏的概念，由于看问题的角度各异，对它的理解也就各不相同，中外心理学家、教育学家各自有其论述，迄今为止，还没有一个公认的确切定义。

席勒·斯宾塞认为游戏是一种本能的遗传行为，是个体发泄其过剩精力的过程（剩余精力说）；拉查鲁斯·艾加克认为，游戏是松弛心理疲劳和压力的休闲活动（松弛说）；美国心理学家霍尔认为，游戏是复制或重演人类的进化史（复演论）；19世纪德国学者格鲁斯认为，游戏是对未来成年所需生活技能的练习（生活预备说）；弗洛伊德、艾里克森等人则从精神分析的角度解释游戏，认为游戏不是做，而是人的情感和思想一种健康发泄方式（精神分析论）；美国心理学家皮亚杰认为，游戏是个体把信息纳入原有的认知图式，是同化的一种形式（认知结构论）；苏联学者维果斯基、鲁宾斯坦、艾里康宁等人则认为，游戏是儿童的社会性实践活动，而且是学前儿童的主导活动，游戏是解决儿童日益增长的新的需要和儿童本身的有限能力之间的矛盾的一种活动，游戏是社会性活动（活动论）。

我国儿童心理学家、教育家陈鹤琴认为，对于幼儿而言，游戏就是工作，工作就是游戏。近年来，我国学前教育工作者就如何界定游戏概念在理论和实践上做了大量探索，并得到了一些共识：游戏是学前儿童为了寻求快乐、满足探索和表现等心理需要而自愿参加的一种主体性活动；游戏以自主性、主体性、独立性、创造性为特征，能给学前儿童以充分的主体性体验，是学前儿童最基本的活动。

游戏是一种易于观察但难于定义的现象，要想找到一个大家共同认可的精确概念的确很难。近几十年来，随着对游戏理论和实践的研究不断深入，许多专家学者普遍认为，无论人们怎样界定游戏，重要的是应抓住游戏的最基本的因素和特征进行研究和探讨。

幼儿游戏是幼儿借助对现实的认知、理解，在假想的情境中模仿与再造成人的实践活动，是幼儿内部动机驱使的感知与操作活动。

（二）幼儿游戏的特征

游戏是幼儿的基本活动，是幼儿喜爱的、主动的活动，是幼儿反映现实生活的活动。幼儿游戏具有以下特征。

1. 游戏是自主自愿的活动

幼儿每天都在自发地进行着游戏，只要他们有兴趣，无须成年人在旁边指点或引导，他们都会主动地进行游戏。"游戏是孩子的天性。"游戏是适应幼儿内部需要而产生的，随着生理、心理的发展，幼儿活动的愿望和需求进一步发展，而游戏恰恰可以满足幼儿的这种愿望和需求。游戏不要求务必达到外在任务和目标，也没有严格的程序和方式，幼儿完全可以自由自在地进行游戏，玩什么，怎么玩，均由幼儿自己决定。在游戏中，幼儿是出于自己的兴趣与愿望、自发自愿地主动进行活动，而不是在外在强制的情况下进行的，他们可以自由地表达自己的内心，显露个人的潜力。幼儿的游戏往往满足于活动过程而不注重结果，他们会根据自己的个人爱好和能力，自主选择游戏内容和方法，在没有任何外在压力的情况下，自由自在地做自己喜欢的事情，因此，游戏是幼儿自主自愿的活动。

2. 游戏是感到快乐的活动

幼儿为何如此热爱游戏、热衷游戏？其真正原因是：游戏既符合幼儿身心发展水平，又能满足幼儿的身心发展需要。对幼儿来说，游戏是一种享受。幼儿喜欢游戏，在游戏中自由自在，能够全身心放松，使自己保持身体的最佳舒适状态，能够充分表现自我，实现自己的个人愿望。在游戏中，幼儿通过操纵材料、物品，控制所处的环境，体会到自己的力量和自信，从成功和创造中获得愉快的体验。游戏不可预测的偶然性，又让幼儿体验着意想不到的惊喜；游戏的可重复性，使其有趣的情节可以不断重复，而快乐也在一遍遍的重复中不断地被复制。苏联儿童心理学家柳布林斯卡娅说："正是这种把以前获得的印象组合成新的创造物的可能性，正是这种对自身力量的考验，是游戏使幼儿产生巨大愉快的源泉。"

3. 游戏是充满想象和创造的活动

在游戏活动中，想象起着至关重要的作用，如果没有想象的参与，游戏便无法开展。在游戏中，幼儿使用布娃娃、玩具手枪、玩具汽车等游戏材料时，需要把这些玩具想象成真的娃娃、手枪、汽车，并模仿成人对它们施加相应的行为，如模仿妈妈抚育小宝宝、解放军叔叔开枪射击、司机叔叔驾驶汽车等，在此过程中，幼儿想象着自己变成了真的妈妈、解放军战士、驾驶员。有的玩具材料只是纯粹的替代物，幼儿会把这些替代物想象成他所要替代的东西，如把一根棍子想象成一匹骏马、把一把小椅子想象成一艘轮船……而且，幼儿可以依靠想象不断变换物体的功能，不断变换人物的角色，不断变换游戏的情节。游戏中的"妈妈"并不是真的妈妈，"孩子"其实是玩具娃娃。幼儿可以在想象中把狭小的游戏场变成无比广阔的天地，在那里，他们可以盖高楼、铺铁路、开轮船、开汽车……但这一切，用他们自己的话来说，都是"假装的"。幼儿就是在对游戏的角色、情节、行为、语言和游戏的材料、场景的想象中，享受着游戏带给他们的乐趣。堆积木、玩沙、玩水等游戏没有固定的玩法，小汽车、小船、洋娃娃等玩具也没有固定的玩法。事实上，只要成年人不限制幼儿游戏的方式，在任何游戏中，幼儿都会发挥他们的创造力，把游戏的方式加以变化，使之多姿多彩，富有趣味性。

4. 游戏是虚构与现实统一的活动

游戏是在假想的情境中反映真实的活动，是虚构与现实的统一。幼儿游戏的成分、角色、情节、行动以及玩具或游戏材料，往往只是象征性的，具有明显的虚构性。但幼儿游戏并不是主观臆断或空想，而是以客观现实为依据，是周围生活的反映和写照。游戏的主题内容、角色情节、游戏规则及行为方式都具有社会性，是对现实世界的反映，是幼儿渴望参与成人的社会生活的反映。但幼儿的游戏并不是周围生活的翻版，而是通过想象，将日常生活中的表象形成新的形象，用新的动作方式去重演别人的活动。所以说，游戏是虚构与现实统一的活动。

5. 幼儿游戏过程就是学习与发展的过程

对于幼儿来说，游戏是他们与周围世界交流和沟通的方法。通过探索和实验，幼儿慢慢了解世界并建立起他和客观世界的联系。尤其是当幼儿能主导自己的游戏方法时，更能产生多样化的学习。法国教育家、思想家卢梭极其重视游戏对幼儿身心发展的作用，他认为幼儿最好是在生活中和游戏中学习，学习不脱离游戏，游戏不脱离生活，这样的学习有趣、易懂，对学习生活又有极大的帮助。幼儿的游戏代表着他们在身体、情绪、社会、智慧和创造力等方面的成长、发展与学习。因而每一个幼儿都需要游戏，以促进他们在每个领域的健全发展。可以说，幼儿游戏过程就是学习与发展的过程。

（三）幼儿园游戏的分类

儿童的游戏世界丰富多彩，游戏种类的划分方法也是多种多样。之所以如此，主要与人们采用的参照系有关。参照系不同，游戏的种类就不同。按游戏的教育作用，幼儿园游戏主要分为以下类型。

1. 创造性游戏

创造性游戏是幼儿主动地、创造性地反映现实生活的一种游戏，这类游戏主要由幼儿自己玩。创造性游戏主要有角色游戏、结构游戏和表演游戏。

（1）角色游戏

幼儿通过扮演角色，以模仿和想象，创造性地反映个人对周围现实生活的印象的一种游戏。这种游戏围绕着一定的主题而进行，如娃娃家、超市、医院等。

（2）建构游戏

幼儿利用各种不同结构材料如积木、积塑、沙、泥、竹子等构造物体或建筑物的动手造型的活动，实现对周围现实生活的反映。

（3）表演游戏

幼儿根据故事、童话等文学作品或自编的内容，运用动作、表情、语言，扮演角色，表现情节，进行创造性表演的游戏。

随着幼儿创造性游戏能力的提高，他们还会把这三种游戏整合起来玩综合性的大型游戏。

2. 有规则游戏

有规则游戏是成人在幼儿自发游戏的基础上为实现一定的教育教学目

的而编制的游戏，有一定的规则和玩法。有规则游戏一般是由游戏的任务和目的、游戏玩法、游戏的规则及游戏的结果构成。有规则游戏包括智力游戏、体育游戏和音乐游戏。

（1）智力游戏

以生动、新颖、有趣的游戏形式，使幼儿在轻松愉快的活动中，增进知识、发展智力的游戏。如棋类、拼图、猜谜语等。

（2）体育游戏

以发展基本动作、增强体能为目的的游戏活动。如"跳框格""老狼老狼几点了""丢手绢""老鹰捉小鸡""打野战"等。

（3）音乐游戏

以发展幼儿音乐感受能力和表现力为目标，在音乐伴奏或歌曲伴唱下进行的游戏。如音乐听觉游戏、节奏游戏、律动游戏等。

3. 其他游戏

这是指其他创造性和规则不明显的、为特定的目的而进行的游戏活动。

（1）练习性游戏

为熟练和巩固技能而进行的练习性游戏，它由简单的、重复的动作构成，游戏内容是多方面的，有身体动作的，如跳绳游戏、攀爬游戏、滑梯游戏、拍球游戏等；还有绕口令等语言游戏，以及涂鸦、绘画、制作游戏，等等。处于感觉运动阶段的婴幼儿常常会自发地重复各种动作，如自发、主动地敲打各种物品进行动作练习与探索性的游戏等。

（2）娱乐游戏

以娱乐为主的游戏，如抬花轿游戏、摸鱼摸虾游戏、贴鼻子游戏等。

二、幼儿游戏的功能

游戏是幼儿最喜爱的活动，幼儿在游戏中学习和成长，游戏对幼儿的身体、智力、创造力、情感、社会性的发展都具有积极作用。

（一）游戏能够促进幼儿身体的发展

由于骨骼肌肉和神经系统发展的特点，幼儿在生理上要求不断地变换活动。好动是幼儿的特点，游戏可以满足他们身体活动的需要。在游戏中，幼儿可自由地变换动作、姿势，可以多次重复他们所感兴趣的动作而不会受到限制。

游戏对幼儿的体能发展和各方面的协调有着很大的影响。当幼儿进行跑跳、攀爬、推拉等需要大肌肉活动的游戏时，可以加快血液循环，促进新陈代谢，并且增强体力，使他们更为结实、更为健康。而当幼儿进行拼图、绘画、玩沙、玩水等需要小肌肉活动的游戏时，可以训练手腕、手掌、手指的灵活性，手与眼的协调性，使幼儿更为灵巧。此外，在游戏中，幼儿与外界环境进行多方面的接触，接受更多的刺激，因此能迅速地做出反应，从而变得更加敏捷。游戏还可以使幼儿的中枢神经系统的机能状态调整到最佳水平，使肌体感到舒适和愉快。

（二）游戏能够促进幼儿认知和语言的发展

游戏从不同方面为幼儿提供了认识外部世界的途径。在游戏中，幼儿可以充分发挥积极性和主动性，通过观察、感知、比较、分类、记忆、想象、思维，以及通过对各种游戏材料的使用、对各种游戏角色的扮演、对已有知识的更新、对生活经验的重组、对游戏动作和情节的实践，去接触、感受、探索新事物，了解物体（游戏材料）的性能，了解事物之间的关系。在此过程中，幼儿的感知能力、注意力、记忆力、想象力、思维能力、解决问题的能力都会得到发展。同时，由于在游戏中幼儿需要与同伴沟通、交往，这就为幼儿提供了极好的语言交流机会，其语言能力在此过程中也得到了发展。

（三）游戏能够促进幼儿情感的发展

学前期是个体情绪情感发生发展的重要时期。游戏在幼儿的情感发展中有重要作用，它不仅能满足幼儿表达自己情感的需要，而且还能使幼儿的良好情感得到发扬光大，不良情感得到控制和矫正。

在日常生活中，幼儿可能会遇到不高兴或不顺利的事情，又或者感到束缚，未能自由地表达个人的意愿，但在游戏中，幼儿表达个人的内心情绪是社会所能接受的。游戏可以平衡幼儿的情绪。他们在游戏中可以发泄剩余的精力，无拘无束地玩，尽情地表达个人的感受和情绪，从而忘掉烦恼，心情舒畅。游戏是一种积极的情感交往方式，有助于幼儿形成健康的性格。可以说，幼儿获得游戏的机会甚至就是一种心理保健的机会。游戏能使幼儿进行情感宣泄，使幼儿的情绪变得平静、缓和，有利于抑制、降低消极情绪的负面作用。

（四）游戏能够促进幼儿社会性的发展

游戏大多需要他人的配合，这就为幼儿提供了大量交往的机会，培养幼儿的合群行为，使幼儿逐步学会认识自己和同伴，并能正确地处理自己和同伴之间的关系，初步掌握与人交往的技能，社交能力不断提高，为将来成功地走向社会生活创造良好条件，加快幼儿的社会化进程。可以说，游戏是幼儿进行社会交往的起点。

在游戏中，幼儿作为集体成员，需相互适应，服从共同的行为规则，掌握和学习轮流、协商、合作等社交技能。特别在社会性角色游戏中，幼儿有机会学习扮演社会角色，使自己处于他人的地位，体验别人的情感和态度，学习成人社会各类社会角色应有的行为方式，从而理解成人世界，理解社会角色之间的关系，学习并遵守社会生活准则。在游戏中，幼儿能够学会克服困难，坚持把事情做到底，毅力、耐心、坚持性得到了发展，可以磨炼幼儿顽强的意志。

综上所述，游戏使幼儿身心愉悦，对幼儿的身体、认知、社会性、情感等各个方面的发展都具有独特的意义和作用。维果斯基指出，游戏能够创造幼儿的"最近发展区"。在游戏中，幼儿可以做到他们在日常生活中做不到的事，他们在游戏中的发展水平高于在日常生活中的表现。游戏对于幼儿的学习与发展具有如此重要和独特的价值，这就要求幼儿园必须"以游戏为基本活动"，这体现了以幼儿为本的要求，体现了对幼儿游戏权利和身心发展规律的尊重。

三、幼儿游戏的条件

为了更好地发挥游戏在幼儿发展中的作用，教师应为幼儿创设开展游戏的良好条件，包括充足的游戏时间、良好的游戏环境与适宜的游戏材料等。

（一）充足而有效的游戏时间

1. 充足的时间是幼儿游戏的前提

游戏时间指幼儿一日生活中游戏活动所占的时间，充足的游戏时间是幼儿开展游戏活动的首要前提。游戏时间的多少直接影响幼儿游戏需求的满足和质量。有教育家指出：人的生命是以时间来度量的，孩子的童年是以游戏时间来计算的，剥夺孩子的游戏时间，就是剥夺孩子的童年。为了保证幼儿的游戏活动顺利进行，一定要保证幼儿每天有相对集中、较长的游戏时间。否则，幼儿的游戏就会受到影响。因为，幼儿游戏需要时间，在游戏过程中选用玩具材料、分配角色、构思游戏情节及规则、完成游戏和回顾交流等，都需要一定的时间。如果游戏时间过短，幼儿往往刚进入角色不久就不得不停止游戏，长此以往，他们就会放弃较复杂的游戏，而只玩一些简单的游戏，游戏的作用就会大打折扣。所以，教育者一定要保证幼儿每天有足够的时间自由自在地开展各种游戏活动，不能随意侵占幼儿的游戏时间。

《规程》规定，在幼儿园，幼儿每日户外活动时间不得少于两小时，寄宿制幼儿园不得少于3小时，高寒地区在冬季可以酌情减少。

2. 减少过渡环节，提高单位时间内幼儿游戏的有效时间

有些幼儿园虽然能够严格执行作息制度，不挤占幼儿的游戏时间，但活动室布置不够合理，不创设游戏角，没有专门的游戏空间。所以，一到游戏时间，教师就手忙脚乱地指挥幼儿搬桌子、挪椅子、铺地毯，临时准备游戏环境和材料，把本该属于幼儿游戏的时间浪费在准备环节上。要解决这个问题，首先要在观念上打破桌椅板凳排排坐的"上课"模式，同时要在活动室的布置上动脑筋，创设相对固定的游戏场地，以增加单位时间内幼儿游戏的有效时间。幼儿园区域活动是近年来我国幼儿教育中广泛实践的一种教育形式，它通过为幼儿提供适宜的活动环境和材料，促进幼儿主动活动、自主选择、相互交流和持续探索，达到促进幼儿全面发展的目的。

（二）良好的游戏环境

游戏环境是指为幼儿游戏提供的条件，包括游戏的空间环境和心理环境。

1. 游戏的空间环境

游戏的空间环境包括户外游戏环境和室内游戏环境。

（1）户外游戏环境

户外游戏环境是幼儿在户外游戏的空间。户外游戏活动对于幼儿的身心健康有着重要意义。户外游戏场地的大小和结构特征等对幼儿的游戏有一定的影响。幼儿在户外活动，能够与大自然亲密接触，经常接受阳光的照射，呼吸新鲜空气，增强对外界环境的适应能力，加强机体的新陈代谢，促进生长发育。户外的天地对幼儿充满吸引力，户外有开阔的空间供幼儿跑跑跳跳，一块小石头、一段小树枝都可以变成幼儿手中的玩具。户外活动是幼儿最喜欢的活动。因此，每一个有条件的学前教育机构都应当设置户外活动场地。没有户外活动场地的学前教育机构是不合规格的。

根据城乡建设和生态环境部、原国家教育委员会颁布的《托儿所、幼

儿园建筑设计规范》规定，托儿所、幼儿园室外游戏场地应满足下列规定：一是必须设置各班专门的室外游戏场地。每班的游戏场地面积不应小于60平方米。各游戏场地之间宜采取分隔措施。二是应有全园共用的室外活动场地……室外共用场地应考虑设置游戏器具、30米跑道、沙坑、洗手池和注水深度不超过0.3米的戏水池等。因此，幼儿园室外可以规划自然区、玩沙区、玩水区、运动区、休闲区和活动材料区等游戏场地。

（2）室内游戏场地

室内游戏场地主要指活动室。活动室是幼儿在室内进行游戏活动的主要场所。足够的空间是开展游戏的必要条件。研究发现，游戏环境的空间密度直接影响幼儿的行为。所谓空间密度指每个幼儿在游戏环境中所占的空间大小，亦即室内拥挤程度的指标，数值愈低显示室内愈拥挤。有关研究显示，人均2.32～7平方米为较适合游戏的空间密度。对于前者，幼儿在游戏中的攻击性行为、破坏玩具的行为和错误使用玩具的行为明显增加；处于中间值，则表现出较多良好的游戏行为和交往行为；大于后者，幼儿粗大动作的游戏也相应增加，而人际互动开始减少。教师要在有效空间密度内，经常调整游戏的空间结构，要有开放的空间和区隔的空间，注意活动区的不同区隔形式。活动空间的大小应当能符合幼儿的多种需要。

2. 游戏的心理环境

要开展内容充实、丰富多彩的游戏，除了为幼儿创设科学合理的物质环境外，还要为幼儿创设宽松、自由、和谐，符合他们年龄特征的心理环境。

（1）教师应与幼儿建立民主平等、和谐的关系

民主、亲切、平等、和谐的师幼关系是幼儿游戏的重要支柱之一。教师要有一颗爱心，树立正确的儿童观，尊重幼儿的兴趣、爱好，理解幼儿的要求。不因幼儿年龄小而忽视他们的需要，也不能把自己的意志强加于幼儿。在幼儿游戏过程中，教师既是指导者又是参与者，教师的参与使幼儿感到老师是他们的亲密伙伴，与老师在一起感到自然、温馨，没有压抑感。

（2）建立互助、友爱的伙伴关系

幼儿之间的伙伴关系是影响其心理发展的一个重要的社会性因素。幼儿间互相关心、互相帮助、文明礼貌、友好谦让，在游戏中互相协商角色或交换玩具，这些都为游戏的继续深入增加了可能性，提高了幼儿游戏的主动性、积极性。教师应加强幼儿的情感教育和集体教育，建立互助、友爱、和谐的伙伴关系，使幼儿生活在一个轻松、愉快的环境中，在集体中获得全面的发展。

（3）教师之间的真诚相待、友好合作，是幼儿最好的榜样

教师的行为直接影响着幼儿活动的情绪和积极性。教师之间真诚合作、互相尊重的关系，是幼儿建立友好同伴关系的榜样。同时，教师之间友好、和谐的关系，也为幼儿游戏建立了宽松、愉快的心理环境。因而，教师要以良好的素质为幼儿树立榜样，要做到举止大方、语言文明、态度和蔼、行为规范。幼儿耳濡目染，不仅学会体察别人的情绪情感，也能学会正确、适宜的行为方式。

（三）适宜的游戏材料

游戏材料是幼儿游戏所用玩具和物品的总称。材料是游戏的物质支柱，是幼儿游戏的工具，如果离开了游戏材料，幼儿的游戏就难以进行。在缺乏游戏材料的情境下，幼儿很难将已有的经验调动出来，因为他们的思维具体、形象。游戏材料也恰好具备形象具体、生动的特点，正好满足了这一要求，给幼儿以刺激，使其产生联想，将生活中的经验迁移至游戏中，刺激幼儿再度体验其已有的经验。游戏材料可以激发幼儿的游戏动机、游戏构思，引发联想和行动。所以，为了保证幼儿的游戏有足够的物质支持，我们要为幼儿提供足够多而且符合年龄特点的游戏材料，这些游戏材料要与阶段教育目标、内容相匹配，最好无固定功能，以免幼儿的思维被固化。教师在投放游戏材料时，应将其放在幼儿能直接看到的位置上，以提高材料的利用率。

（四）幼儿的自主

1. 自主是幼儿游戏的重要条件

自主是幼儿游戏的重要条件，游戏的形式、材料以及游戏的开始、结束都应由幼儿自己掌握，按照他们自己的意愿、体力、智力来进行。自主游戏其宽松自由的氛围消除了幼儿的胆怯和他们之间的距离，使他们能够主动交往、友好合作。正因为游戏是幼儿自主的活动，所以幼儿在游戏中的态度是积极主动的。反之，如果游戏失去了自主性的这一特征，而由教师来精心安排和"导演"，幼儿只是在不得已的情况下，被动地参加游戏，担任某一角色，从表面上看，幼儿是在参加游戏，实际上幼儿并没有真正地玩游戏，他们认为是在完成教师布置的任务，也就失去游戏的积极性。所以，只有充分尊重游戏者的心愿，发挥游戏者的主动性，才是真正的游戏。

2. 幼儿在自主游戏中得到主动发展

幼儿喜欢游戏是出于自己的兴趣和愿望。游戏形式、材料和过程符合幼儿身心发展要求，使他们对游戏产生兴趣，主动去进行游戏。这类游戏是幼儿自己想出来的，能充分发挥其自主性的游戏，它们可以反映幼儿的发展水平和兴趣爱好。在这类游戏中，幼儿根据自己的生活经验，独立构思游戏主题，安排游戏内容，共同制定游戏规则，协商担任游戏角色。自主游戏为幼儿提供了表现与创造的机会，使幼儿摆脱了对教师的依赖，有了充分的想象、发现和创造，探索和解决问题的能力得到很大提高。在游戏中，幼儿的各种活动几乎没有什么限制，他们可以自由地充分活动，从中得到快乐并得到发展。

"自主游戏"研究理论认为：游戏是幼儿有机体的内在需要，是内发而非外力强加。因此游戏必须是幼儿自由选择的，是以游戏活动本身为目的的愉快活动。经过幼儿自由选择的游戏才能真正成为自主自发的、对幼儿产生巨大教育影响价值的游戏。反之，成人教师自上而下强加的、外力支配控制的就不是幼儿的游戏，而只能是其他或者是走了样的"游戏"。过多的干预会限制幼儿的想象，太高的期望会给幼儿造成压力，使得幼儿的创造力不能正常发挥。只有在民主、平等、轻松、愉快的环境中，幼儿才能自然、真实地表现自己，更加积极主动愉快地投入游戏之中，在自主游戏中得到主动发展。

第二节 游戏环境的创建

一、活动区域的创设

幼儿园班级活动区是幼儿游戏的主要场所，它是教师根据教育目标、幼儿身心发展水平和游戏的需要，对幼儿园幼儿班级等活动场地做合理区域功能的规划和设置，并在各功能区域提供相应的游戏材料，以吸引幼儿并满足幼儿各种游戏的需要。

（一）活动区的种类与功能

活动区的种类没有统一规定，教师在课程的实施过程，依据教育目标、幼儿生活、游戏和教学等活动对场地的需求，以利于激发幼儿兴趣、方便其自主选择和主动活动的需要而合理布局、灵活设置不同功能的活动区域。教师要以《规程》《纲要》和《指南》精神为指导，深入探索如何以幼儿发展为本，充分、有效利用幼儿园班级活动室等空间，进行合理规划、创设，随着课程的实施进程灵活调整、投放与教育目标、内容相适宜的丰富的活动材料，以引发、支持幼儿的游戏与学习，使幼儿积极主动地与所创设的环境相互作用，获得发展。

幼儿园常设置的活动区如下。

生活劳动区：包括动作技能的学习，如抓、推、转、倒、挤、夹、敲、剪等；生活自理能力练习，如穿脱衣服、整理衣物、梳头、系鞋带、洗手帕；劳动锻炼，如折叠餐巾、分碗筷、切水果、刨瓜皮、浇花等。

语言区：包括耳听录音手操作、合作猜谜、故事表演、剪贴废旧图书自编故事、下语言棋（如表情棋，幼儿每下到画有笑脸这一步即可说"妈妈笑了，因为今天是她的生日"）、卡片找朋友（字画配对）等。

科学区：①数学区：有按数取物、几何形状、按规律排序、实物与数配对、看图自编应用题、数学棋、找单数双数游戏、试题套圈、测量工具等。②科学探索区：如灯泡为什么发光、沉与浮、玩磁铁、各种筛子、放大镜、斜坡实验、沙漏、天平、会变的颜色等。

美工区：包括泥工、纸工（折、剪、撕、贴、玩）、绘画、涂鸦、废旧物品制作、纸型、涂色添画等。其主要功能是让幼儿更多地获得表现美的体验和能力。

在以上的大框架制定以后，各班教师就可根据本班幼儿的基本发展水平、阶段性教育目标以及个别差异，拟订本班区域设置的具体内容：如小班以生活劳动、感官训练、建构、装扮与美工等为主安排区域，而大班则更多地在区域中进行社会性、文化、语言、科学探索和自主设置与创造性利用等能力培养。同时为防止活动中的互相干扰，按动静区分的原则来合理设置。我们将以上区域进行划分时，要注意不同活动类型区域的布局，如活动性较大的区域与需要安静环境区域不要紧挨一起，要合理布局。需要个体独立地摸索、探索，自主地在其中学习、练习，如阅读区、美工区、科学区、文化区、桌面建构区等，可设置在活动室里面。而活动性比较大的区域，如运动区、装扮区、音乐区、表演区、角色区、大型建构区等，设置在活动室近门口处或有宽阔走廊不挤占安全通道的合适区域。

（二）活动区域设置的基本要求

1. 满足幼儿多方面发展需要

教师既要对各类活动区的功能有清楚的认识，也要准确了解本班幼儿的兴趣、水平和需要，以便根据幼儿的兴趣和发展需要来决定活动区的种类，尽可能满足幼儿认知、情感、社会性、语言、动作技能等多方面的发展需要。

从本质上看，区域活动是幼儿的自主活动，游戏性、探索性更强。但是活动区的创设不仅仅是新设置或多增设一个区，而更重要的是能鼓励幼儿自由选择进行游戏的、便于操作和大胆探索的环境，更好地促进幼儿身心全面和谐地发展。因此，在观察了解幼儿的基础上力求使区域活动的内容、材料紧紧围绕这一目标，并根据这一目标决定活动区域的种类。教师应明确活动区域的功能，要根据本班幼儿的基本发展水平、阶段性的教育目标和主要任务，以及幼儿之间的个别差异，拟订各区的具体目标并考虑投放材料。每一项内容都应有层次性，以适应不同水平的幼儿，顾及他们的学习能力、兴趣需要及个体差异。每隔一段时间，如，一个学习单元即将结束时，视幼儿的实际需要和学习情况，代之以更高的要求或新的目标，并随即调整材料的投放。

2. **数量适宜、布局合理**

环境的设置要为幼儿服务。我们既要提供一个有准备的、丰富的、精心设计的、有序的环境，又要提供开放的、有变化的、有多种探索发现机会的环境；既要有多个有利于幼儿个别活动的不同活动区域，又要有集体活动的空间；既要有活动室环境的整体布局，还应有细节的暗示及空间划分的动静区分等。总之，要使地面、墙面、桌面被充分利用，使环境布置、材料、设备等蕴含的教育因素发挥作用，使幼儿在其中充分活动、和谐发展。

布局的主要基本要求主要有以下五个方面。①干湿分区：美工区、科学区要用水，而图书角不需要水，应该分开。②动静分区：建构区、表演区、音乐区等属于热闹的"动"区，而图书区、数学区等活动量较小，需要安静，这样两类区最好离得远些，以免相互干扰。③区域分界：由于界限不明晰，会导致幼儿无目的地"乱窜"，所以教师要利用各种玩具柜、书架、地毯等现有设施作为活动区之间的分界线。不同的活动区、不同年龄的幼儿有不同的要求。图书区的封闭程度要高一些，而美术区、娃娃家则可以开放一些，以便于取水换水和出入方便。小班幼儿因为注意的有意性和稳定性较差，很容易被外界的刺激影响，所以需要封闭程度高的环境，而大班则应加大开放性，以利于活动内容的丰富和区域之间的交流。④就近：美工区由于经常需要用水，最好离水源近一些；科学区、运动区需要自然的光线，而且经常需要将活动延伸到户外场地，最好选择向阳和接近户外的一面。⑤方便通畅：教师要合理利用活动室的每个角落，充分发挥活动室内设施的作用，保证活动室内的"交通"畅通无阻。积木区、娃娃家等区域活动量较大，最好有一大块宽敞的地方；活动室的中央和各个门口最好不要设置活动区；活动室和寝室合一的班级，可以用两排床在活动室后半部分隔出三个区，用钢琴、柜子在前半部分隔出三个区，中间部分根据本班实际情况再开设其他区域。

如果有条件，每个区域都可以形成自上而下的三块：上面是与区域相对应的主题墙饰，中间是与幼儿同等高度的操作墙面，下面是一个宽敞的可供幼儿活动的区域。最好在活动室中留一块供集体活动用的场所，当然不一定要单独开辟。同时，不要让活动区出现"死角"，教师的视线要能随时看到任何地方，这也是出于安全的考虑。

总之，丰富的活动区域应该给幼儿更大的选择余地，合理的布局应该使整个活动室看上去整洁有序，井井有条，畅通方便。另外，活动区的设置还应遵循相容性原则，可以把体现一个或近似功能的区域整合在一个区域中。

3. 适合幼儿年龄特点

我们应关注和理解不同年龄阶段幼儿的情感需要，尊重他们的实际年龄表现，给他们自主的空间，提供适合幼儿实际年龄需要的活动方式，让幼儿做实际年龄水平力所能及的事情。

小班应该以游戏化的区域活动为主。小班幼儿处于从家庭转向社会的特殊时期，明显需要情感呵护，对成人十分依恋、喜欢模仿、拟人化心理特征明显。所以小班要以生活活动、感官训练、建构、装扮与美工等为主设置区域活动。教师要特别注意"娃娃家""医院"等游戏区的创设，并在区域中多与幼儿一起游戏，并以拟人化的方式参与幼儿的活动，同时要投放大量相同的材料满足幼儿爱模仿的特点。

中班应该加强区域活动的目标化。中班幼儿活泼好动、对规则感兴趣、主动性和积极性增强。所以区域的设置应该以装扮、建构、美工、音乐等为主，满足他们好动、积极的特点，投放丰富多样的材料。同时教师应和幼儿一起制定区域活动的规则，并结合阶段教育目标，引导幼儿在区域活动中实现这些目标。

大班应该注重活动的探究性和区域的学习功能。大班幼儿由于身体活动能力和语言的发展，活动范围扩大了，喜欢尝试探索，有较强的求知欲，自控力增强，合作能力也发展到了一个较高的水平，抽象逻辑思维也开始发展，与他人一起共同学习是他们需要并能够做到的。在大班阶段应在区域中更多地重视社会性、文化、语言、科学探索、自主性等能力培养。所以，教师要结合教育的需要和幼儿的兴趣在区域中投放一些探索性较强的材料，以便于幼儿自主学习。

二、活动区材料的投放

活动区确定下来之后，教师就要去选择、投放适宜的活动材料，这是十分关键的一步。从某种意义上说，材料的品质决定着区域活动的成败。幼儿的创造往往源于材料，区域活动的教育功能主要是通过材料来实现的，区域活动材料是幼儿主动建构知识的支持物。材料不同，幼儿操作方法不同，幼儿在活动过程中所获得的知识经验也不同。

在区域活动中，教师如何以材料为媒介来支持、帮助、发展幼儿的游戏与探索学习呢？在活动区中，材料是幼儿活动的对象。与幼儿的年龄特点、经验、能力和需要相适应的材料，能引发幼儿的活动愿望，使幼儿不由自主地产生"我要玩一玩"的想法，拿起自己十分想要玩的材料摆弄起来，不断积累有关活动的经验，产生初步的探究兴趣。幼儿在对材料直接感知和具体操作摆弄的过程中，不断开动脑筋、积极思考，向自己提出新挑战，想出材料的新玩法，并把所有的感官都投入活动中，仔细观察、发现问题、独立思考、解决问题……这样的过程增强了幼儿活动的兴趣、发展了幼儿的智力、提高了动手操作能力。

材料投放的不同方式也会影响幼儿活动的动机、态度、坚持性、交往与创造的水平，从而影响活动的结果。为了更好地实现教育目标，我们可以预设不同类型的区域，根据不同区域的不同教育功能投放不同的材料，使材料与教育目标、幼儿的实际发展水平相匹配，切实促进幼儿的全面发展。在投放区域活动材料时，我们应该注意以下几点。

（一）目的性和适宜性

1. 目的性

在区域活动中，材料的投放应该是有的放矢的，是与我们所要达成的教育目标紧密相连的。将教育目标隐性地体现于材料之中，是区域活动的一大特点。这里有两层意思：第一层意思是"一种材料能够实现多个教育目标"，第二层意思是"一个教育目标可以通过多种材料的共同作用来实现"。教师要了解各个区域中的各种材料所隐含的不同教育功能，将幼儿发展目标与这些材料的教育功能较确切地对应起来，有目的地引导幼儿进入相应的区域活动中，通过幼儿的操作活动，使幼儿逐步接近预定的教育目标。因此，教师要充分挖掘材料在不同区域内的多种教育，进一步提高材料投放的目的性。

根据幼儿的学习特点，在同类区域中投放隐含不同教育目标的、满足他们发展需要的材料。如中班生活区的目标是培养幼儿细致耐心和手眼协调能力，教师可提供筷子和不同的纽扣、木珠、串线等材料，供各种能力的幼儿自由选择不同大小孔的串珠，使用不同粗细软硬度的绳子串珠。

材料和目标之间不是一一对应的关系，材料的目标功能是宽泛的。如投放珠子、毛线、剪刀、插塑等材料，可提高幼儿的动手操作技能和增强手眼协调性；投放磁铁、水、风车等材料，可让幼儿在观察、思考、分析和比较中发现新知，培养幼儿乐于探索的精神。幼儿在与众多材料的相互作用过程中，充分运用自身的各种感官，看看、做做、试试、比比、想想，提升思维能力，理解事物的多样化，使幼儿在活动中不断有所发现、有所提高和发展。

2. 适宜性

就是根据幼儿的年龄特点投放材料，活动的材料应与幼儿的年龄特点相符，能引起幼儿游戏的兴趣。在活动区大目标明确后，教师就可根据本班幼儿的基本发展水平、阶段性教育目标和主要任务，以及个体差异，投放各种适宜的材料。例如，根据中班幼儿的年龄特点，确立智力区总目标："通过为幼儿自由选择活动内容、材料和同伴，在宽松、自由的活动环境和交往过程中获得经验，掌握数学知识，从而使不同层次的幼儿得到发展。"在总目标的指导下，为幼儿投放苹果树（数的形成）、刺猬背枣（数数）以及数学智力迷宫（综合练习）等多种活动的相关材料。我们既可以按照幼儿的意愿，也可以视幼儿的实际能力鼓励幼儿选择合适的材料进行学习。使每个幼儿的需要都得到满足，每个幼儿都能在原有的水平上得到不同程度的提高，每个幼儿都体验到成功的快乐。

（二）丰富性和层次性

有的幼儿会在某一区域很快完成活动，然后东张西望、无事可干。究其原因，往往是活动区内的材料对他们没有吸引力。又由于"僧多粥少"，几个人抢着同一种材料，幼儿间的矛盾自然就增多了。也有的是因为选不到合适的材料就干坐在那里。还有的教师在材料内容安排上缺乏均衡多样和全面性。为了避免这些问题，教师应准备丰富多样、富有层次的材料。

1. 提供数量充足和形式、功能多样的材料

首先，材料在数量上要充足，能够满足幼儿自由选择不同或相同材料的需要。根据阶段目标和幼儿发展的实际需要，应提供适合本年龄幼儿的足够数量、满足多种需要的玩具和材料，避免"僧多粥少"的现象，不使幼儿因无操作材料而妨碍其创造。如小班幼儿是以角色游戏为主，而且是平行游戏，模仿的愿望较强，教师就应该为他们准备大量相同的娃娃和家具；中班幼儿的角色游戏从反映家庭生活经验发展到反映社会生活经验，角色游戏与建筑游戏的结合也更为紧密，因此除娃娃家外，我们还可准备构建公园、高架桥、商店等的大量材料，以适应幼儿的发展；到了大班，幼儿有了具体形象的思维，可以提供大量的立体搭建玩具，让幼儿学看图纸、理解构建的步骤、进行立体造型，等等。

其次，材料在类型上要全面多样。全面多样的材料能使幼儿各方面的能力都能在原有基础上得到提高，并能引发幼儿广泛的兴趣。从幼儿发展所涉及的各个方面的需要出发，依据幼儿的不同喜好、不同需要准备不同形式的材料，供幼儿选择。如在幼儿学习"数的组成"时可以安排超市、走飞行棋、变萝卜等多种内容，引导幼儿通过下棋、买东西、逛超市等完成任务，这样幼儿就对数学区活动保持浓厚的兴趣。

再次，材料要有多样的变化。①同一区域的材料投放要有多样性，如"给娃娃梳辫子"，既有扎辫子的发圈，又有可以夹头发的发夹，发夹又有松紧之分。②同一材料的玩法要有多样性，如木珠既可以玩穿木珠，又可以用来垒高。③区域材料尽量能一物多玩或有多种操作方法。多功能材料能促进幼儿进行探索、拓宽幼儿的思路、玩出新花样，帮助幼儿养成寻求多种方法去解决问题的习惯和能力。在提供材料时要考虑材料对幼儿发展的价值。教师可以投放一些功能多样、一物多用的结构性低的、半成品的材料，如动物插塑、雪花片、吸管、各种盒子等。

最后，还应注意两点：①丰富的材料并不是越多越好。幼儿的注意具有不稳定性，过多过杂的材料投放，尽管能吸引幼儿参与活动，但也易分

散幼儿注意力，对良好习惯的养成没有好处。因此，在投放材料时，应做到有的放矢，并根据对儿童活动的观察，定期更换、补充。②有价值的材料并不是越精美越好。事实上，一些其貌不扬的原始材料，如卫生纸筒，在幼儿手中可能是望远镜、小电筒、卷发筒等。因而，教师应尽量少提供精美的成品材料，多研究、开发、投放一些半成品或原始的材料。

2. 提供能满足不同水平幼儿发展需要的材料

教师提供的材料要满足不同幼儿自由选择的需要，满足幼儿在操作中按照自己的意愿添加和改变的需要。

首先，要考虑到幼儿能力不同，投放材料要有个别差异性。每个幼儿都是独特的个体，这些个体之间难免会存在这样那样的差异。教师要允许和支持幼儿以适合自己的方式、速度去学习、探索。根据不同发展水平的需要提供不同层次、不同要求的材料，让每个幼儿在自己原有的水平上有所提高。只有这样，才能让每个幼儿都体验到成功，从而满怀信心地对待学习和生活。

其次，要投放"有梯度"的材料。教师在选择、投放操作材料时，要将所要投放的材料与将要达成的目标之间，按照由浅入深、从易到难的要求，分解出若干个能与幼儿的认知发展相吻合的层次。这个层次就是在实现教育目标的过程中，教师根据幼儿的发展阶梯，投放角度不同、难度不同的材料，以满足幼儿操作、学习的需要。以美工区幼儿剪纸活动为例，幼儿的技能发展阶梯是：剪不规则一边直线—曲线剪—折剪—剪厚纸—镂空剪。教师可以据此提供各种材质和厚度的纸张，并提出不同的"任务"："做调料"（随意剪）、"做薯条"（剪直线）、做"花"（折剪）、做窗花（镂空剪）……这样，材料和任务是递进性的。幼儿在活动时往往会选择与自己能力水平相适宜的材料，愉快地投入活动。最后，教师提供图钉和水，并提出"任务"：怎样寻找掉落在地面上的钉子？怎样在不直接接触的情况下移动桌面上的钉子？怎样手不碰水将水盆中的钉子取出来？

由此可见，教师为幼儿提供材料是随着幼儿的操作、探索过程的阶梯发展而有针对性地投放的。投放材料的层次性，体现在教师为幼儿准备的材料，能够适应幼儿不断提出的新要求、新挑战，帮助幼儿不断摸索和尝试，不断积累各种经验，提高各种能力。

（三）启发性、操作性、探索性

教师在投放材料的时候，心中要有目标，眼中要有幼儿。切忌只从教师自己的眼光出发，而不顾幼儿的发展需要和接受能力，想到什么就投放什么，随意投放材料，最终导致"事与愿违"。

材料要具有启发性，要有利于幼儿创造能力的发展。如在探索区，教师为幼儿提供了沙漏，这是用来计时的，幼儿玩过几次后就没兴趣了。教师就在原有的基础上，把沙漏的孔改成有多有少、有大有小，有的是三孔，有的是一孔，让幼儿观察：是孔多但小漏得快，还是孔少但大漏得快，并做观察记录。等幼儿有了直观感受以后，教师又鼓励他们用各种材料自己制作沙漏，使材料具有操作性和探索性，增强了幼儿的积极性，并通过自己的操作，开动脑筋，想办法解决问题，把潜在的创造性表现出来。

材料最好要能让幼儿直接操作、直接获得体验，进而获得相关经验。同时材料要有趣、可变、可操作，这样才能激发幼儿主动参与操作。特别是科学探索区必须投放能激发幼儿探索欲望的材料，如石臼、石磨、多棱镜、各种锁和钥匙、颜料、磁铁、沙漏、转盘等。总之，应为幼儿提供能激发创造欲望的可操作材料，让幼儿的创造性思维在操作中得到锻炼和发展。

（四）兴趣性和自主性

幼儿生理、心理发展的特点决定材料既要有趣又要能让他们做做玩玩，这样才能增强幼儿学习探索的兴趣。形象生动、色彩鲜艳、可操作、有趣的材料最能吸引幼儿的眼球，激发幼儿的兴趣。幼儿有了参与活动的兴趣，教育目标才容易达到。有时，与幼儿的生活密切相关的材料和活动方式，也会让幼儿的兴趣高涨，请看下面的案例。

> 在活动区中，教师提供筷子、花生仁、枣子、海绵、弹珠等材料让幼儿练习使用筷子，为了激发幼儿的活动兴趣，教师设置了一个游戏情境"给小兔喂食"，这样，幼儿就纷纷用筷子夹各种食物喂给"小兔"，兴致盎然；在美工区中，教师准备各色纸张、剪刀、胶水等让幼儿学习裁剪、制作服装；在生活区教师提供各类水果、蔬菜、塑料西餐刀等让幼儿学切菜；为了让小班幼儿学会扣纽扣，单用衣服练习显得太单调了，老师想出了"做毛毛虫"，小班幼儿在这些可爱的"毛毛虫"的诱惑下很高兴地练习起来了……

幼儿共同参与准备的材料，如投放他们的作品，可以增强幼儿的自豪感和活动兴趣。如表演区各种纸偶、头饰都是幼儿自己创作的作品，幼儿在表演时会更有兴趣，这样既调动了幼儿的积极性又提高了他们的创造力，而且，也是对幼儿的一种尊重。

幼儿也总爱利用材料自主地进行设计制作，教师要充分调动幼儿的积极性和想象力，注重引导幼儿参与，充分发挥幼儿的主体作用。教师要善于将收集材料和创设环境的过程作为幼儿的学习过程，这也是一个十分重要的发展幼儿自主性的教育过程。幼儿提供材料与作品，是他们参与活动室环境创设的一个重要途径。教师在发动幼儿集体讨论决定了区域布置的内容后，就应鼓励他们一起准备材料，幼儿能想到的都要让他们自己去想办法，能做得到的要让他们自己去做。

幼儿参与材料投放和活动室环境创设的整个过程，体现了教师与幼儿互动、人与环境的互动。幼儿的自主参与使材料和环境更符合幼儿年龄特点和身心发展规律，更能激发他们对环境的兴趣与注意，满足了他们的心理需要，促进幼儿自主性地健康发展。因此，教师应尽可能让幼儿自己选择材料，并和他们一起商讨、投放他们感兴趣的材料。让幼儿自主投放材料很多时候体现在教师积极发动幼儿参与区域环境的创设上。幼儿在与区域环境的互动中，学习的主动性和积极性会在不知不觉中被充分调动起来。

幼儿在与班级环境的互动中，教师将主题墙的设计、布置作为幼儿生活的重要环节，将班级环境作为活动区的一个有机组成部分。幼儿在设计、布置主题墙中感知、体验和操作，并从中深入感知和了解与主题相关的内容，而且主体性、合作性和创造性也得到了极大的发展。

（五）整合性和开放性

活动区里各种材料吸引着幼儿自主选择，按意愿探索，在快乐的游戏中学习。一方面，生活活动、教学活动等都可延伸到区域活动中得以进一步地深入和拓展；另一方面，教师还可在幼儿与所投放的区域活动材料充分互动、在幼儿有了一定的感知经验的基础上，开展有关内容的教学活动，以帮助整理经验、提升认知。可见，区域的材料应该是一个开放的体系，又要整合教育机构、教师、幼儿及家庭以及社区等多方面的资源，以满足幼儿游戏与学习的需要。

1. 围绕教育目标、内容的整合与开放

如，教师要根据主题活动的目标有计划、有目的、有选择地投放开放性材料。主题活动是一种整合性的活动，本身就具有开放性、综合性、整体性的特点，往往一个主题的内容可以涉及生活、数概念、音乐、美术、语言、运动等多个方面，是一个有机的网络化的结构。如在"娃娃家"这一主题活动中，其区域活动应尽可能地为幼儿创设一种轻松的家庭氛围，反映幼儿的生活经验，满足幼儿的情感交流需求。为了达到这样的效果，教师在区域活动中创设了"过家家""喂小动物吃饭""小厨师""绕毛线"等区域，并提供了丰富的材料，这些材料是十分开放的，整合了科学、社会、艺术等多个领域，还整合了家庭等多方面的资源。

教师要结合近期的教育目标和本地资源来投放材料。本土性的材料充

分体现地方特色，能激发幼儿活动的动机和构思，引发幼儿联想和行动。因此，要充分利用与挖掘本土资源，把收集的材料渗透到各个区域之中或设置专门性的区域开展活动。

2. 区域材料来源的整合与开放

要充分利用废旧物品制作活动材料，不要追求区域活动材料的高档化、逼真化、成品化。如在"娃娃家"中，高价购买"洗衣机""梳妆台""灶具"等，教师也不必加班加点制作好各种可以以假乱真的包子、饺子、汉堡等食品，使"娃娃家"好像真的一样。那样的话，原本幼儿可以利用旧布料制作厨师帽、寻找积木搭建"衣橱"、分工合作"买菜""做饭"的环节就不见了，剩下的只有假装吃饭和聊天了。这些"大人看着舒服"的材料不仅浪费，而且降低了材料的教育功能，因为过于逼真形象的材料功能必然单一，不利于幼儿想象力和创造力的发展。相反，那些原始的、半成品的材料却是多功能的，还可提高区域活动的娱乐性和趣味性，更有利于幼儿的发展。

教师应充分发挥家庭、社区和互联网在活动区材料投放中的作用。家庭是区域材料最有力的资源保障和后盾。充分发挥家长资源的优势来丰富活动区材料，不但可以达到事半功倍的效果，而且可以充分调动家长参与幼儿探究活动的积极性和主动性，以达到幼儿探究活动在家庭中的有效延伸。这也是教育开放性的一种体现。

在开放性的区域环境中，教师不要牺牲大量的时间给幼儿制作大量的操作材料，这样教师就有时间思考如何在适宜的时机投放适宜的材料，如何进一步促进幼儿的全面发展。这里所讲的"开放性"，还有一层意思，那就是材料放置的开放性。许多教师习惯在区域活动结束后把材料放到橱柜里封闭起来，这样不利于幼儿的自主发展。教师在投放材料的时候要注意开放性地投放材料，让材料呈现在幼儿的眼前。如美工区的操作材料，可以把原先放在橱柜里的美术工具拿出来，放在几个用纸箱做成的阶梯式的台面上，这样不仅使幼儿容易发现，还便于幼儿取放，同时提升了材料的使用效益。

三、其他游戏环境的创设

（一）公共活动区域的合理利用

幼儿园"公共区域"是指将幼儿园内的中央草坪、塑胶场地、公共廊道、楼梯下、相邻班级的空余场地，大厅，阳台，各大活动室，操场以及已有的种植区、饲养区、玩沙区、玩水区等属于公共的场地设置成让幼儿自主自由活动的区域。在这一区域里，同龄不同班的幼儿或不同龄班的幼儿可以共商活动内容，共用活动材料，共享活动空间，共同建构学习经验。

幼儿园是以幼儿为主体的活动场所和环境，其中一切都是为幼儿的教育活动而准备的，所以幼儿园的环境创设应把有利于幼儿的参与放在首位，但由于我国幼儿园的活动单元空间模式比较固定，与之相比，公共空间显示出更强的灵活性，因此在幼儿园场地有限的情况下，可以充分挖掘园内公共空间的潜力，合理开发利用公共空间，因地制宜，突破幼儿园内有限的场地，使幼儿爱玩好动的天性得到最大限度的释放，满足幼儿交往的需要，丰富幼儿的交往经验，为幼儿的创造性、合作性活动提供更多机会。

（二）游戏设施设置与材料的提供

在幼儿园公共活动区域的创设方面，要结合本园的实际情况，因地制宜，充分挖掘现有的环境资源。园内户外大场地应合理布局，设置有滑滑梯、攀登架等大型幼儿体育设施。对于多功能厅、游戏室，棋类室、公共角色区、音体室大厅等公共区域，可设置易搬动或可变化的临时活动区域，在进行公开课教学时，可随时搬动，腾出空间，在其他时段则可开放，利用其宽敞明亮的优势，让全园幼儿都有机会进入公共的活动区域内。对于走廊这样的公共空间，在保障出入畅通的同时，也可合理设置活动区域，把它充分利用起来。此外，还可以关注楼顶平台、栏杆、墙根儿、阳台、屋角、门厅、柱子等这些容易被人忽视的场所，巧妙利用它们自身的特点进行相应的改造和设计，在保证幼儿安全、出入畅通的同时，使所有环境资源都能得到有效的开发和利用。有条件的幼儿园还可设立公共功能活动室，如科学探索馆、美味快乐厨房等，但要避免奢华浪费和形式主义。

在创设公共区域的过程中，应充分尊重幼儿的权利和意见，让幼儿有更多的选择权利和表现机会。为了更好地调动幼儿参与公共区域创设的热情，各班教师应广泛征求、认真听取幼儿关于创设公共区域的意见和建议，与他们共同研究和制订创设计划，各班教师负责把班上可行性意见记录下来，全体教师再统一意见，达成共识。这样综合了各年龄段的意见，达成各年龄段的目标也就更有保障。此外，要给幼儿自主选择和使用材料的权利，教师应尽可能做到幼儿能想的让他们自己去想，幼儿能做的让他们自己去做，使他们真正投入环境的创设和利用中来。

教师在公共区域内投放材料时要让材料有效地体现教育目标，教师应根据幼儿的能力差异，提供具有层次性与多样性的活动材料。在投放材料之前，要分析适合幼儿最近发展区的活动材料，考虑材料所呈现出的梯度是否适合幼儿的发展水平，考虑是否要增加或者减少层次，使每一个幼儿都能在适宜的环境中获得发展，逐渐提高。

在公共区域的管理与使用方面，幼儿园首先要明确公共区域活动的目标，制定相关的活动方案；其次要制定合理可行的公共区域活动规则。另外，在实施公共区域活动过程中，应根据本园的场地条件、班级数以及幼儿人数，循序渐进地分步骤实施，给幼儿和教师一个适应的过程，再通过不断的摸索、实践，直至找到一种更适合自己幼儿园的活动模式，以提高公共区域活动的效果。

（三）支持幼儿自主创设游戏环境

游戏环境应当能够支持幼儿的自发学习、自由探索、自主发现和自我完善，因此，伴随幼儿游戏的提问、质疑、尝试、发现、理解、互助和反思等思维过程也应成为环境的一部分。游戏环境创设的选题设计、资料收集、材料准备等环节中蕴含着丰富的教育契机,这正是幼儿参与游戏环境创设的价值所在。环境创设的主体是幼儿,幼儿天生就是主动的认知者,具有巨大的潜能,因此,教师应积极帮助幼儿成为环境的主人,根据幼儿的认知特点、兴趣,通过与幼儿共同探讨来"生成"活动区域,引导他们广泛地参与到主题的确立、内容的设计、资料的收集、材料准备、制作与装饰等活动中,并用职业的敏感挖掘其中的教育因素,使幼儿积极地与环境相互作用。无论是环境的创设还是区域游戏的实施,教师都应让幼儿去尝试操作,敢于面对失败,这能让幼儿感受思考的乐趣并能持续探索,根据自己的意愿自主地选择,从而获取认知与发展经验,经历从自我学习到深度游戏的过程。

第三节　游戏活动指导

一、幼儿游戏的水平分析与预设

不同年龄的幼儿在游戏中的表现和所使用的方式会有所不同,表现出不同的发展水平。

(一)小班幼儿游戏

小班幼儿处于象征性游戏初期,此阶段幼儿的象征性游戏内容和情节都比较简单,常常重复同一动作,而且游戏主题不稳定,常随外部条件和自己情绪的变化而改变。受思维水平的限制,他们对游戏规则的理解较差,自我控制的水平较低。此阶段幼儿所进行的角色游戏比较简单,角色的种类不多,大多是独自充当角色或平行充当同一角色。这个时期幼儿游戏的一个明显特点是由独自游戏向联合游戏过渡。他们不再喜欢独自玩耍,而是喜欢和同伴们一起玩。在同其他幼儿共同游戏的过程中,小班幼儿的思维、想象和各种社会性交往能力都能得到一定的发展，在游戏活动中，小班幼儿逐渐认识到自我的存在。因此，在这个阶段更多为幼儿创造与同伴接触的机会，将对他们的全面发展起到十分重要的作用。

游戏的预设：小班是幼儿在幼儿园生活的初始阶段，教师应注意为小班幼儿创设温馨的心理环境和物质环境，真正让幼儿感到"幼儿园像我家，老师爱我，我爱她"。在室内功能区的设置上，要以角色区为主。室外设置运动区、玩沙玩水区等。值得一提的是，由于小班幼儿处在象征游戏初期，在游戏中经常独自充当角色或平行充当同一角色，所以，在游戏区投放玩具时应做到同种玩具提供多份，以满足幼儿的需求。

（二）中班幼儿游戏

中班幼儿处于象征游戏的高峰期，游戏内容逐渐扩展，同时游戏的水平也提高了。游戏情节丰富、内容多样化，幼儿的游戏兴趣明显增加。他们能够自己选择主题、设计组织游戏，自行分工、扮演角色等，由于表征水平的明显提高，还出现了用替代物进行游戏的行为，如他们会用小木棍代替体温计、用纸片代替钞票等。中班幼儿的游戏不仅模仿、反映日常生活情景，还经常创造性地反映日常生活。建构游戏的水平也逐渐提高，能进行主题构造活动，还喜欢看图构造。对规则游戏产生了兴趣。

游戏的预设：中班幼儿玩得最多的就是象征性游戏，要为他们创设一个宽松的心理环境，鼓励他们积极思考、大胆想象、不断创新。在环境的创设中，以象征性游戏和结构性游戏环境为主，适当增加低结构材料的种类和数量，以满足中班幼儿想象和创造的愿望。

（三）大班幼儿游戏

大班幼儿处于象征游戏的高水平阶段，已摆脱了实物直观相似性的束缚，语言描述和动作表象起主导作用，可以用语言、动作替代实物进行游戏。此阶段幼儿会自行策划游戏，讨论游戏主题、构思情节、分配角色、创设环境，积极主动地进行游戏。合作游戏的特征突出，喜欢有一定难度的棋牌类和富有挑战性的体育竞赛类的规则游戏。

游戏的预设：在游戏环境的规划方面，为大班幼儿创设的功能游戏区，应以游戏类别进行整体划分，玩具及材料应按类摆放。室外要有平坦、开阔的运动区，场地上的玩具材料摆放要安全、科学、合理，以促进大班幼儿的全面和谐发展。

（四）混龄班幼儿游戏

所谓混龄班就是指将年龄相差12个月以上的幼儿编排在一个班级里共同学习、共同生活、共同游戏的一种教育组织形式。混龄教育中游戏活动涉及不同的年龄段，只有贴近幼儿的生活，才能使各个年龄段的幼儿都能感兴趣，同时，幼儿的生活经验是在不断地更新发展的，不同年龄段的幼儿对生活的认知存在差异，所以混龄教育要不断关注幼儿的生活。混龄教育为幼儿创设一个真实、丰富完整的生活环境，有助于不同年龄段的幼儿理解社会规则，在交往中获得积极主动的发展。

游戏的预设：教师在组织幼儿进行游戏活动时需要充分考虑到个体差异性，创设丰富多元、多层次的环境，在游戏环境中提供适合不同年龄的设施及材料，满足混龄教育中幼儿的活动需求。另外，材料的投放要具有合理性，在材料的数量、功能、种类方面，既要符合幼儿的年龄特点，又要考虑到幼儿的差异性。对于混龄班中年龄小的幼儿而言，他们的游戏特点是依赖于直观、颜色鲜艳的玩具，所以教师在材料投放过程中尽量选择一些成品材料激发幼儿的游戏兴趣；而对于混龄班中年龄大的幼儿而言，他们已经具有极强的求知欲望和一定的探索能力，教师应为其提供较多的半成品游戏材料，以供他们自由探索游戏玩法。

二、区域游戏活动的计划

幼儿每天都要在活动区域里游戏，既自主又灵活。但是，这并不意味着区域活动不要计划。区域活动作为一种教育途径，与其他教育途径互补性很强。为充分发挥区域活动的功能，应该依据幼儿的发展水平和教育目标制订计划，并做好活动材料的充分准备，以激发和引导幼儿自主游戏，使之在与区域环境和材料的充分互动中学习与发展。那么，怎样制订区域活动的计划呢？

（一）拟订区域活动目标

教师应该根据幼儿的发展需要和水平，围绕课程总目标、阶段（月、周）目标和本班特点事先制定区域活动的目标。

区域活动并不是独立的教育活动，它是班级整体教育的有机组成部分。我们可以将区域活动的设置与班级的领域活动或主题活动进行有机结合。根据课程总目标确定学期目标，然后教师根据本周展开的领域活动或主题活动、本班幼儿的特点安排相应的区域，提出适宜的要求。

值得注意的是，有些相对稳定和独立的区域活动，可以随领域活动的进程拥有相对稳定的目标，不必参照主题活动的目标。如积木区的目标是学习分类和排序，发展空间想象力，学习协调、沟通人际关系等。例如：

主题活动区：①积累与主题有关的知识经验，便于主题活动的开展。②观察了解幼儿对有关内容学习的个体差异，从发展实际出发进行个别辅导。③帮助幼儿解决近期集中教育活动中未解决的疑问。

生活区：①增强幼儿自理意识，发展小肌肉、手眼协调能力，培养行为习惯。②培养积极思考问题、解决问题的习惯和能力。③培养做事有始有终的恒心和毅力，增强爱劳动的意识。

......

（二）确定区域活动的内容

区域活动的内容是基于区域活动的材料而产生的。只要选择了适宜的材料，活动内容随即诞生。如，美工区投放了树叶、颜料、糨糊、宣纸，就会衍生出"树叶贴画""叶印画"等活动。区域活动的内容确定有以下原则：

首先，教师要依据近期领域活动内容或开展的主题活动，确定区域活动的内容。丰富多样的区域活动内容可以满足不同幼儿发展的需要，他们可以根据自己对某一领域的爱好而深入探究下去，从而获得有益于身心发展的经验，这一点恰恰是集体教学所无法满足的。但也不是每一个主题都要有这些活动区，在实施过程中，我们可以根据领域活动的情况或主题单元的走向、幼儿发展的需求选取不同的活动区，也可以扩大某个活动区或缩小某个活动区。

其次，教师要关注幼儿的兴趣点，生成区域活动的内容。兴趣是幼儿的助推器，教师的教育艺术在于找到幼儿兴趣和教育要求之间的结合点，引导幼儿的兴趣向符合教育目标的方向发展。

在以上的案例中，幼儿主动学习的动力正来源于"兴趣"两字。可见，根据幼儿兴趣与需求创设的活动区，能有效地激发幼儿活动的积极性。要注意的是，拥有不同性格的幼儿，他们的兴趣点常常会各不相同，而有的兴趣点又缺乏教育意义。此时，教师要认真分析和筛选、合理把关，为幼儿营造健康而丰富的活动环境。

最后，要依据领域活动开展的情况或主题活动的发展，尊重幼儿的需要，及时调整区域活动内容。如果幼儿在交流中产生的一些好的想法常常因为没有合适的区域可以尝试，那只好放弃。因此，教师还要专门开辟一个自由创造区，以满足他们创造的欲望。

（三）制订区域活动计划

区域活动的计划不同于集中教育活动计划，制定思路和模式相对比较灵活，计划的过程实际上是有目的、有计划地发挥区域活动的功能，与其他各种教育活动有机对接与相融，更好地产生整体效益。如按标题—目标—活动准备—过程来写，也可以采用表格的方式来写，还可以结合周、日活动计划来写。不管采用什么样的方式，只要能体现适宜的区域活动目标和内容就可以了。一般来说，由于区域活动的特殊性，在区域活动计划中要突出体现两点：一是材料的投放。材料是区域活动的灵魂，所以材料的提供要写清楚。二是指导要点。因为区域活动十分强调幼儿的自主性，所以教师在指导方面要注意分寸，既不要过分强调教师的主导，导致"喧宾夺主"；也不要完全不做指导，导致"放任自流"。

文字形式的区域活动计划在于能清楚详尽地阐述问题的来龙去脉，让自己或其他阅读者能深入了解作者的意图和设计思路。而且，文字形式的方案在写作的时候可以不拘一格，比较自由。表格形式的区域活动计划在于简洁明了、条理分明，教师可以在学期初准备一些空表格，在活动开展前填写内容即可，简便省时，如表5-1。

表5-1 小班主题区域活动：甜甜蜜蜜

区域名称	指导要点
美工区	1. 在墙上贴一张大白纸，供幼儿在上面涂画最喜欢的甜食 2. 准备橡皮泥、糖纸、报纸、皱纹纸等，供幼儿制作糖果
语言区	1. 放置有关糖果等甜食的图书 2. 准备故事《给妈妈的妈妈送甜蜜》的挂图
品尝区	准备各式糖果，如棒棒糖、软糖、硬糖、奶糖等，幼儿在自由活动时适量品尝
益智区	准备用于甜食分类的图片及标志
甜甜蜜蜜超市	有序地放置幼儿收集的各种甜食包装盒
娃娃家	放入幼儿自制的糖果和甜点，供幼儿游戏

三、幼儿游戏的支持与指导

游戏虽然是幼儿身心发展的客观要求，同时幼儿在人类社会中所处的特殊地位也为他们进行游戏提供了客观条件。但是幼儿游戏的需求能否得到满足，游戏能否在实际上成为幼儿的基本活动，不取决于幼儿本身，而取决于教师、家长对待幼儿游戏的态度和是否为幼儿游戏创造必要的条件。幼儿园的游戏活动开展的效果如何，在很大程度上取决于教师为游戏活动所创造的条件和对游戏的组织与指导。幼儿的游戏需要教师创设游戏环境进行激发、引导、支持和推进。区域游戏活动虽是幼儿自由活动、自主游戏与学习的场所，但不等于教师可以撒手不管。教师对幼儿在活动区的活动积极关心、悉心组织和指导，才能使其教育功能最大限度地发挥出来。组织和指导区域活动是为了创设与利用良好的活动环境，引导幼儿依靠自己的兴趣和能力感知、思考、探索、尝试获得知识经验的方法和途径，体验成功的快乐，培养幼儿自主、独立、自信、创造等良好的个性心理品质。

（一）幼儿游戏的准备与引发

《纲要》明确指出，"环境是重要的教育资源，应通过环境的创设和利用，有效地促进幼儿的发展"，"幼儿园的空间、设施、活动材料和常规要求等应有利于引发、支持幼儿的游戏和各种探索活动，有利于引发、支持幼儿与周围环境之间的相互作用"……这里所讲的环境很大一部分来自区域游戏活动环境的创设。

皮亚杰的认知发展理论为游戏活动奠定了理论基础。他认为学前儿童的心理发展处于感知运动和前运算阶段，强调活动的重要性，提出"操作活动是儿童最重要的活动""儿童的智慧源于操作"：学前儿童是在对材料的操作、摆弄过程中建构自己的认知结构的。

维果斯基的"最近发展区"理论也是游戏活动的重要理论依据。维果斯基认为"游戏活动创造了儿童的最近发展区",游戏活动是幼儿在最近发展区里的活动,能为每个幼儿提供发展潜能的机会,让他们在活动中,超越自己原有的水平,获得新的发展,这完全符合因人而异、因材施教的原则。陈鹤琴先生非常强调环境在幼儿发展过程中的重要作用,他是我国从理论角度深入、系统地研究探讨幼儿园环境创设的第一人,他认为:幼儿应该有游戏的环境、艺术的环境和阅读的环境。而游戏活动恰恰是一种易于操作的教育环境。

1. 幼儿生活经验的准备

幼儿的知识经验是游戏的源泉。幼儿游戏是建立在实际经验的基础上的。丰富幼儿的生活经验,可以使幼儿游戏的主题和内容变得多姿多彩。教师带领幼儿外出参观、给幼儿讲故事、让幼儿观看电影、阅读图书画册等,都有可能引发幼儿开展某种游戏的灵感,并使幼儿知道应如何使用材料、如何开展游戏。

2. 游戏环境材料的准备与检查

在游戏开展前,教师要做好环境材料的准备并检查准备到位情况。教师可以经常有意识地引导幼儿共同创设丰富、变化、新颖的环境,以教育目标、幼儿感兴趣的活动材料和活动类型为依据,将活动室的空间相对划分为不同区域,吸引幼儿自主选择并在活动区中通过与材料、环境、同伴的充分互动、充分游戏而获得学习与发展。可以对幼儿园的活动室、寝室、走廊、门厅及室外场地充分利用,并进行分割,在不同的空间开展不同的活动。这个空间可以是全班的整体空间,也可以是分隔的空间;可以是室内的空间,也可以是室外的空间。如把活动室划分为若干个区域,把幼儿活动材料按类别分别投入这些区域,可设有屏障构成若干个相对固定的半封闭区域,提供并投放相应的设施和材料,引导幼儿按自己的兴趣和意愿选择活动内容和方式。另外,教师还要经常有意识地检查游戏的材料,如有损坏,及时更换,以免对幼儿造成伤害。

3. 让幼儿了解游戏活动区域，帮助幼儿建立并遵守活动规则

从创设活动区到全面开放活动区，最终使幼儿达到自主选择、自主活动、自我教育的水平，是一个较长的过程，不是一蹴而就的。对于没有活动区经验的幼儿而言，需要有一个过渡阶段，这个阶段很重要。此时幼儿感到活动区是一个新鲜刺激的场所，他们很乐意进入活动区，但往往不清楚该怎样做，于是经常到处乱窜。因此，教师一开始就要介绍各个活动区的内容、材料和使用方法，帮助幼儿了解活动规则，并促使他们自觉遵守这些规则，从而使幼儿认识并适应活动区的环境，顺利过渡到自主活动阶段。当然，如果幼儿已经有丰富的区域活动经验，那么就可以采用其他的指导方式。在这个阶段，教师要注意下面的指导重点：

（1）介绍、开放活动区

一般来说，区域活动应该先介绍后开放。介绍一个区，开放一个区，逐步开放活动区，这样才能增强有序性和区域活动的功效。即使进入了自主阶段，当教师在区域中投放了新材料时，也应遵照这个原则行事。介绍是为了使幼儿掌握材料的用法，并在掌握的基础上创造性地运用材料。当然，介绍不是用烦琐的规矩限制幼儿，而是选择最基本的、最主要的内容进行讲解、示范，目的是让幼儿学会"举一反三"的能力。如美工区中刚刚投放了树叶和颜料，教师只需要重点示范颜料的使用方法，幼儿很快就会创造性地进行树叶贴画和树叶印画了。

教师最好将幼儿编成小组进行介绍，这样可以提高效率。虽然这样的组织少了点自由，但是这短暂的不自由正是为了换取日后真正的自由。同时，教师要坚持循序渐进地介绍活动区，每天每组只介绍一个区，如果某区内容很多、操作复杂，还应该分多次介绍，集中地全部介绍只能让幼儿糊里糊涂。介绍可以同时给幼儿提供实际操作的机会，不能光讲不练。分步或整体介绍结束后，可让幼儿及时操作练习，以便让幼儿真正了解各种工具和材料的使用方法，教师可在一旁观察并提供帮助。

（2）制定活动区规则

区域等场地并非任意活动的场所，应该建立必要的活动规则。这里所说的制定规则，并不是教师为了制约幼儿而制定一条条让幼儿遵守的规矩，而是为了创设更宽松的环境，保证活动区的顺畅有序。因为，区域活动是小组的活动，只有遵守共同规则，每个幼儿的自由活动才有保障。同时，教师应注意到：通过活动规则的建立，幼儿的游戏活动有规范有条理，在此基础上，教师才有可能把注意力放在指导、提高幼儿游戏等活动的水平上。

规则既包括必要的一般性活动规则，也包括各区域的活动细则。一般性规则如：能自选区域活动，积极愉快地活动；使用材料先来后到；用什么拿什么，用完后放回原处；不拿着玩具到处走动等。各区活动细则如：美工区——使用剪刀注意安全，注意坐姿和用眼卫生；语言区——爱护图书，及时归类等。规则可以由教师直接交代，也可由教师与幼儿一起讨论、制定，让幼儿了解"为什么要这样做"，增强幼儿的自主性、秩序感和规则意识，起到事半功倍的效果。教师应注意，一次交代的规则不宜过多，幼儿不可能全部"吸收"。另外，如果因规则没有交代而出现一些争抢玩具等问题时，教师不必急于处理，可以在活动结束时，与幼儿一起讨论并及时共同制定新规则。

另外，要想让幼儿自觉遵守活动区的规则，图示法也是一个很好的方法。各区域"插牌"是一个很好的图示法。有些规则可以通过图画的方式形象地提醒幼儿遵守。如在"娃娃家"入口处的地板上贴上几对小鞋印，鞋跟朝向"娃娃家"的门口（因幼儿出区时匆忙，这样放鞋方便穿着），而且鞋印画得十分有趣（将摆放正确的左右脚印画成两张相向而笑的人脸）。这样，鞋印不仅是娃娃家满额人数的标志，同时又成了培养幼儿生活习惯的无言之师。还可将图示法应用于制定有关操作材料使用和收拾的规则。如在数学区"给图形分类"活动中，教师在每个分类盒上贴上相应的标记，这样不用教师说，幼儿自然明白分类的要求是什么了；在收拾玩具材料的时候，每一类都有相应的标志，幼儿就能准确地将不同区域的材料归类摆放，如一把剪刀的图形告诉幼儿这是放剪刀之处，贴着小鱼的筐子表示这是小鱼的家，贴着几何图形的表示几何图形应放的位置……这样幼儿在收拾玩具和材料时还可以学习对应和分类。

同时，教师要善于将区域活动的规则蕴含在环境之中，让"环境说话"，让区域中的环境来告诉幼儿规则。如关于进区人数的限定问题，可采用进门挂牌、挂项链、控制椅子数、投放适量同类材料等方法，来提醒幼儿遵守该活动规则。如美工区，可以通过投放适量的椅子，要求幼儿发现椅子坐满了就不能再进入了；在自然角投入一定数量的操作材料，没材料的幼儿就要去别的区玩；在语言区贴上小花猫睡觉的图片以提醒幼儿进该区动作要轻，等等。

4. 提出启发性的问题

教师要适时提出开放性问题。在幼儿游戏活动的过程中，教师要善于把握时机，提出启发性的问题，激发幼儿的想象和思考，使游戏不断深入，以促进游戏的发展。教师的启发式提问，可以使幼儿展开想象的翅膀，深入思考问题，拓宽思路，培养幼儿分析问题和解决问题的能力。

5. 提出合理化建议

当幼儿的游戏未能向前发展的时候，教师应适当地给予提示、建议。及时提出合理化建议以帮助幼儿更好地开展游戏。

好妈妈

李老师发现韩宁宁独自坐在"娃娃家"里，抱着"宝宝"在发愣。她附近的几个小朋友在玩"服装店"的游戏。这时，老师也抱了一个娃娃，走到宁宁身边，对她说："宝宝妈妈，今天天气真冷，我家宝宝已经穿棉衣了。你的小宝宝衣服穿得太少了，孩子会着凉生病的。需要不需要带他到'服装店'去买件衣服？"宁宁想了想，就到隔壁的"服装店"去给自己的宝宝买衣服了。

教师的话语对幼儿来讲是一种提示，它能启发幼儿更好地去扮演"妈妈"这一角色，关心、照顾好自己的"宝宝"，并能主动地与小伙伴们交往；教师的提示使游戏内容和情节变得更加丰富多彩。

6. 平行介入游戏，巧妙扮演角色

当幼儿在游戏中经常转移主题或半途而废时，教师可以以同伴的身份，平行介入幼儿的游戏，激发、鼓励幼儿将游戏坚持到底，获得成功。教师还可以通过巧妙扮演游戏中的角色，自然而然地加入游戏，针对具体情况进行引导。幼儿的游戏会出现各种各样的问题，需要教师用心观察，智慧指导。

（二）幼儿游戏过程的观察

观察是现代教师的必备素质。对幼儿游戏行为的观察是教师实施有效指导的前提条件。

1. 游戏观察的作用

幼儿在游戏中会真实、自然地表现出自我，因此游戏是教师了解幼儿最重要的途径之一。通过游戏，教师可以了解幼儿的兴趣需要、认知水平、个性特点、能力差异等，从而及时满足和拓展幼儿的生活经验，为教师准确地预设游戏奠定基础，为幼儿开展游戏提供充分的条件。同时，教师只有认真地观察幼儿的游戏，才能有效地指导幼儿游戏，正确地评价游戏。观察是指导和评价游戏的客观依据。

2. 游戏观察的内容

在游戏观察的过程中，首先，教师应将观察的重点放在幼儿的身上，要观察游戏中的幼儿的各种行为表现和幼儿在不同类型游戏中的发展水平，为下一步预设游戏、指导游戏做好准备。其次，教师应观察空间、时间以及游戏材料等游戏环境对游戏的影响，如游戏场地创设、游戏时间的长短、游戏材料的投放等对游戏的影响，以便准确掌握幼儿当前的需要和游戏状况，从而提供与幼儿发展水平相适应的条件，更好地为幼儿游戏的开展提供支持。另外，教师也是影响幼儿游戏的一个不容忽视的重要因素，教师的观念、态度、能力等因素直接决定着其对游戏的指导是否恰当，这对游戏有着重要影响。

游戏观察一般可从以下五个方面入手：①观察幼儿游戏内容：是一般经验还是新近的社会热点？是否积极与健康？②观察幼儿游戏环境：是否安全、卫生、舒适、便于交往活动？③观察幼儿游戏需求：想些什么？需要什么？做些什么？兴趣点与困难又是什么？④观察幼儿游戏材料：玩具及游戏的材料是否体现教育功能？游戏中如何反映人与物的交互作用？⑤观察幼儿游戏行为：幼儿游戏的能力与表现。

3. 游戏观察的方法

①扫描观察法。这种方法是指观察者在相等的时间段里对观察对象依次轮流进行观察。此法比较适合于大致了解全班幼儿的游戏情况，如可以掌握游戏开展了哪些主题，幼儿选择了哪些主题，扮演了什么角色等一般行为特点。扫描观察法一般在游戏开始和结束的时候运用较多。

②定点观察法。观察者固定在游戏中的某一区域定点进行观察，适合于了解某主题或区域幼儿的游戏情况，了解幼儿的现有经验以及他们的兴趣点、幼儿之间交往、游戏情节的发展等动态信息，并且让教师较为系统地了解某一事件发生的前因后果，避免指导的盲目性。定点观察法一般多在游戏过程中使用。

③追踪观察法。观察者根据需要确定1～2个幼儿作为观察对象，观察他们在游戏活动中的各种情况，固定人而不固定地点。适合于观察了解个别幼儿在游戏中的发展水平。教师可以自始至终地观察，也可以就某一时段或某一情节进行观察。

教师在观察幼儿游戏活动的同时，还要注意利用多种手段进行记录，以作为珍贵的资料加以保存，为指导游戏服务。

在游戏的观察记录中，有表格记录、实况记录、图示记录、影像记录等方法。使用较多的是表格记录。这种记录方法简便易行，直观明了，除了设计表格记录之外，也可以用文字记录，有条件的学前教育机构还可以充分利用摄像机、照相机、录音机等现代化教育设备，来进行观察记录，以保证记录的全面性、立体性、长久性和有效性。

（三）幼儿游戏的支持与推进

教师应以幼儿的眼光来看待游戏，尽量满足幼儿游戏的各种需要，从物质上和精神上对幼儿的游戏给予支持，推动幼儿游戏水平不断提升。

1. 满足幼儿游戏的物质需求

教师要满足幼儿对游戏材料的需求，在投放游戏材料时应做到丰富、充足且富于变化，从物质上保证游戏的顺利进行，支撑幼儿游戏的延伸，避免出现因游戏材料的不足而阻碍游戏发展的情况。

2. 共同探索游戏奥秘

当幼儿碰到困难求助于教师时，教师通常不要急于给出答案，而是要与幼儿共同探讨，可以用同伴的口吻与幼儿讨论，也可以通过师生的共同探索和观察比较。由此，幼儿自然地获得了直接体验，掌握了技能，发展了想象力、独立性和坚持性，推动游戏不断向前发展。

3. 满足幼儿充分游戏的心理需求

游戏是孩子的天性。对幼儿来说，游戏是一种享受。教师要满足幼儿充分游戏的心理需要，使幼儿的游戏能保持身体的最佳舒适状态，无拘无束地自由活动，充分发挥潜能达到一个理想的境界，充分地表现，尽情地体验，发展身心。

4. 关心幼儿的游戏意愿

教师要关注幼儿游戏的意愿，要从幼儿的语言、表情、动作上去揣摩幼儿的游戏意愿，并引导他们开展游戏。

5. 关注游戏的发展进程

教师要关心幼儿游戏的进程。教师应随着幼儿游戏的发展不断给予支持，站在幼儿的角度去思考游戏的进程，清醒地意识到幼儿什么时候可能会需要教师什么样的帮助，及时给幼儿提供合理化的建议，以刺激游戏活动的进一步展开。

6. 客观及时评价，激发幼儿再次游戏的欲望

总结评价是开展游戏活动的结束环节，这一环节的目的在于引导幼儿自发自愿地进行交流、讨论，积极表达情感、共享快乐、共解难题、提升经验，同时激发幼儿再次游戏的欲望。评价的结果往往会影响幼儿以后的游戏活动，教师的评价要注意重视幼儿创造性的发展。

评价的方式有很多，可以全班进行，也可以分组讨论，也可让幼儿自己评价，可以由教师"指点迷津"……不论何种形式的评价，都不应只侧重于结果，而更应侧重于活动的过程。

通过集体评价和个人评价、自评和他评的形式，让幼儿清楚了解自己和同伴遵守规则和活动能力情况，互相交流，各自好在哪里，还有哪些不足，使幼儿在评价环节中共同进步。

第六章

幼儿园教学活动

第一节　幼儿园教学活动的概念与功能

一、教学活动及其特点

（一）幼儿园教学活动的内涵

幼儿园教学活动是教师根据一定幼儿群体身心各方面发展的现状和发展需要，有目的、有计划地组织、引领和指导幼儿学习与发展的教育活动。教学活动使教师的能动性与幼儿的能动性相结合，幼儿通过自身主体的主动活动以及师幼、幼幼充分互动，深入理解事物，学习简单粗浅的知识和技能，梳理已有经验、获得新经验，系统构建认知结构、陶冶情感，培养学习能力和品质。

幼儿园教学活动和幼儿园游戏活动、幼儿园生活活动，是共同促进幼儿全面发展的重要途径，各自都具有其他活动不可替代的教育功能和价值。教学活动是教师精心安排和预设的，用以支持、激发、引导和促进幼儿顺利开展学习和获得相应发展的过程，它由幼儿的"学"和教师的"教"共同构成，其中，幼儿的"学"是主体、是根本，教师的"教"是为幼儿的"学"而设计、而计划，反映幼儿学习的需要和兴趣，通过教师的激发引导幼儿主动地"学"，帮助幼儿丰富、整理和建构认知经验，培养能力。《纲要》指出："幼儿园的教育活动是有目的、有计划引导幼儿生动、活泼、主动活动的多种形式的教育过程。"幼儿园教学活动是教师根据幼儿园教育目标、幼儿发展特点和规律和已有的发展，有目的、有计划地组织与指导幼儿学习、建构与发展的辩证统一过程。

（二）幼儿园教学活动的特点

1. 目的性和计划性

幼儿园教学与其他教育活动一样，具有目的性和教师引导作用的共性。

目的性是为了达到所设定的目的，而去做一件事，那么做这一件事就是有目的性的。目的就是你所要达成的目标，即做一件事的意图。如，全面发展的目标如何实现，考虑幼儿在自主游戏、生活活动中未能或相对不易获得的方面，就需要有目的地通过教学活动相互补充，包括各个领域的教学活动；又如，幼儿游戏、生活所获得的零星经验需要帮助幼儿梳理；幼儿游戏中遇到某个问题，就有开展一个教学活动的需要和价值，教师就有目的地设计和开展教学活动；再如，游戏中见到一个不安全的行为，就有必要设计一个安全教育的教学活动。这要比一个个分散地去提醒要高效，更有利于帮助幼儿梳理在幼儿园活动中怎样做才能保证安全，增强全班幼儿的安全意识。

幼儿园教学活动无论是学期计划、周计划还是每一个教学活动都具有很强的目的性和计划性。贯彻落实幼儿园保教目标，实施幼儿健康、语言、社会、科学、艺术五个领域教育，需要根据幼儿的发展特点和规律，具体化到从小班到大班的六个学期的学期计划中去。具体的实施过程，还要根据班级幼儿学习与发展实际做好周计划和日安排。幼儿园以游戏为基本活动，年龄越小其生活活动和游戏活动占比越大，教学活动量少但对幼儿学习与发展是不可或缺的。对每一教学活动，教师都要分析幼儿的已有经验和学习需求，拟订教学目标，设计教学方案，拟订教学活动计划，做好教学准备，在教学过程中有效地调动幼儿与教师双方的积极性和主动性，这些都可见其计划性。

2. 宽泛性和灵活性

幼儿园教学活动的宽泛性指的是教学涉及的面宽、界限不明显，也不十分严格，教学活动可以是整合性的，也可以是关注某一个学科领域；可以是低结构的，也可以是高结构的；可以是较多关注教师预设和指导的，也可以是较多关注幼儿自发生成的。实施学期、周教学计划以及具体的教学方案、计划，也具有一定的灵活性。宽泛性和灵活性是基于以幼儿发展为本，充分发挥教学活动对幼儿学习与发展的功能。幼儿园教学活动对教师的专业性要求较高，教师既要有幼儿全面发展的目标意识、整体观念和计划性，又要以幼儿当下的发展实际与发展需求为依据，设计和开展适合当下幼儿实际的教学活动。

幼儿园教学活动中，无论是教育内容的选择，还是教学方法和形式的使用、教学时间的安排等都比较灵活。教学内容可以由教师事先预设，也可以由幼儿自主生成，以幼儿为中心，充分发挥其主体性，基于幼儿兴趣和发展的需求来开展；幼儿园教学活动可以按教育领域分为健康、社会、语言、科学、艺术五大领域开展教学，也可以以"单元主题"形式或"整合课程"形式开展教学；教学形式灵活多样，可以是全班幼儿集中教学活动，也可以分小组开展教学活动；还可以开展混龄教学活动、亲子教学等。为实现一定的教学目标，以幼儿为中心，教学方法丰富多样，灵活选用。遵循幼儿的学习特点和主动性，引导幼儿主动建构，幼儿园教学方法更多以提供幼儿游戏、观察、操作、发现、讨论、交流等活动为主。教师还可创设学习情境，提供操作材料引发幼儿主动学习，从中获得某些学习经验，促进其全面、和谐发展。幼儿园教学活动的时间，也可以根据幼儿年龄特点、兴趣关注点、学习专注度等随时调整，不拘泥于固定时间，且可以在活动延伸中继续探究、学习，比较灵活机动。

3. 启蒙性和实践性

人生百年，立于幼学。学前教育是终身学习的开端，是基础教育的基础，是国民教育体系的重要组成部分，所以学前教育的教育质量关系着千千万万幼儿的健康成长。《纲要》指出："幼儿园的教育内容是全面的、启蒙性的。"幼儿园教学活动要贴近幼儿的实际生活，以简单的、具有启蒙性的知识经验为基本内容，童蒙养正，寓教于乐。幼儿园教学活动一般有一个核心的领域目标，同时也有机整合渗透其他领域目标，围绕教学内容和目标，引导每个幼儿积极主动地实践与体验，多以游戏的方式，通过充分感知、操作、探索、思考、表达交流等生命的实践活动，发展情感、态度、认知、语言、知识、技能、创造性，获得有益经验。

4．主体性和交互性

幼儿是学习的主体。幼儿的学习是以直接经验为基础，是在与环境中的人和物交互作用过程中，主动建构其认知结构、积累经验，获得身心各方面的发展。幼儿园教学活动要让每个幼儿在积极主动参与的过程中实现学习与发展。

幼儿园教学活动是教师和幼儿共同学习探究、建构知识经验的过程，以幼儿为学习主体，教师主导作用在于为幼儿学习设置一定的挑战性，并有效地促进幼儿主动学习，与所准备的教学环境和材料交互作用。教学目标的设计、教学内容的选择、教学时间的把控、活动过程中教学方法和形式的使用，都要充分考虑幼儿的身心发展规律、学习特点和现场学习实际来实施。充分尊重幼儿的天性，因势利导，充分发挥师幼、幼幼的交互作用，借助对话的力量延伸幼儿的思考，提升学习理解力、逻辑思维能力、表达能力，积累有益经验。

5．游戏性和趣味性

《纲要》组织与实施第六条规定："教育活动内容的组织应充分考虑幼儿的学习特点和认知规律，各领域的内容要有机联系，相互渗透，注重综合性、趣味性、活动性，寓教育于生活、游戏之中。"根据幼儿的身心发展特点、幼儿具体形象的思维特征和注意力易转移等特点，幼儿园教学需要借助一些直观的玩教具、赋予一定游戏情境，激发幼儿的学习兴趣、调动积极性，生动有趣地开展，寓教于乐，让幼儿在玩中学、乐中学，以取得良好的教学效果。

二、幼儿园教学活动的功能

功能是指该事物内含的、可能实现的有效作用。幼儿园教学活动开展的目的是促进幼儿身心和谐发展，提升幼儿园保教质量。它与幼儿游戏活动、日常生活活动等相互补，对于教师有目的、有计划、系统地指导幼儿的学习与发展发挥着不可替代的重要作用。

（一）有利于面向集体、系统和有针对性地引导幼儿学习与发展

与日常生活活动、游戏活动相比，教学活动集中教学的形式，对幼儿学习与发展更具直接性、目的性和计划性，更能利于教师选择适合幼儿集体学习的内容，预设教学目标和全班或小组的教学活动，通过有目的、有计划的教学活动，有针对性地引导幼儿高效地学习与发展。一如，健康、社会、语言、科学、艺术五大领域的教育内容，或者"单元主题""整合课程""项目活动"中所包含的五大领域的教学内容，都需要教师按照幼儿的年龄特征、认知规律，根据幼儿全面发展的需要，有针对性地选择适合于幼儿集体学习的内容，系统化地在学期计划、阶段计划和周计划里做合理安排。二如，幼儿在日常生活和游戏中学习，获得身心满足和各种经验。但在生活和游戏过程中，幼儿往往会遇到共同的、难以逾越的困难和问题，或不够注意安全、缺乏安全意识，或活动受到一定的技能限制，或获得的经验较为零散需要梳理等。教师就可以及时、有针对性地通过集体教学，引导全体幼儿共同想办法解决困难和问题，进行安全教育以增强安全意识、学习自我安全保护，大家一起来学习一些简单的技能、梳理已有的经验、引导拓展新经验等。三如，在教学活动过程中，教师就可面向全体、有针对性地培养幼儿学习的好习惯，掌握正确的学习方法，培养优良的学习品质，从而为幼儿终身学习奠定坚实的基础。

（二）有利于发挥集体的氛围和力量促进幼儿学习与发展

幼儿园教学活动是以集体教育形式为主，辅以小组和个别指导的活动形式。集体教学活动是非常重要的学习资源，能帮助不同的幼儿更快速地成长。在集体教育活动中，每一位幼儿在同一时间内学习相同的内容，教师易于集中观察了解不同背景、不同基础、不同能力水平幼儿的学习活动情况，并尽可能地予以指导。教学活动就是教师搭建幼儿学习的支架，帮助创设适合幼儿主动学习的环境，并通过开展集体讨论、小组探究、个人

尝试等多种形式有机结合的活动，观察活动中幼儿行为认知状况，引导幼儿发现问题、解决问题，引导幼儿培养自主学习能力、自制力和乐群性、合作性等良好社会品质，形成有效的幼幼、师幼互动，相互交流、相互补充、相互借鉴，增强幼儿学习的丰富性，帮助幼儿扩大认知，感受到共同学习的乐趣和力量，使各自都在原有的基础上获得发展和提高。对于教学活动中学习能力相对弱的幼儿，教师就能有的放矢地延伸到教学活动以外，为幼儿创设环境继续学习和个别指导，促进其学习与提高。

（三）有利于与生活和游戏活动形成优势互补共同促进幼儿发展

幼儿园教学活动不同于生活活动和游戏活动的个性化特征，它强调班级或小组幼儿一起学习同一内容，并有统一的活动目标和活动要求，在教师的预设和幼儿的生成活动的有机结合下，针对性比较强。教学活动承担着面向全体幼儿实施各领域有针对性的、适合于集体教学的系统性教育，是促进幼儿全面发展的主要途径之一，通过教师有目的、有计划地引导、提供支架促进幼儿实践活动和有效的师幼互动、幼幼互动，完成教学任务、实现教学目标。由于是集体教学形式，它具有高效率、相互启发建构、教学目标的辐射效应大等优势。当然，教学活动主要是依据一般幼儿的发展水平来开展集体活动，不可能顾及每一个幼儿的发展情况和兴趣等。

生活活动和游戏活动等开放性的活动能为幼儿个体自主选择活动提供机会，有利于满足个体发展需要，也有利于幼儿的个性发展。游戏的优势在于最符合幼儿心理需要和特点，能使每一个幼儿的兴趣、需要得到充分满足，在各自不同发展水平上与环境相互作用，获得不同水平的充分发展。但生活活动和游戏活动中遇到的各种共同的困难和问题、对所获得的零散经验进行整理使之系统化，往往难以让教师逐一指导到位，而通过集中教学就能高效解决。可见，教学活动与生活活动、游戏活动各有优势，教师应充分发挥游戏活动和生活活动对幼儿发展的主渠道作用，并与教学活动有机结合，就能优势互补，发挥这三大教育途径的整体功能，促进每一个幼儿身心全面和谐而富有个性地发展。

第二节　幼儿园教学活动的设计

一、周计划中的教学活动安排

（一）执行学期课程计划和阶段计划

幼儿园的保教目标是通过年龄班的各个学期的课程计划、月计划、周计划逐层具体化而得以落实的。我们在本书第六章的幼儿园课程中已讨论了班级学期计划、月计划和周计划的拟订。学期课程计划必须考虑国家、政府对幼儿教育的要求和规定，贯彻落实《规程》《纲要》和《指南》的精神和要求，综合考虑社会和家长对幼儿的要求、各地各园的特点、幼儿年龄发展特点与规律，以及本班幼儿发展的实际等因素，选择教育教学内容，采用本园的课程模式，进行学期编排，形成班级学期保教工作计划。学期课程内容的组织，无论是领域课程、主题单元课程、项目活动课程还是园本综合课程，一般都分阶段预设安排了各领域的教学内容。以主题课程为例，主题网络涉及的活动所需要的时间可能会达到一个月，甚至更长时间。不论哪一种课程模式，学期和阶段计划都要通过周计划以及一周五天的保教活动落实到幼儿的身心发展上。

（二）调整和确定教学内容

对于具体实施、落实学期计划和月计划的周计划安排，其教学活动是否需要对学期和阶段所预设的健康、语言、社会、科学和艺术各个领域教育内容的教学活动做调整？一要依据班级幼儿身心发展的实际、现阶段幼儿的兴趣和已有经验，明晰所确定的教学内容是幼儿感兴趣的，又建立在一定的经验基础上。二要考虑各有关领域前后学习内容之间的内在联系，做到由浅入深、循序渐进；还要注意不同领域之间内容的相互联系与有机整合。三要有一定的挑战性。既适合幼儿的现有水平，又需要幼儿经过努力才能够达到，即"跳一跳，够得着"，以利于激发幼儿的学习积极性，体验经过努力获得成功的快乐，培养自信心。四要有利于其长远发展。从幼儿发展的宏观微观、纵向横向多角度综合考虑，既立足于幼儿的现实发展，又充分关注未来的长远发展需要。

（三）具体安排教学活动

周计划中教学活动的安排与教学内容的确定同步进行。幼儿园以游戏为基本活动，拟订周教育计划、安排周教学活动内容是实现教学活动与游戏活动做到最优结合的关键。根据幼儿的年龄特点，一般小班每周安排3～4次教学活动，每次教学活动10～20分钟；中班3～4次，每次25分钟左右；大班上学期4～5次，每次30分钟左右，下学期5～6次，每次大约35分钟，后期幼小衔接会安排6～7次，每次约40分钟。

二、教学活动的时机把握

（一）落实课程学期计划下的周教学计划

如前述，班级学期计划的实施，是通过周计划、日安排得以具体化，预设了幼儿每天从来园到离园的各项活动，其中就包含预设的教学活动。教师在开学之前，就要拟订好第一周的教育计划，安排好这一周的具体的领域教学活动内容和时间，并做好幼儿入园一周的活动准备工作。根据第一周游戏、生活活动和教学活动的开展情况，再有机联系地推进、拟订第二周的教育计划，安排第二周的教学活动内容，以此类推。一周内的教学活动就在于落实课程学期计划及阶段教育计划下的周教学安排。当然，执行周计划时，对所预设的教学内容，还需要根据当前幼儿学习与发展实际，决定是否做增减调整或做更换内容的调整。因此，教学活动时机的把握，首先就在于符合实际地落实课程学期计划下的周教学活动的安排。

（二）在幼儿游戏和生活中生成教学活动

一方面，教师要关注幼儿在生活和游戏环节中呈现的兴趣点或认知盲点，抓住教育契机，积极开展相关主题、有关内容的教学活动。如在幼儿建构游戏的过程中，张老师看到一群男孩把搭好的"幼儿园"推倒，并大声喊"着火了"，而且做出救火的样子……张老师意识到，这是一个非常好的教育契机。在引导幼儿分享交流过程中，幼儿仍对火警话题感兴趣，如谈论火警电话号码是多少，对"发生火灾该怎么办""怎样预防火灾""灭火器材是怎样的""消防叔叔是怎样灭火的"等问题很感兴趣。于是，张老师决定开展一次有关预防火灾的安全内容的教学活动，引导幼儿培养正确的防火意识和基本逃生自救能力等。只要留心，老师就常常会观察到许多幼儿对身边事物的新发现，如对北京冬奥会、"神舟十五号"等国家大事感兴趣。又如，小朋友雨天关注到花盆边的蚯蚓、门边的蚂蚁在搬家，总要探索个究竟。对幼儿关注的事物、兴趣点，教师还可以顺应幼儿的兴趣，生成帮助幼儿了解、探索有关事物的教学活动，满足幼儿的好奇心、求知欲。

另一方面，围绕全面发展的目标，对幼儿在自主游戏、生活活动中未能或相对不易获得的方面，就需要有目的地通过教学活动做补充，及时、适时地开展相应的教学活动。当幼儿在游戏、生活中获得了一定的零散经验，需要帮助幼儿梳理、构建对一定事物较全面、系统的认识时，就可以择机以这方面的知识经验为教学内容，组织教学活动，引导帮助幼儿梳理已有经验，提升对有关事物的系统认知。当幼儿在生活和游戏中遇到的某个问题，具有开展一个教学活动的需要和价值，教师就可以有目的地设计和开展关于学习、探索解决这一问题的教学活动。如，游戏中见到幼儿缺乏安全意识，只顾玩得开心而不注意安全问题，就有必要设计一个关于安全教育的教学活动，引导幼儿认识到安全隐患可能导致的后果，梳理在幼儿园活动中怎样才能保证安全的注意点，增强全班幼儿的安全意识，这要比一个个去提醒幼儿更有效果，且高效得多。

三、教学活动方案设计与计划拟订

教学活动方案设计包括拟订教学活动目标、分析与把握教学内容的重难点、选用主要的教学手段和方法、考虑支持幼儿学习的环境和材料、设计幼儿主体学习过程的支持策略以及师幼、幼幼互动等方面。

（一）拟订教学活动目标

目标是教学活动的灵魂，是教学活动的出发点和归宿。教师一定要有目标意识，做到心中有目标。无论在教学活动设计、教学过程中，还是教学活动反思都应以目标为行动指南。

幼儿园教学活动目标既要对接本班学期、阶段教育目标，又要立足于幼儿学习该教学内容所应有的收获与发展。具体教学活动目标应是通过本次教学活动教师期望幼儿通过学习该内容获得的某些具体发展，即要根据幼儿年龄特点、教学活动的内容和性质、与之相关的幼儿现有的能力水平和经验，从幼儿的认知经验、情感态度、技能等方面来预设其具有一定挑战性的教学活动目标。

教学活动目标的拟订，一是应尽可能做到全面，包括认知经验、情感态度、技能、能力几方面的内容。二是目标的表述应明确具体，操作性要强，便于评价，避免目标过大、表述笼统。如"发展幼儿的观察力""提升幼儿的语言表达水平"与"能观察发现幼儿园里的花草树木的生长变化""能用较连贯的语言讲述自己的观察发现"的目标表述进行比较，前者过于笼统，缺乏操作性，既不利于教师教学中的明确实施，也不便于教学评价，后者则很明确地指引教师引导幼儿仔细观察身边植物的生长变化，感受春天的自然景色，表达自己的发现和感受，也便于评价幼儿观察学习是否达到预期的目标。三是目标的表述要统一角度，或以幼儿学习收获与发展的角度，或以教师工作的角度。我们倡导用幼儿行为目标方式来表述，突出以幼儿为本，有利于教学过程、评价、反思都更多地关注幼儿、促进幼儿的发展。

（二）分析教学重点难点

教学活动中的重难点是指教学内容中比较重要的和比较难以掌握的知识经验，如小班语言活动"拔萝卜"，其教学重点是理解故事情节、理解和应用"拉""拔""帮""一起"，教学难点在于理解故事情节、理解并应用"拉""拔""帮"。

幼儿园教学活动的重点是依据教学目标，在对教学内容进行科学分析的基础上确定的最基本、最核心的教学内容。它是教师首先要把握的，是相对所学教学内容的主次而言的，也是教师教学活动反思首先考虑的方面。教学重点是实现教学目标的主要内容或主要方面，它常常是需要幼儿与之前经验相联系，有助于后续学习形成新认知、新技能、新经验等。如中班故事教学"找珍珠"，其教学重点是感知"水的三态变化"并丰富相关认知经验。这个教学重点既链接幼儿前期对"水的三态（水—水蒸气—冰）"的粗浅认知，又是理解"水的三态"转化关系的关键，显得特别重要，所以是教学的重点。

教学活动的难点是指教学内容中，幼儿在现有的水平、经验下不易理解、掌握、有困难的方面，是需要教师着力想出各种有效办法加以突破的。在教学活动中，一般从认知方面说，难点往往集中在重点部分，有些重点也是难点。不过，有的内容不是重点，但因为对幼儿学习、认知造成困难，影响重点的掌握。或者幼儿难以理解的动作、操作练习的方法、游戏的规则等方面，都有可能成为教学活动过程中幼儿学习的难点。

（三）设计引导幼儿主动学习的方案

教学活动过程是教师有效地组织、引导、指导幼儿主动学习的过程，因为幼儿需要通过自身能动的学习活动以及与教师、与同伴交流互动，才能建构起相应的认知结构，获得有关情感、能力和社会性的发展，积累有益的经验。教师策划引导幼儿主动学习是设计教学活动方案的重点，具体应做到以下两点。

1. 选用与幼儿学习方式相匹配的教学方法

幼儿学习不同领域、不同类的教学内容，其学习与构建认知的方式不同，教师要根据幼儿学习的特点和规律，满足幼儿以最适宜的方式展开学习活动。例如，在早期阅读教学方面，绘本是幼儿早期阅读的主要材料，幼儿需要充分观察绘本画面，理解各形象之间的联系以及情节的发展，才能叙述他对绘本内容的理解和感受。很显然，观察法、谈话法和讨论法是早期阅读教学的主要方法。观察是幼儿阅读理解的基础；通过谈话，教师引导幼儿观察、激发幼儿链接已有的经验，思考画面各形象之间的关系、事物的发展，并进行表达；幼儿还可以在讨论过程表达、分享自己的观察、理解和感受，互相学习。又如，幼儿学习数学是以自己的方式去操作和探索数学材料，以充分感知物体的数、量及数量关系或形状与空间关系，并逐步构建其认知、发现和尝试解决有关问题的能力。同时，也离不开教师把握时机正确引导和有效组织幼儿操作、探索并观察、比较和推理，形成对学习内容的感性经验，发展思维能力。因此，操作活动、个别指导和谈话就成为幼儿数学教学的主要方法。再如，示范讲解和练习往往是幼儿体育教学活动的主要教学方法。从教学年龄这一角度看，选用教学方法还要尊重幼儿年龄特点和发展差异。幼儿年龄、个性、兴趣、能力、习惯等的不同，要求教师采用不同的教学方法。如，对于年龄越小的幼儿，教学方法越要采用游戏的、直观的方法，而对于大班的幼儿则经常使用讨论法。

2. 设计幼儿与环境材料互动学习的主要环节

在教学内容及其相匹配的主要教学方法确定后，就要具体分析幼儿学习该内容的已有知识、能力和经验，考虑应创设怎样的教学环境、提供哪些和多少学习材料，并以幼儿为主体，基于幼儿立场，以幼儿的视角来考虑如何引导幼儿能动地与环境材料互动，怎样恰到好处地分步骤引导、推进幼儿的学习进程以及发挥幼幼互动的作用。首先，整个教学活动的设计要凸显幼儿的主体性，要建立在幼儿生活和游戏的已有经验基础之上，创设与之相联系的丰富的教学环境和足量的学习材料，以满足每个幼儿实际操作、充分感知和亲身体验的学习需要。其次，要分析幼儿的学习难点、已有能力水平和经验，设计突破难点、突出重点的幼儿学习活动与支持策略。最后，通盘设计从教学活动的引入，到引导幼儿每一个具体学习活动，再到转换有序推进幼儿学习活动的深化、提升，以推动幼儿实实在在地在原有的基础上获得新经验以及身心各方面应有的发展。

（四）形成教学活动计划

拟订教学活动计划，就是把上述所做的教学方案的设计，按照规范的格式等要求表述清楚，其结构如下：

1. 教学活动班级、课题内容、设计意图

教学活动计划首先要指明班级、教学的课题内容。如：中班故事教学"三只蝴蝶"，设计意图主要阐述为什么确定这一课题内容的教学，它在此阶段对于幼儿学习与发展的意义，幼儿学习该内容的已有经验，如何突出重点、突破难点，怎样争取达到最优的教学效果等。

2. 教学活动目标、重难点和教学准备

教学活动计划要明确清晰地表述教学活动目标，体现阶段教育目标的具体化，要突出挖掘教学内容的教育价值，并有机渗透情感态度、学习品质、社会性和良好习惯的培养，兼顾幼儿间的层次差异。所表述的教学目标将引领教学过程的教学行为为促进幼儿的充分发展服务。教学过程可以随着观察幼儿学习的实际情况，对目标做适时、适宜的灵活调整。

明晰表述教学活动目标后，还要指明该教学活动的重点和难点。而后表述该教学活动所要做的准备，一是幼儿活动中必需的知识经验、技能准备，即已有经验基础；二是教学活动中必要的情感、心理准备；三是教学环境的创设和教、学具等物质材料的准备，如幼儿操作材料、教师教具的准备、活动场地的准备、环境布置，等等。

3. 教学活动过程的步骤与主要环节

教学活动过程的步骤与主要环节，体现教育过程的组织。

一是表述教学的导入、新话题的引出或新经验的发起、激发幼儿的学习兴趣等，体现教师对如何引导幼儿集中注意力、顺利有效进入该教学活动的思考与设计。

二是表述幼儿的系列活动。把前述所选用与幼儿学习方式相匹配的教学方法、所设计幼儿与环境材料互动学习的主要环节做进一步的梳理、条理化。这一部分还包括考虑教学活动中具体采用集体、小组、个人三种形式，先后顺序如何，以什么形式为主，采用哪些教学方法，主要采用方法和辅助方法；幼儿系列活动层层推进安排、提问设计、线索设计，体现引导、支持幼儿实际操作、充分感知和亲身体验。

三是表述交流讨论和经验的梳理。体现教师如何引导幼儿讨论、交流分享经验，引导幼儿一起梳理经验，并指向关键经验和经验的拓展，还要对其经验的要点做梳理表述。

四是表述教学活动的延伸。教学活动的延伸，可以是对该教学活动的巩固、拓展和应用，也可以是继续开展下一个活动的连接，起着承上启下的作用。延伸活动的设计要交代清楚延伸的具体活动是什么，其指导要点有哪些，一般根据幼儿经验和兴趣爱好可预设与教学活动内容相关的一些幼儿区角游戏活动等，为相联系的下一个教学活动积累经验。

总之，教学活动过程各环节的安排，要符合知识经验逻辑关系和幼儿学习心理逻辑，是循序渐进的活动系列与进程；要充分体现根据教学目标，突出重点和突破难点的层层落实；要体现教师是如何引导幼儿主体活动，使幼儿通过自己实践来建构、探究解决问题，教师引导幼儿梳理经验要指向关键经验和经验的拓展，体现逐步达到教学目标，幼儿学习收获与成效，并接续日后的学习与发展。

第三节　幼儿园教学活动的组织

一、教师教学观念和角色

《纲要》明确指出："教师应成为幼儿学习活动的支持者、合作者、引导者。"教师的教育观念直接支配和影响着其在教学活动中的各种言行，影响教学质量，也直接影响幼儿的学习与发展。教师要以正确的儿童观和教育观为引领，以科学、适宜的教学方法组织和指导幼儿的学习活动。首先，要尊重每一个幼儿，认识到他们是积极发展中有潜力的人，把传统的"给予"和"接受"的师生关系转变为民主平等、合作探究的伙伴式师幼关系。其次，要充分认识到幼儿是在自我的实践活动中建构认知系统，获得身心和谐发展的，教师要正确认识教学活动中师生关系，找准幼儿的最近发展区，为幼儿学习活动提供适宜的支架，成为幼儿学习活动的支持者。最后，教师要充分认识到每一个幼儿的独特性，知道各个幼儿之间客观存在着个体差异，教师应面向全体幼儿，注重个体差异，为每一个幼儿创设最佳教育环境，因材施教，因势利导，注重集体教学和小组、个别指导相结合，使幼儿通过教学活动达成教学目标，获得在原有的水平上的发展。

（一）教学活动中的幼儿

1. 幼儿是教学活动的主人，要通过自身的实践活动获得发展

幼儿的教学活动过程是一个教育者有效地组织、指导幼儿活动的过

程，所以，教师要正确处理教师的主导作用和幼儿的主人地位的关系，积极引导幼儿主动参与活动，使教学活动转化为幼儿主动的发展过程。我们知道，活动是幼儿心理发展的直接源泉，幼儿是通过自身的活动，能动地、有选择地接受环境和教育影响，主动建构自身认知系统而获得发展的。在幼儿的教学活动中，教师应尊重幼儿、解放幼儿，让幼儿成为自己学习和活动的主人，使幼儿在教育活动中积极主动、全面地参与活动，充分发挥其天性，让幼儿通过主动活动和主动学习获得身心和谐发展。

2. 教学活动要促进每一个幼儿的发展

《规程》指出"要注重个体差异，因人施教，引导幼儿个性健康发展"。《纲要》也要求"关注个别差异，促进每一个幼儿富有个性的发展"。《指南》又强调"尊重幼儿发展的个体差异"。科学研究证明：幼儿的生理、心理发展处于最迅速的时期，而且表现出共同的年龄特征，幼儿的发展既有阶段性又有连续性，发展的过程是不可逆的。但是每个幼儿发展的进程有所不同，这是因为每个幼儿的遗传、环境、教育不同，个体差异总是存在的，每个幼儿作为独立的、不断发展的个体，都有各自的发展特点和潜能。

加德纳的多元智能理论也从人的智能结构上充分认识了每个人的独特性，他认为每个人都是由语言智能、数理·逻辑智能、视觉·空间智能、音乐智能、身体运动智能、手的技巧智能、人际关系智能、自我认识智能、自然观察等多元智能以不同的形式构成的。每个人都有其优势智能和弱势智能，正是这些智能的不同状态，决定了人的不同，教育就是要充分发挥每个人的优势智能成为特长，发展其弱势智能促进全面发展。

因此，要真正实现每个幼儿的自主的、充分的发展，在教学活动中教师要针对每一个幼儿的个人特点，包括兴趣、爱好、需要等进行有差别的、行之有效的教育，做到"对症下药"，因材施教，使每一个幼儿在原有的基础上得以发展。

(二)教学活动中的教师

1. 教师要充分尊重幼儿

教师应树立正确的儿童观，尊重幼儿学习方式，"创造与生命特性一致的教育"，为幼儿学习创造条件，帮助幼儿以自己的潜能展开学习进程。《纲要》指出："尊重幼儿在发展水平、已有经验、学习方式等方面的个体差异，用适当的方式给予帮助和指导，使每一个幼儿都能感受到安全、愉快和成功。""以关怀、接纳、尊重的态度与幼儿交往。教学过程要耐心倾听，努力理解幼儿的想法与感受，支持、鼓励幼儿大胆探索与表达。"《指南》也明确指出要充分理解和尊重幼儿发展进程中的个别差异。在幼儿的教学活动中，尊重幼儿就是要充分了解幼儿。仔细观察、记录每一个幼儿在活动中的不同表现和活动行为，善于评估幼儿的不同特点和发展水平，充分考虑每个幼儿的兴趣和需要，给予适时的指导，结合运用集体教学、小组活动、个别指导的方式，充分发挥其整体功能，让每一个幼儿都能获得成功的体验，都能增强自尊和自信。

2. 正确发挥教师的主导作用

在教学活动中，教师要真正体现自己教学活动中的主导作用，其实质就是正确处理好直接指导和间接指导的关系，正如《纲要》所指出的："教师应成为幼儿学习活动的支持者、合作者、引导者。"要以关怀、接纳、尊重的态度与幼儿互动，当幼儿在实践活动中遇到问题、寻求答案时，教师就应以"引导者"的身份出现，把一些幼儿无法通过自己的摆弄、探索了解的有关物体的名称、工具的使用、安全事项等以直接指导的方式告诉幼儿。幼儿自己操作物体等进行探究活动时，教师又应由"指导者"的角色转换为幼儿探究活动的"观察者""支持者""合作者"。教师要细心观察幼儿在教学活动中的情况，敏锐地察觉他们的需要，及时以适当的方式应答。一旦发现问题或问题倾向，教师应给予引导、启发和帮助，可以以"合作伙伴"的身份参与到幼儿探究活动中去，把握时机，积极引导，形成合作探究式的师生互动，提高教学过程中师幼、幼幼互动的质量。

（三）教学活动过程的组织和指导要点

1. 积极、高质量地实施师幼互动

（1）理解积极、高质量师幼互动的样态

教学过程中没有互动的教育是难以想象的，更谈不上有效。教学活动是通过教师的积极引导的"教"和幼儿的主动的"学"来完成的，是通过教师、教育信息、幼儿、环境材料之间的相互作用来展开的。师幼互动是指教师和幼儿之间发生的人际互动，相互之间发生的各种形式、性质和各种程度的心理交互作用或行为影响的任何过程。教师与幼儿互动，二者之间互为主体、教育伙伴式的互动，是一种自动化的融通性互动。

"师幼互动"是近二十年在学前教育中提出的一种教育观念，特别是《纲要》，更有多处体现出师幼互动的教育理念，如"建立良好的师幼、同伴关系，让幼儿在集体的生活中感到温暖，心情愉快，形成安全感、信任感"。维果斯基曾提出：教育作为一种文化传递活动，实际上就是在成人和幼儿之间发生的"社会共享"的认知。单独的学习并不构成教育，一厢情愿的灌输也不构成教育，教育首先是一种关系，一种相互交流的可能性空间。因此，幼儿的学习就是要在幼儿和教师之间建立一种积极有效的互动，让幼儿和教师在互动中沟通、促进，从而让幼儿得到健康成长。

师幼互动的质量，主要取决于互动对幼儿所产生的影响。高质量的师幼互动对幼儿的影响是正向且高效的，能够有效地促进幼儿的发展，反之则不然，甚至会对幼儿的发展造成干扰或阻碍。教师应积极、高质量地实施师幼互动，教师就要在幼儿教学活动中，时时保持这样一种教育理念：尊重幼儿、理解幼儿、关注幼儿，把视线保持在和幼儿一致的水平上。教师要站在幼儿的角度，以"假如我是孩子"的心态，去体验幼儿可能的兴趣与需要，而不是只思考"我想怎样教"来要求幼儿。要让幼儿随时看见教师的眼睛，在这种心灵的交汇、情感的互动中，使幼儿积极表现自己的长处，增强自尊心和自信心，形成一定的进取心和责任感，让每一个幼儿在师幼互动中成长为一个真正意义上的人。在师幼互动中，教师要在尊重幼儿主体性的基础上多用间接指导，用非言语交际手段引导幼儿主动学习，解决实际问题。教师要充分利用自己的表情、眼神、手势、动作、身体运动的方向等非言语手段，来支持和帮助幼儿学习。

（2）灵活转换角色与幼儿互动

在具体的教育教学过程中，教师的角色定位直接影响到教师与幼儿互动的性质、教师和幼儿在师幼互动中各自所处的地位。教师应对照《纲要》对自己的角色定位进行调整。在与幼儿互动中，教师不是简单的管理者、指挥者和裁决者，更不是机械的灌输者和传授者，而是良好师幼互动环境的创造者、交往机会的提供者、积极师幼互动的组织者和幼儿发展的支持者、帮助者、指导者和促进者。教师是幼儿共同探索未知事物的合作伙伴。教师只有这样定位自己的角色，才能更多地关注幼儿的实际情况，更好地促进幼儿的主体发展。

（3）师幼互动要建立在平等的师幼关系上

教师要与幼儿建立平等的师幼关系，要始终营造安全、愉快、宽松的人际氛围，要细心观察、敏锐关注幼儿在互动中的行为表现，积极引导。要重视情感性的互动，做好充分的情感交流，形成良好的师幼互动。在具体的教学活动中，教师应时时以关怀、接纳、开放的态度与幼儿相处，用心去营造一种温暖、和谐的学习氛围，努力建立平等、亲密、互相信赖的人际关系，让幼儿真正感受到老师是值得信赖的、是可亲近的良师益友，使互动充分发挥作用。

2. 科学、合理地组织教学活动的各环节

（1）动静交替，协调统一

教学时间应有相对的稳定性与灵活性，既有利于形成秩序感，又能满足活动的实际需要；尽量减少和消除消极等待等浪费时间的现象，提高活动效率；教师的直接指导要能满足绝大多数幼儿的需要；建立良好的常规，减少不必要的管理行为，逐步培养幼儿自律。

（2）灵活运用指导和活动方式

教育活动的组织应充分考虑幼儿的学习方式和特点，发挥幼儿主体作用，为幼儿提供多样化的学习机会和条件，做到因时、因地、因内容和幼儿的学习特点，灵活运用集体、小组、个别等活动形式；运用好教师直接指导的活动和非直接指导的活动，要保证幼儿有充足的时间自主地进行活动，寓教于乐，提高教学效果。

3. 指导要有针对性和弹性，要留有余地

教学活动的组织与实施过程是教师创造性地开展工作的过程。在具体的教学活动过程中，教师不宜背教材按固定模式进行教学，要凸显幼儿主体地位，多运用启发式教学，多提开放式问题，启发幼儿动手动脑、探索思考，还应观察幼儿学习的实际情况，及时反思、调整自己的教育行为，追随幼儿学习进程，适时提供支持，使每一个幼儿都能以自身的认知经验去学习，在原有的水平上获得充分发展。

在教学活动中，教师的指导要注意尺度，应给幼儿留出自己动手、动脑去探究的余地，应让幼儿在教学活动结束后仍有浓厚的继续探索的欲望。如，科学领域的教学活动，教师可以在结束时再抛出一个与本课题相关的让幼儿继续探究的问题，或针对活动中幼儿提出的问题不做完整的指导，让幼儿带着疑惑，后续再探究。再如，语言领域，开展让幼儿续编故事、仿编诗歌、创造性地讲述等活动，都是教师留有余地，给幼儿更大、更持续发展的空间和时间的做法。

二、教学活动反思与推进措施

（一）教学活动反思的内涵及意义

教学活动反思是指教师运用先进的有关教育理论，对自己设计与实施的教学活动开展情况进行反省与思考，分析其可取与不足之处，提出改进措施，进而推进后续教学，进一步提升教学活动的科学性、合理性和有效性，并不断提高自己的专业水平、逐渐成长为研究型教师。

《纲要》强调："关注并敏感地察觉幼儿在活动中的反应。当按计划进行的活动或提供的材料不能引起所期望的反应时，教师应主动反思，寻找原因，及时调整活动计划或教育行为，使之适合于幼儿的学习。"对于一名学前教育工作者，应具备一定的教学反思能力。事实上，教师的整个教学过程，就是一个教师自己不断反思的过程。缺乏教师的反思，教学质量就无从提高，自己也难以进步。

教师的教学活动反思就是教学研究，其根本目的在于改进教学，提高教育质量，促进幼儿的学习和发展。通过教学活动反思，教师发现教学中存在的问题，从而研究问题、解决问题，研究结合教学活动实际展开，这从根本上促进教师思考，自觉地把理论与实践结合，更理性地认识自己的教育实践，因此，教学活动反思不仅以改进教育实践、提高教育质量、促进幼儿的学习和发展为目的，也利于幼儿教师的自我学习、自我提高。它能够全面促进教师素质的提高，使其成长为研究型、专家型的教师。

（二）教学活动反思与教学推进的操作要点

1. 对幼儿发展的反思与评价

对教学活动中幼儿发展的反思主要从幼儿活动前、活动中、活动后各方面的发展进行。反思与评价主要有单项法和综合法。单项法是指对幼儿学习该内容的某一方面作出评估，如评估幼儿学习过程的智力活动情况，包含思考力、记忆力、观察力、想象力等表现与提高的评估。综合法则是对幼儿学习情况及幼儿发展的教学目标达成情况做全面的分析评价。如果对于某一方面的评估可以看成单项评价的话，那么，把各方面综合起来一起评价就是综合评价。

对教学活动中幼儿发展的评价、反思，要尽量做到客观、全面，要求教师应具备扎实的关于幼儿身心发展特点和规律的知识，以及对各种类型、层次的目标的深入理解和把握能力。

2. 从幼儿学习与发展切入，反观教师的作用

教学反思要回到教学活动现场。幼儿教师对教学活动中幼儿的反应、表现以及发展变化进行深入的反思，反观教师因素，查找原因进行分析，主要是对教学内容与目标的确定、活动材料的提供、教学过程的组织、支持策略和方法的运用以及师幼互动的适宜性情况，进行深入的探究。

（1）对实现教学活动目标和内容的反思

思考教学活动目标是否基于本班幼儿通过学习该教学内容能在已有经验基础上有所提高，经过幼儿的努力是否够得着。主要从以下三点进行分析：一是主要分析是否适宜本班幼儿现有的认知经验、情感态度，满足本班幼儿的兴趣爱好，能否为本班幼儿提供有益的学习经验，并符合其发展需要。二是通过了解幼儿学习收获和发展变化情况，反思目标是否全面具体，对教学活动和幼儿发展评价是否具有指导性和可操作性。三是反思教学内容的难易是否适当、目标是否达成，有哪些需要完善和调整的，为下一次教学又带来什么启示，可以再次通过呈现与本次活动相关的什么内容来展开教学，使幼儿获益更多。

（2）学习环境创设及材料提供的反思

环境创设和学习材料具有寓教育于其中，激发幼儿积极主动感知、操作、探索和思考的作用。通过教学实践，教师应反思本次教学活动的学习环境创设内容的选择和材料的提供是否适宜适当，是否具有针对性、全面性、参与性和有效性，是否充分调动了幼儿积极性，让本班幼儿主动参与、积极探究，并考虑了安全因素等。如果有不足之处，要思考下一步将如何完善和调整等。

（3）教学方法、手段及教学过程的反思

教师悉心分析幼儿已有的经验和教学重难点，精心选择教学方法、创设环境、提供学习材料，都得通过教学过程的展开逐步实现其预定的教学

目标。教学过程是由教师激发、引导、支持幼儿学习，是教师与幼儿的双边活动。在进行教学反思时，教师应思考自己所运用的教学方法和手段是否与幼儿的兴趣爱好吻合，是否能充分调动幼儿的积极性，是否有利于幼儿充分动手、动脑、动口、发展创造力等；教师自身的状态是否关注到幼儿认知、情感等各个方面，是否公平、合理地对待每一个幼儿，照顾到个体差异；采用什么方式评价幼儿，使之有利于促进幼儿的学习与发展，教学过程师幼互动的质量和效益如何，等等。

3. 形成教学反思小结，运用反思成果改进教学

（1）梳理反思要点，撰写反思小结

教师从上述两个维度多个方面对教学活动进行反思，还需要对其要点进行梳理，撰写形成反思小结。教师在反思教学活动中的幼儿学习状况、变化情况和教师作用发挥情况的同时，就动笔从亮点和存在问题与不足两个方面梳理其要点。教学反思的重点是发现存在问题与不足。教学中具有突破性价值和经验价值的亮点也需要梳理出来，并进行深入的分析，以在日后教学中予以发扬，并积累经验；如果亮点不明显，就只梳理存在的问题和不足。教师对反思所查找出的问题和不足，要进行深入的探究，分析其原因，探寻并阐述解决问题和改进不足的具有针对性和可操作性的具体方法和措施。

一个教学活动的反思小结，一般可以以"教学反思"的形式写在教学计划之后，与教学计划配套留存，这也便于接续把反思结果运用于改进后续的教学活动设计与实施。也可以以"反思日记""反思札记"的形式，将每一次的反思小结集中撰写，这也便于教师经常性地翻阅与思考。

（2）充分运用反思成果改进教学

教学反思既来源于实践也反作用于实践，教师尤其要对反思中发现的问题和不足做深入的剖析，提出改进措施，并运用于后续的教学实践中，以及时地解决问题和弥补不足、优化教学实践，推进教学质量的不断提高。反思的目的是改进教学和促进教师专业发展。因此，教师要充分发挥反思

的教师主体性建构和反思结果的实践指导性作用，及时调整和改进工作，并在后续的教学活动中，深入观察实施改进措施的效果，持续思考、探索优化教学过程，有效促进幼儿发展。教师就在坚持实践、反思、再实践、再反思的自我学习中获得专业的不断发展和提高。

第七章 幼儿园日常生活活动

第一节　幼儿园日常生活活动的概述

幼儿园生活活动是幼儿每天都要进行的活动，是对学前儿童进行全面发展教育的重要途径和手段。《纲要》总则第四条指出："幼儿园应为幼儿提供健康、丰富的生活和活动环境，满足他们多方面发展的需要，使他们在快乐的童年生活中获得有益于身心发展的经验。"

一、幼儿园生活活动的含义及价值

（一）幼儿园生活活动的含义

幼儿园生活活动是指幼儿一日活动中的各个生活环节，是满足幼儿一天基本生活需要的活动，主要包括入园、晨检、早操、进餐、饮水、睡眠、盥洗、如厕、离园、散步等常规性活动。幼儿一日的大部分时间都是在幼儿园中度过的，幼儿园应该让幼儿每天在幼儿园的生活过得丰富多彩，始终紧扣以幼儿发展为本的目标，科学合理地实施多种教育手段，顺应不同年龄段幼儿的身心发展规律、不同特点幼儿的发展需求，最大限度地促进每个幼儿充分、富有个性的发展。

（二）幼儿园生活活动的价值

1. 促进幼儿的生长发育

幼儿身体各个器官的生理机能尚未发育成熟，对各种自然环境和社会环境的适应能力差，对疾病的抵抗能力和对压力的承受能力较弱。幼儿园生活活动保证了幼儿有充足的睡眠、合理的营养，满足了幼儿生活的需要，为其生长发育提供了保障。如充足的睡眠对幼儿的大脑、恢复幼儿的体力尤为重要。因此，能否开展合理、科学的生活活动，不仅关系到他们现在的健康，而且影响其一生身心的健康发展。

2. 培养幼儿良好的生活卫生习惯和生活自理能力

学前期是学前儿童形成各种习惯的关键时期。学前儿童的可塑性大，培养良好的生活卫生习惯，将使其一生受用无穷。有些家长非常重视孩子的智力开发，却往往容易忽略孩子生活卫生习惯的养成，父母、祖父母包办代替多，幼儿的生活卫生习惯较差，生活自理能力水平低下。

幼儿园生活活动为幼儿提供了反复训练生活卫生习惯和生活自理能力的机会，如饭前便后洗手、不随地吐痰、幼儿独立进餐等，有助于幼儿养成良好的生活卫生习惯，有利于幼儿提高生活自理能力，形成文明的生活方式，促进幼儿身心健康和谐发展。

3. 养成幼儿良好的心理素质

幼儿园合理有序的生活活动不仅能够保证对幼儿身体的照顾，还有利于幼儿健康心理素质的养成。老师精心照顾幼儿的每一个生活环节，能为幼儿创造良好的心理氛围，可以让幼儿积极地参加各项活动，增加同伴和师幼间的交往和合作，使孩子在安全愉快的环境中健康成长。如按时午睡、进餐等生活活动，让幼儿在养成遵守作息制度的良好习惯过程中，逐渐形成遵守制度、纪律的倾向，同时可增强幼儿动手做事、克服困难的能力和信心。幼儿在形成良好习惯的过程中，健康的心理素质也在积累和发展之中。

4. 实施品德教育的有效途径

幼儿品德的获得需要结合具体的、与幼儿直接需要相关的事情进行，将幼儿德育贯穿于幼儿的日常生活之中，是实施幼儿德育最基本的途径。幼儿园一日活动中生活活动与幼儿的关系最直接、最密切，活动中反映的都是幼儿最基本的需要，结合这些生活活动培养幼儿良好的道德意识、道德情感、道德行为能取得显著的教育效果。

二、幼儿园生活活动的目标

(一)基本目标

幼儿园生活活动主要着力培养幼儿良好的作息习惯、睡眠习惯、排泄习惯、盥洗习惯、整理习惯等；帮助幼儿了解初步的卫生常识和应该遵守的生活秩序；帮助幼儿学会多种讲卫生的技能，逐步提高生活自理能力；帮助幼儿学会用餐的方法，培养良好的饮食习惯。

(二)年龄阶段目标

小班生活活动的目标：了解盥洗的顺序，初步掌握刷牙、洗手等的基本方法；知道穿脱衣服的顺序；学习保持自身的清洁，会使用手帕；形成坐、站、行等正确姿势及良好的作息习惯；学会在轻松自然的气氛中进餐，保持情绪愉快；初步形成良好的进餐习惯，懂得就餐卫生，不挑食，养成主动饮水的习惯。

中班生活活动的目标：学习穿脱衣服、整理衣服；学习整理玩具，保持玩具清洁；有初步的生活自理能力；不挑食，知道喜欢吃的东西不宜吃太多，身体体重超标也会影响健康；巩固良好的饮食习惯。

大班生活活动的目标：学会保持个人卫生，并能注意生活环境的卫生；巩固良好的生活卫生习惯和生活自理能力；正确使用筷子就餐；知道有些食品不能吃，有些不宜多吃，否则会影响身体健康。

三、幼儿园生活活动的指导原则

(一)保教结合原则

保教结合是幼儿园教育的基本要求。在幼儿园中对幼儿进行教育的同时，重视对幼儿生活上的照顾和保护，才能确保幼儿真正健康、全面地成长。幼儿生活习惯的形成和自理能力的培养是长期的教育过程，幼儿园教师应坚持保教结合的原则，在细心照料幼儿生活的同时，结合生活活动的各个环节进行教育，以实现生活活动的目标，促进幼儿的全面和谐发展。如组织幼儿进餐时，一方面教师要为幼儿营造良好的进餐环境，保证幼儿顺利进餐；另一方面，教师可以利用进餐环节指导幼儿正确使用餐具，引导幼儿养成吃饭细嚼慢咽的好习惯。只有教师树立牢固的保教结合观念，认识到时时处处都有教育，有意识地寓教育于生活之中，才能发挥生活活动的最佳效益。

（二）儿童主体性原则

幼儿园是幼儿自我学习、自我发展、自我服务、掌握独立生活技能的重要场所。教师应当处理好照顾幼儿生活和发展幼儿独立性的关系，凡是幼儿力所能及的事情，教师不要代替去做。同时，教师要像父母一样，注意观察并体会幼儿的心理需求，把握每个幼儿的性格和习惯。针对不同的幼儿寻找情感因素的纽带，满足幼儿情感需求。切忌为了便于管理，采用高压手段，控制幼儿的行为，使幼儿失去自主性。

（三）一致性原则

一致性原则是指教育要求的一致性。幼儿园生活活动要遵循一致性原则主要体现在以下两个方面。一方面，从小班到大班，对幼儿的要求在逐步提高的过程中应保持一致，保教人员之间也应相互协调，要求一致；另一方面，幼儿园还应与家庭相互协调、步调一致地做好幼儿生活活动的指导。[①]幼儿园应通过多种途径，了解幼儿在家庭中的生活情况，有的放矢地开展家庭教育辅导，争取让家长与幼儿园保持一致，家园共同对幼儿实施生活教育，培养良好的生活卫生习惯。

---

① 阎水金.学前教育学［M］.上海:上海教育出版社,1998.

第二节 幼儿园日常生活活动的组织

一、日常生活活动的组织

幼儿身体机能发育尚不成熟，神经系统发育尚不完善，在自我调节方面还不能收放自如。这就要求教师合理安排他们的生活活动，帮助他们保持良好的精神状态来参与游戏与学习。

学前教育机构在生活活动方面，主要着力于培养幼儿良好的作息习惯，睡眠习惯，以及排泄习惯、盥洗习惯、整理习惯等卫生习惯，帮助他们逐步了解初步的卫生常识和遵守有规律的生活秩序的重要意义；帮助幼儿学会多种讲究卫生的技能，逐步提高幼儿生活自理能力；帮助幼儿学会用餐方法，培养幼儿良好的饮食习惯。

（一）餐饮活动

全托的或日托寄有早晚餐的学前教育机构，其餐饮活动包括早餐、午餐、晚餐和午睡后的点心以及日常生活的饮水。根据幼儿身体发育的特点，教育机构要制定正确的饮食制度，幼儿进餐必须定时定量，开饭要准时。《规程》第18条明确提出，"正餐间隔时间为3.5～4小时"。做好幼儿餐饮活动的组织与指导，对保证幼儿营养素的摄入、养成良好的餐饮习惯和培养文明礼貌行为有着重要意义。

1. 创设安全、整洁、温馨、有趣的餐饮环境

教师及保育员应严格执行餐饮用具的消毒制度，水桶、杯子的放置要适宜幼儿取放，提供的食物和水的温度要适当。餐具应便于消毒，还应轻巧、美观，适合并吸引幼儿动手学着自己吃饭。进餐的环境应明亮、宽敞、安静、愉快、轻松，而不能令幼儿紧张、压抑，教师切勿大声呵斥幼儿。

在幼儿进餐时可播放一些轻松愉快的背景音乐，使他们愉快地进餐。给幼儿提供的食物应粗细搭配，品种多样，保证营养均衡，烹调方式也要利于幼儿咀嚼。

2. 培养幼儿良好的餐饮习惯

（1）按时吃饭，坐定进食

这是幼儿在集体生活中必须遵守的常规。教师要保证幼儿每天有充足的运动，才能有利于他们按时吃饭。进餐时，可让幼儿自主选择座位，增强他们坐定进食的自觉性。

（2）逐步培养幼儿独立吃完自己的饭菜

对于2岁左右或初入学前教育机构的幼儿，教师要引导其尝试自己吃，对确有困难的幼儿可适当进行帮助，逐渐过渡，使他们独立吃完自己的饭菜。

（3）注意不让饭菜洒落在桌上和地上

年龄较小的幼儿由于动作不协调，常常会将饭菜洒落或打翻，教师不必在意或指责，而应帮助其整理干净，鼓励他继续自己吃饭。随着幼儿自理能力的提高，教师应注意提醒他们不要让饭菜洒落在桌上和地上。

（4）进餐时不大声说笑

集体进餐，其实也是幼儿之间相互交往的时机。教师应该告诉幼儿，想说话时先咽下嘴里的食物，轻声说话。幼儿喜欢模仿，教师还可以和他们一起进餐，用自己的言行去暗示幼儿的行为。

（5）学会收拾餐具

用餐完毕，应让幼儿学着收拾自己的餐具，同时要提醒幼儿轻放餐具。教师及保育员不要随意变动餐具的摆放，或因为抢时间而自己将餐具收掉，使幼儿失去自理的机会。

3. 鼓励和支持幼儿的自我服务

教师要多用赞赏的眼光、动作、语言鼓励幼儿的自理行为，并在集体面前赞扬他们。在进餐活动中，尽可能让幼儿自己动手，使他们尝试自我服务，体验独立。自主是幼儿乐于自我服务的内动力，教师应多给幼儿自主选择的机会，如有条件的学前教育机构可提供不同的点心品种、自助餐等，让幼儿自选，增强他们自我服务的兴趣。

4. 根据幼儿的不同情况给予不同的帮助与指导

对胃口小、食欲差的幼儿，可以少盛多添；对吃饭特别慢的幼儿，可以让其提前一点时间进餐，使他感觉自己也能同别人一样按时吃完；对吃得过快的幼儿，要提醒他们细嚼慢咽；对挑食的幼儿，除了要引导其不挑食，还可根据幼儿的口味来烹调，吸引他们去尝试吃不爱吃的东西，并以同伴和教师的良好情绪去影响、感染他们；对生病的幼儿，应允许他们少吃一些；对肥胖的幼儿，注意适当控制他们的进食量。

（二）睡眠活动

幼儿期正是生长发育的重要时期，保证其充足的睡眠，对他们身体、大脑的发育有着重要的作用。

1. 为幼儿创设一个舒适、安静的睡眠环境

幼儿寝室要保证空气流通，温度适宜，在夏天，入睡时若打开窗户或电扇，要注意风量适度，不让风直接对着幼儿的头部吹，室内的光线不能太明亮。幼儿的床位要宽松，被褥的厚薄要根据季节及气温的变化适当调节。睡眠前可播放轻柔优美的背景音乐，以便使幼儿安静入睡。

2. 重视睡眠的护理工作

在幼儿睡眠前，教师应检查床铺上有无影响幼儿睡眠的杂物，同时还要观察幼儿，以避免幼儿将一些小玩意，如头饰、纽扣等物品带入被中。提醒幼儿根据季节、气温穿合适的衣服入睡，如夏季可穿短裤背心；春季穿一条棉毛裤和一件棉毛衫；冬季可穿一件薄毛衣和一条薄毛裤。教师要向幼儿指明衣物、鞋袜摆放的位置，教他们一些折叠衣服的方法。

在幼儿整个睡眠过程中，教师应多巡视，时刻关注他们的睡眠情况，

如睡姿是否正确、是否盖好被子等。幼儿睡眠结束后，整理被褥的工作应在幼儿离开寝室后进行，避免幼儿吸入扬起的灰尘。

3. 悉心照顾个别幼儿

新入托、入园的幼儿在睡眠时会有恋家、恋床、恋物等表现。比如，有的幼儿要抱着自己的枕巾、玩具或要摸着大人的脸、头发等才能入睡，对于这些有特殊需要的幼儿，教师可给予特殊关照，允许他们一开始保持自己的入睡习惯，并陪伴他们入睡，慢慢帮助他们适应集体生活。对于有些精力较充沛的幼儿，可以允许他们减少午睡时间，但注意不要让他们影响其他幼儿。有些幼儿会说梦话或做噩梦，当幼儿哭喊时，教师可帮他翻个身，用轻柔的语言、亲切的抚慰使其恢复平静。对于生病的幼儿，教师尤其要细心照顾，对于他们体温的变化、是否咳嗽、是否呕吐等情况要时刻关注，细心护理。

（三）盥洗活动

托儿所、幼儿园每天的盥洗是培养幼儿爱清洁的重要环节，教师应通过组织幼儿的盥洗活动，培养幼儿良好的卫生习惯。

1. 为幼儿创设干净明亮、整洁卫生的环境

学前教育机构的教室、寝室和盥洗室应干净、通风，地板保持清洁，让幼儿感受到整洁带来的舒适感。在运动、餐饮后，要为幼儿提供干净、数量充足、取放方便的小毛巾，提醒幼儿擦汗、擦嘴，并注意及时更换破损的毛巾。幼儿喝水的杯子和放置杯子处应干净、整齐、卫生。

2. 提供适合幼儿使用的卫生器具

学前教育机构盥洗室的安排要合理，要有宽敞的场所，幼儿的洗手池、毛巾架等要符合幼儿的身高、体形，水龙头的数量要足够幼儿使用，盥洗室的地面要防滑，挂物品的挂钩、钉子等应钉在幼儿碰不到的地方。盥洗室里可提供色彩鲜艳的洗手皂，以吸引幼儿洗手，为了方便幼儿使用肥皂，教师可将大肥皂切割成小块，也可将小块的肥皂悬挂在水龙头上。活动室

内、盥洗室内、寝室、走廊等处多放置一些与幼儿身高相适宜的镜子，让幼儿能时常照镜子。

3. 培养幼儿良好的个人卫生习惯

爱干净是良好的卫生习惯，对于学前幼儿来说，更重要的是个人卫生习惯的培养。教师应教会幼儿保持洁净的方法，如勤洗手，知道饭前便后、手脏了要洗；早晚刷牙，饭后漱口；掉在地上的东西不放进嘴里；能使用手帕、纸巾和毛巾，保持脸、五官的清洁；保持仪表的洁净；爱洗澡，喜欢身体洁净带来的舒适感。

（四）如厕活动

如厕能力的培养是生活教育的一项内容，早期对幼儿进行如厕能力的培养，有益于提升幼儿的生活自理能力，对幼儿的情感、独立性、克服困难等品质的发展也起到重要的促进作用。从小培养幼儿的如厕能力，不仅是社会发展的需要，也是孩子自身发展的需要。托班教师从幼儿2岁左右就可以对其进行如厕能力的培养，使他们能较快地适应托儿所、幼儿园的集体生活。

1. 为幼儿创设一个方便、卫生、舒适的如厕环境

学前教育机构的厕所设计应充分考虑幼儿的生理特点，蹲式便池旁应设有扶手，使幼儿有安全感。便池间应有隔离栏，避免幼儿挤在一起。有条件的学前教育机构还应为幼儿备有坐便器，以适合低龄幼儿使用。厕所间应保持明亮，门容易打开，不会把幼儿锁在里面，使其有安全感。

2. 鼓励帮助幼儿养成良好的如厕习惯

教师要与家长配合，分别教会男孩、女孩如厕的方法，特别要注意日常生活中的个别指导。教师要经常提醒幼儿有了便意就上厕所，特别是在集体、户外或外出活动前要提醒幼儿上厕所，培养幼儿有了便意就上厕所的习惯。同时，让幼儿认识、熟悉学前教育机构内的所有厕所，教幼儿就近上厕所。户外活动时，应带领幼儿认识、熟悉离活动场地最近的厕所，培养幼儿不随地大小便的习惯。

3. 提醒照顾个别幼儿

午睡前，教师要提醒常尿床和尿频的幼儿先小便再睡觉，并让他睡在离厕所较近的床铺。低龄幼儿常会发生尿湿裤子的现象，教师应安慰幼儿，并帮他及时清洗、更换衣裤。冬天，有的幼儿衣着增多，穿脱时的困难会影响他们及时如厕，教师要细心观察，帮助幼儿解决困难。幼儿的健康成长离不开教师的细心观察和照料，也离不开家庭的密切配合。教师只有善于发现并善于分析，才能有效地采取应对措施，争取家长的合理配合。

（五）收拾整理活动

在学前教育机构，幼儿个人的生活、学习用品及游戏时使用的玩具、材料等部分物品，需要自己收拾、整理。教师应根据幼儿的实际情况，指导他们进行整理活动。

1. 利用环境发展幼儿的秩序感

学前教育机构整体环境应整洁、美观，让幼儿一进入集体生活就受到文明、有序的教育。教师自身也应养成物归原处的良好习惯，教室内的物品应摆放整齐。摆放玩具的橱柜高低应适宜幼儿的身高，橱柜与橱柜之间空间距离要大一些，橱柜上的标签应醒目、富有童趣。

2. 教会幼儿整理玩具、物品的方法

教师应利用幼儿的各种活动，教幼儿收拾整理物品的方法。向幼儿介绍活动室内的物品名称，让幼儿熟悉玩具、物品摆放的位置，引导幼儿按指令和看标志、图示摆放玩具；体育活动结束后，请幼儿与教师一起将小型的运动器械归放整齐；盥洗、餐饮活动后，指导幼儿将毛巾、碗筷等分类摆放；每天午睡前后，指导幼儿将自己的衣服、鞋子摆放整齐；每天在回家前，带领幼儿一起整理活动室，将玩具、桌椅摆放整齐。需要注意的是，教师让幼儿收放的物品不宜太重，大小要合适。

3. 及时指导个别幼儿

对于将玩具乱扔乱放的幼儿，教师应加强指导；对由于家庭溺爱而不愿动手的幼儿，应及时与家长取得一致，共同进行教育；对于动手能力差的幼儿，应多给予练习的机会并给予指导帮助、表扬鼓励。对于有些"毛手毛脚"的幼儿，教师一方面要给予积极的鼓励和肯定，另一方面要给予方法上的指导，切忌讽刺和阻止。

二、日常生活活动中的保育与教育

（一）悉心照料与积极培养相结合

"保教结合"是学前教育工作的特殊要求，它是根据幼儿的身心发展特点而提出的。由于幼儿独立生活能力较差，为保证幼儿的健康、安全和个性全面和谐地发展，教师要对幼儿的生活予以全面、细心地照顾。但有些教师将"保教结合"理解成了"包办代替"，教师事事要替幼儿想到，处处要为幼儿做到，时时防备幼儿，这其实是把本该属于幼儿的事情也担负到自己的肩上。这样下来给教师带来较重的身心负担，教师累，幼儿也感到处处受限制、不自在；教师紧张，幼儿也感到不轻松。尤其是幼儿学会了不动脑筋，事事依赖教师，什么事都找教师。为此，《指南》明确提出，幼儿身心发育尚未成熟，需要成人的精心呵护和照顾，但不宜过度保护和包办代替，以免剥夺幼儿自主学习的机会，养成过于依赖的不良习惯，影响其主动性、独立性的发展。因此，凡是幼儿力所能及的、应该掌握的事情，教师不要代替幼儿去做，而是要鼓励并指导幼儿自己去完成。教师重点要掌握幼儿生活常规教育的要求与培养幼儿良好生活、卫生习惯的方法，在设计和组织幼儿日常生活活动时，注重教养结合，养中有教、教中有养、教养并重，有效培养幼儿的生活自理能力，培养幼儿的自立精神。

（二）采用适宜的方式指导生活活动

教师在设计指导幼儿生活活动时，要从幼儿的年龄特征和实际水平出发，采用适宜的方式进行指导，逐渐培养幼儿自理、自立的能力。对幼儿来说，游戏是他们最喜爱的活动，教师就可充分利用游戏活动来发展幼儿的生活自理能力。例如，在区角活动中，教师可提供一些用纸盒、饮料瓶等制作的大嘴动物或大嘴娃娃以及小纸球、小豆子、小石子等"食物"，让幼儿在用小勺、筷子给"娃娃"或"动物"喂食的游戏情境中，反复摆弄和使用这些材料，既发展了幼儿的手眼协调能力，也使其掌握了自我服务的技能。在角色游戏中，为幼儿提供一些扮演角色的服装，如医生的白褂、超市营业员的背心、妈妈的围裙等，让幼儿在游戏的情境中学习拉拉链、扣纽扣、穿衣服等自理技能。

（三）充分挖掘生活活动中的教育契机

生活活动是教师观察、发现和指导幼儿最经常、最自然、最容易的活动，教师应抓住生活活动中的教育契机，促进幼儿的全面发展。例如，在进餐活动中，除了要让幼儿养成细嚼慢咽、不挑食、不偏食等良好的餐饮习惯和独立进餐能力，教师还可结合这一活动对幼儿进行其他方面的教育，如在餐前，教师可向幼儿介绍今天的食物或让幼儿自己说说菜的色、味、形、营养，不但可以激起幼儿的食欲，还可使他们认识各种食物并促进语言的交流。又如，结合生活中幼儿损伤的玩具或物品、盥洗室里的滴水声、拖拉小椅子的声音等实例，开展随机教育，引导幼儿讨论：玩具是怎么"受伤"的？盥洗室里谁在"哭"？怎样让水龙头不哭？……

（四）家园共育，保持教育的一致性

家庭是幼儿生活的重要场所，当幼儿离开家进入集体生活时，家长和幼儿都有一个不适应的过程。许多幼儿动手能力差或生活习惯不好，与家庭教养方式不当密切相关，一些家长溺爱孩子，事事不让孩子动手，使孩子依赖性较强。作为教师，首先，要理解家长的心情，悉心照料好每一个幼儿，仔细观察、了解他们在集体生活中的表现与特点，经常向家长反馈，使家长信任你，进而支持你的教养工作。其次，要就幼儿在教育机构或在

家的生活情况、能力、行为表现等与家长定期、经常地沟通，使家长能感受、体会孩子在自理过程中的成长与进步，同时向家长宣传科学育儿理念以及从小培养幼儿自理能力的意义和方法，引导家长在家庭生活中支持孩子做力所能及的事，使他们的自理行为和生活习惯能在一致的教育环境中养成。

三、自由活动的注意事项

（一）确保幼儿的生命安全

尽管自由活动的最大特点是"自由"，但由于幼儿缺乏足够的自我保护意识和能力，在安全和纪律等方面可能出现一些难以预料的问题，因此在进行自由活动时，仍离不开教师的组织与指导。教师要进行适当的指导，如告诉幼儿哪些行为是危险的、不能做的，充分确保幼儿的行为规范和生命安全。同时，教师还要为幼儿的自由活动创造一个安全的环境，合理划分场地并起到一定的暗示作用，如活动区外的小脚印是表明参加人数的标志，可以起到限制人数的作用。这样的环境布置既能增强幼儿在自由活动期间的自主性和目的性，使活动井井有条开展，也能避免因拥挤而影响活动效果，减少了许多不安全因素。此外，在选择材料时也要注重安全性、环保性，还要重视材料做好后的安全检查和充分的预操作，发现每一处隐患，排除一切不安全因素，保证幼儿在与材料的互动中安全地得到发展、获得快乐。

（二）给幼儿以充分的自由

既为自由活动，教师就要给予幼儿充分的自由，让幼儿在自主、自愿、自由的基础上选择材料和玩伴、参与游戏。教师要创设一种能体现开放、自由的精神环境，要提供自由活动的时间、地点和充足的玩具材料，让幼儿真正无拘无束地参与活动，使幼儿产生愉快的情绪，激发幼儿的好奇心和对活动的兴趣，增强幼儿的自主性和自信心；要在活动中把主动权交给幼儿，鼓励幼儿成为活动的组织者，让他们参与活动的准备、材料的制作、活动中问题的讨论解决及活动后的材料整理，以更好地培养责任感，增强活动的自主性。

（三）培养良好的行为习惯

自由活动限制少，幼儿在活动中往往表现得积极、投入、尽兴，其好动、好奇、天真淘气的天性会淋漓尽致地表现出来。教师要抓住时机观察幼儿的行为和表现，一方面发现和支持幼儿自发的个别探索活动，满足幼儿的兴趣需要，并注重引导幼儿在自由活动中形成良好的规则意识和责任感，提高幼儿的注意力集中水平，以及语言表达、人际交往等各方面能力；另一方面，也要关注到幼儿可能存在的一些不良行为习惯，如争抢玩具、争当领袖、故意损坏玩具、不遵守游戏规则等，教师要充分发掘和利用自由活动中的教育契机，进行随机教育，从而确保幼儿养成良好的行为习惯。

总之，自由活动中蕴含着诸多教育价值，只要我们遵循《纲要》《指南》精神，把主动权还给孩子，放开手、睁大眼，认真观察、合理引导，幼儿就能在与充足适宜的环境材料的自主互动中感受到快乐，在教师的信任、支持引导中真正成为活动的主人，在游戏中促进各方面能力的发展，从而真正提高自由活动的质量。

其他形式的教育活动

第八章

第一节　亲子活动

亲子活动作为学前教育重要的活动，近年来日益受到人们的广泛重视。越来越多的家长有了科学、先进、富有时代感的教育观念，科学的早期教育观念与知识得到更大范围普及，家庭与教育机构共育方面有了更丰富的内涵，其中，亲子活动就很能体现家园共育的精神。

一、亲子活动及其教育功能

（一）亲子活动的内涵

有同学可能会认为，亲子活动主要是家长和孩子之间的活动，与学前教育机构或老师没有多少关系。再说，一天在幼儿园里工作已经很辛苦了，还要指导或参与设计亲子活动，哪来的时间和精力！

这位同学的理解是不对的。学前教育不是学前教育机构（教师）单方面的任务，家庭（家长）和幼儿园（教师）是一个共同体，学前教育机构的教育，离不开也必须有家长的参与。另外，如果教师把上班当作是纯粹的任务来完成，是很难感受到工作的乐趣、体验到幸福感的。教师应该是幸福的，教育工作应该是快乐的，教师面对的对象是天真、活泼、可爱、聪明的幼儿，教师要学会从中找到乐趣，发现童真。当然，刚刚参加工作的新教师是不容易进入这种状态、达到这种境界的。

这位同学对亲子活动的这种理解，还有可能是由于对亲子活动的概念不甚清楚而造成的。广义地说亲子活动是指有目的、有计划地组织幼儿和家长一起参加的教育活动。从教育发生的空间（场所）来说，亲子活动既包括学前教育机构的亲子活动，例如，家长与孩子参加幼儿园的亲子运动会，也包括家长在家庭、社区等学前教育机构外的亲子活动，如家长在家与孩子玩捉迷藏游戏、在小区里共同制作风筝等。

亲子活动还可以从另外一个角度来分析，即从是否与学前教育机构的教育相联系来说，包括与学前教育机构教育计划或任务有直接联系的亲子活动，例如，家长带幼儿参加幼儿园统一组织的"去农庄采摘活动"，也包括与学前教育机构教育教学计划或任务没有直接联系的亲子活动，如家长自行带孩子去郊区旅游、体验农家生活。

学前教育机构的亲子活动是指教师组织家长和幼儿共同参与的活动，它是一种有助于增进教师与家长、家长与孩子情感交流，加强教师和家长对幼儿的共同了解以进一步提高教育效益的活动形式。亲子活动既然是学前教育机构组织的活动，这类活动自然就属于学前教育机构的教育活动范畴。亲子活动既包含教师与幼儿之间直接或间接的互动，同时又含有家庭教育因素，即存在亲子之间直接或间接的互动。

幼儿园亲子活动的教育对象主要是幼儿，当然也有指导家长育儿的作用。幼儿园亲子教育主要是通过引导父母参与幼儿园活动，实现幼儿园与父母的沟通交流及对父母的培训，从而达到对亲子关系的调适、教育资源的最佳整合与利用，从而更好地促进幼儿身心健康和谐发展。

另外，从范围来说，亲子活动包括学前教育机构的亲子活动和延伸到家庭开展亲子活动。有一些亲子活动既适合在教育机构开展，也适合在家庭里开展。本章论及的重点是幼儿园亲子活动，当然，这些活动也可以延伸到家庭、社区。

（二）幼儿园亲子活动的功能

学前教育是一个人成长过程中的一个重要时期，而亲子活动又是学前教育中的一个重要组成部分，科学、合理的亲子活动，让教师、家长、幼儿互相启发共同学习，三方面都得到了提高。对幼儿来说，亲子活动是幼儿活动的一种重要形式，在幼儿成长发展过程中占有重要的地位，它有着独特的功能。

亲子活动可以促进幼儿发展。幼儿园亲子活动作为有组织、有计划的教育活动，恰恰又是幼儿与成人一起游戏的一种重要的教育形式，幼儿很喜欢，就在快乐的亲子活动中愉悦心情，实现亲子活动促进幼儿身体、智力、社会交往等各方面的发展。

幼儿园亲子活动作为家园共育的重要途径和组织形式，一方面，教师和家长在同一活动中共同观察了解幼儿、探讨适宜的教育，易于取得教育共识，有利于家园共育；另一方面，教师和家长的教育资源都得到充分的开发利用：教师用其学前教育专业知识影响家长，家长也以所获得的有针对性的育儿经验影响教师，双方积极互动、合作，形成最大的教育合力，有效促进幼儿发展。

二、亲子活动的设计与组织指导

亲子活动不是孤立开展的，它与日常保教活动之间具有密切的关系。亲子活动是重要的教育活动类型，也是日常幼儿园以教师为主导组织开展的集中教育活动外的重要补充活动。一般来说，开展亲子活动能够更好地发挥教育活动的价值，发挥家园共育的作用。

要想做好亲子活动，首先要有比较好的亲子活动方案，然后才能组织和指导好相应的亲子活动。

（一）亲子活动方案的设计

在开展亲子活动方案设计之前，让我们先了解有关亲子活动的基本知识。

1. 亲子活动的种类

从组织形式上看，可分为集体活动、小组活动、个别活动。三种组织形式的亲子活动可以相互结合，灵活运用。当参加对象的年龄不同时，更应该注意分组开展活动，进行小组指导。

从亲子活动的内容或领域来看，可以分为运动类、语言类、操作认知类、社会性类、艺术性类等类型的亲子活动，以及多领域的亲子综合活动。

从亲子活动的表现形式来看，可以分为游戏类、探索与制作类、亲近自然与社会类、歌舞表演类等娱乐类。

2. 亲子活动的内容选择

亲子活动的内容比较广泛，幼儿园可以根据本园、本班幼儿以及家长的情况来开展。比较适合幼儿园开展的亲子活动有亲子制作、亲子运动会、亲子表演、亲子郊游、亲子游戏等。教师在设计、组织和开展亲子活动时，可以请本班的幼儿及家长共同参与策划，这样使活动开展得更有成效，能充分发挥家长、幼儿的智慧和特长。

3. 亲子活动的设计

作为幼儿园重要的活动类型之一，亲子活动在设计时，很多要考虑的要素与其他活动大同小异。

作为亲子活动，需要强调的是突出"亲子"这个关键词，如果没有注重亲子活动的特色，就显得与一般活动差不多，就没有发挥亲子的特色作用。

在设计亲子活动方案时，要包括如下要素：活动名称、活动目标、活动准备、活动内容（也可写出活动过程），有了这些基本要素，亲子活动方案就基本成形了。

为方便同学们掌握亲子活动的基本设计，在表8-1中列出了常见的五种亲子活动内容（方案），重点分析一下活动目标和活动内容。

表8-1　几种常见的亲子活动内容

名称	目标	内容	备注
亲子小制作：树叶粘贴、风筝制作赛	感受秋季的特征，发展想象力、创造力，提高动手能力，增进亲子关系	活动前家长和幼儿园共同采集树叶、花、草，活动时利用它们进行拼贴、制作，并展出欣赏家长和孩子共同选用废旧物品设计、制作各种材料、形状的风筝，并将之悬挂在教室中	亲子制作类非常多，选择适宜的即可

名称	目标	内容	备注
亲子运动会	在轻松、愉快的气氛中增进亲子关系，合作完成各项运动游戏	家长和孩子共同选择报名，参加亲子运动项目（项目数不定）	重娱乐、轻竞赛
亲子文艺演出	通过活动，体验"六一"节的快乐	家长参加"六一"节前夕教室环境设计、布置，"六一"节当日与教师一起为幼儿化妆准备，在自愿基础上共同参加文艺演出	也可不安排在"六一"节，任意时间均可
亲子游戏：小刺猬钻洞	在活泼愉快的气氛中增进亲子关系，激发幼儿参与游戏的积极性	家长与幼儿共同参与亲子游戏小刺猬钻洞：家长手撑地，膝盖着地，变人洞，孩子从起爬线开始爬，经过人洞，看谁最先爬到终点	亲子类游戏也很多，选择适宜的即可
亲子郊游	陶冶幼儿情操，培养幼儿热爱大自然、热爱春天（秋天）的情感通过活动，增进父母与孩子间的感情	组织中大班幼儿和家长去春游（秋游），感受春天（秋天）的气息，亲子共同将看到的景物、风土人情等通过绘画、制作、表演等形式表现出来	也可开展亲子登山、亲子踏青活动

注：以上内容是根据幼儿年龄特点和季节特征，适合幼儿园开展的多种亲子活动。

（二）亲子活动的组织与指导

幼儿园日常开展的各类教育活动，教师指导的对象是幼儿。在亲子活动当中，教师的指导对象除了幼儿以外，还包括家长或其他看护者，而指导的重点则是成人，所以，在活动时间、活动形式、指导方式等方面与幼儿园的活动有明显的不同。教师在组织与指导亲子活动时要注意把握以下三个基本环节。

1. 活动开始

活动开始的环节相当重要，教师要用简洁的语言向家长说明活动的主要目的、要求和内容，对他们提出必要的要求。一些亲子活动开展得不顺利，其中一个重要原因是有些家长不明白或没有深刻理解活动的目的和要求，教师要特别注意这方面的问题。接下来是引导家长与幼儿对亲子活动产生兴趣，由于亲子活动现场往往有较多的家长，家长在旁边陪同幼儿，幼儿显得比较兴奋，教师必须迅速将幼儿的注意力集中到教师身上。教师可以利用事先准备好的材料、玩教具或身边的环境吸引幼儿和他们的家长，如游戏化的点名活动，也可以玩个简单的游戏，或进行简短的谈话，播放好听的音乐，目的是使大家进入活动状态，让幼儿对活动产生兴趣，将注意力集中在即将开展的亲子活动上。

2. 活动进行

在开展亲子活动时，因家长的不熟悉、幼儿的兴奋，活动容易出现问题。在活动开展前教师有必要向家长交代活动的要求，活动可以是面向集体的，也可以是分成小组或单独进行的。在活动开展过程中，教师仍可能需要再次提醒家长。教师在指导亲子活动时重点是引导家长观察幼儿的活动过程，避免包办代替，防止产生急躁情绪。对于初次参加亲子活动的家长，不但自己要有信心，还要积极鼓励孩子完成任务。当然，由于幼儿的发展存在差异，教师要引导或提醒家长应尊重幼儿间的差异，使家长通过参加亲子活动以及教师的指导，体验自己指导孩子学习的过程和方法。

3. 活动结束

亲子活动结束后，教师要对活动进行评价与小结，活动的评价与小结力求简洁，抓住重点，对幼儿和家长的表现予以赞赏。教师不仅要评价亲子活动的情况，同时也要对家长提出回家后的指导要求，对一些还需要在家里继续进行亲子活动的家长要进行必要的沟通，鼓励家长自己在家里创编更新更好的活动形式和方法，使亲子活动的指导延伸到家庭，使亲子活动的目标更好地实现，使广大的家长的教育能力不断提高。

为了使亲子活动开展得更为有效，也为了使家长通过参与亲子活动提升其教育水平，使亲子活动的功能得以最大限度地发挥，教师在组织与指导亲子活动时要注意以下五点：①鼓励家长提出问题，开展有针对性的指导。②引导家长关注孩子的成长变化，适当安排家长之间的交流，让他们对自己充满信心，对自己孩子的发展有更充分的认识和理解。③活动内容不宜过多，注意动静结合。一般情况下，活动内容不要安排太多，大运动量的活动与安静活动要穿插进行。④在分散活动中开展个别指导，与家长进行一对一、面对面的交流。⑤重视养成教育的指导。托班、小班的亲子活动要充分考虑到适当的休息和放松，可以安排一些喝水、如厕等生活活动的环节。教师趁此机会可以有意识地指导家长，懂得如何引导幼儿掌握基本的生活能力。每一次活动都要求家长和幼儿一起收放玩具材料，让家长明确这也是很重要的养成教育过程。

（三）设计、开展亲子活动的注意事项

亲子活动的设计是否科学、组织是否周详在很大程度上决定了亲子活动的效果。因此，教师在设计、组织亲子活动时应注意以下四个方面的事项，使亲子活动有序、高效地进行。

1. 提供适宜的活动环境

开展亲子活动需要一定的活动空间、场地、必要的设施、玩具和材料。在策划和组织亲子活动时，教师应根据活动场地的大小决定活动的人数，如果人数很多，但又不太适宜让幼儿或家长不参加，可以组织分组、分区活动，大型亲子活动还可以采取类似体育竞赛采用的预赛、复赛、决赛等方式。根据活动的需要提供必要的设施，如活动中要进行爬行、钻洞、平衡项目活动，就必须有相应的设施或设备、材料；活动中用到的玩具及材料要符合幼儿的年龄特点。同时要做好后勤保障，如提供饮用水、医疗服务、如厕方便的条件，保证活动的顺利进行。

2. 亲子活动的指导要多样化

幼儿园组织的亲子活动，要根据家长和社区需求来开展。亲子活动的方式应多种多样，除了常规开展的比较常见的亲子活动课程外，还可以根据家长的不同需求、幼儿的需要与兴趣特点，开展丰富多彩的亲子活动，例如"亲子野外郊游""亲子俱乐部""亲子运动会""亲子才艺大赛""玩具图书馆"等。通过多样化的指导，增进幼儿园与家长的广泛联系，使亲子活动更富有成效和更有价值。

3. 充分利用各种资源

这里的资源可以理解为两个方面的资源，一是人力资源，二是物质资源。人力资源主要是指家长，在开展设计、组织亲子活动时，教师应充分利用家长自身的资源，发挥家长各自专业职业、社会经验丰富等优势，使亲子活动开展得富有创意，活动有声有色。物质资源主要是指利用生活中可以利用的各种自然物、废旧材料以及因亲子活动需要的一些材料或物品。开展"亲子才艺大赛"，除了添置必要的设施外，在生活中的许多废旧材料，应成为可以再利用的极好资源。教师在设计活动时，应充分考虑在生活中的各种废旧材料和自然物的使用，例如各种物品包装盒、包装袋、树叶、树枝、果壳等的巧妙运用。这些废旧材料的再利用，不仅可以节省资金，更重要的是有利于幼儿直接感知和探索学习。

4. 教师要处理好自己与家长的关系

在设计、开展亲子活动时，教师应主动邀请家长参与，教师和家长是合作者，都是教育者，协同育儿。教师不能忘记自己的角色，不能把家长置于服从、配合的地位，更不能以居高临下的姿态随意指挥家长。为了将亲子活动开展得更有成效，幼儿园可以将亲子活动与定期的家庭讲座和咨询活动相结合，使家长对幼儿园的教育、对自己孩子的发展了解更系统更深入，家长在参与亲子活动时更有把握和针对性，从而提高亲子活动的质量。

第二节　节日活动

一、节日活动及其教育功能

（一）常见的节日与庆典活动

对于学前教育机构来说，常见的节日与庆典活动主要有"六一"儿童节、元旦、中秋节、毕业典礼等。如果将节日活动加以简单分类，可以分为两类，一类是法定节日活动，一类是非法定节日活动。法定节日活动包括"五一"国际劳动节（简称"五一"节）、"十一"国庆节、元旦、春节。非法定节日活动又可以分为国际或国内通行的节假日庆祝与娱乐活动，如"六一"国际儿童节（简称"六一"儿童节）、"三八"国际妇女节（简称"三八"节）、教师节、医师节等；中国传统节日，如元宵、清明节、端午节、中秋节、重阳节园庆、开学典礼、毕业典礼等庆典活动；当地特色的节庆与娱乐活动。

（二）节日与庆典活动的功能

不同的节日活动，其功能有所不同，即使同一教育功能，其侧重点也有所不同。如节日的德育功能方面，国庆节德育功能主要是爱国主义教育，"三八"节活动可以重点结合幼儿自己的奶奶、妈妈等女性的工作、学习、劳动、生活，开展以幼儿感恩长辈、体贴长辈、爱长辈为内容的活动。

总体来说，节日活动的功能包括娱乐功能、教育功能、文化功能等。

1. 娱乐功能

大部分节日活动对幼儿来说，是快乐、幸福的，充满了欢声笑语。比如"六一"儿童节，从"六一"儿童节的创立初衷来看，娱乐功能是

"六一"儿童节的根本功能，也是其首要功能。娱乐功能简单来说，就是让幼儿在节日活动中身心愉快，享受童年的欢乐。

2. 教育功能

为了庆祝某个节日活动，学前教育机构往往安排了多种多样、丰富多彩的活动，如"酷酷小童星"（才艺展示）、"智力大转盘"（智力竞赛）、"今天我最美"（时装秀）、"赶猪"（用棍直线推篮球），等等，这些活动又大多是日常教育活动的缩影，其教育功能不言而喻。节日活动的教育功能体现在多个方面，可以从不同的角度来分，如有德育的、智育的、体育的，还有美育和劳动教育等功能；有知识的、能力的、情感的功能；从领域来看，有科学、艺术、健康、社会、语言等领域的教育功能。从显性功能与隐性功能来看，既有显性的功能，又有隐性的功能。当然，如果安排不当、考虑不周、未能真正体现以幼儿为本，就会导致出现消极的负面影响。

3. 文化功能

节日活动作为儿童生活中不可缺少的一部分，它已经成为儿童文化的重要组成部分和重要内容，是一种典型的儿童文化。我国地域广阔，民族众多，加之西方文化的影响，各地区、各民族的节日活动还在一定程度上体现了当地的地域特色、民族传统等色彩，因此，作为儿童文化的一部分，节日活动具有传承、创新文化的功能。

二、节日活动的设计与组织指导

（一）节日活动的整体设计

"六一"儿童节活动是幼儿园最重要的活动，"六一"是直接以儿童命名的节日。因此，这里会专门介绍"六一"儿童节活动的设计与指导。在介绍"六一"儿童节活动设计之前，整体介绍一下节日活动的设计。除了"六一"儿童节外，还有众多的节日活动，如教师节、中秋节、端午节、"五一"国际劳动节、元旦、元宵节等。这些节日活动的设计、组织与指导的要点、注意事项等与"六一"儿童节活动大致相同。对于节日活动的设计、组织与指导，教师要注意以下四个方面。

1. 节日活动要紧扣活动的性质、主题

不同的节日活动，其性质和主题有所不同。从幼儿的视角出发，使幼儿初步了解节日活动要紧扣活动的性质、主题。如"五一"国际劳动节，设计与组织的活动应紧扣"劳动"这个主题，"十一"国庆节活动应紧扣"国庆"这个主题，而清明节应体现"缅怀先辈或革命烈士"的主题，"重阳节"要体现"敬老""孝顺"的主题。当然，开展这些活动不一定非要用这些比较抽象、严谨的概念、术语，对幼儿来说，用一些通俗易懂的话来解释即可。表8-2所示"'三八'节'妈妈我爱你'亲子活动"在活动主题和目标的定位上比较合适。

表8-2 "三八"节"妈妈我爱你"亲子活动

活动名称	活动目标	活动内容	注意事项
"三八"节"妈妈我爱你"亲子活动	通过活动，了解妈妈的辛苦，教育幼儿关心、体贴妈妈，激发幼儿对妈妈的感激之情	以班级为单位，邀请每位妈妈参加联欢，内容包括：妈妈做游戏谈育儿感受，孩子为妈妈表演节目、送花，给妈妈喂蛋糕	

节日活动的内容应广泛多样，在内容的选择上要考虑以幼儿为本，以幼儿的快乐为本，真正从幼儿出发，而不是从成人角度出发，让幼儿觉得儿童节很幸福、快乐而不是难过、痛苦。教师在内容的选择上要注意以下四个要点。

（1）注重娱乐性

娱乐功能是节日活动的最基本功能。因此，在活动内容的选择上首先要注重娱乐性，即考虑让幼儿在活动中感到快乐、有趣，没有任何心理负担，在轻松愉快的氛围中参加活动，而不是让幼儿在其中仅仅"受到教育"，即便是体现教育功能，也应"寓教于乐"。规则性、知识性、技术性过强的内容不宜出现，否则，其娱乐性功能大打折扣。

（2）注重教育性

这方面教师容易做到。在很多活动展示、开展的过程中，幼儿就会得到启迪、指导，教育的影响就直接或间接地产生了。当然，不同的活动，其教育功能的侧重点不一，如时装秀，以美育功能为主；智力问答，以智育功能为主等。

（3）注重安全性

很多节日活动，如"六一"儿童节活动，相当多的幼儿园是以全园形式来开展的，家长（有的家庭来了好几个大人）由于人数众多，幼儿又很容易兴奋，在设计、安排、开展这些活动时，要注意做好安全预案工作，存在安全隐患的活动要注意避免。在组织活动特别是全园性的活动时，发生碰撞、挤压、走失的可能性增加，教师和家长等要时刻警惕，以免幼儿发生伤害事故。

（4）注重参与性

节日活动的主体是幼儿，特别是"六一"儿童节，是幼儿自己的节日，每个幼儿都要参与其中。尽管有些表演类、竞赛类活动限于时间和场所，不可能人人都有上台的机会，即使这样，也要尽可能考虑到每个幼儿都能有参与活动的机会，在活动的设计和组织上就要充分考虑到这一点。即便是参与人数较少的比如表演性活动，一方面可以安排全班性的表演或者小组表演，单个人的节目或活动尽量不安排，另一方面可以加大节目的互动性，使更多的"观众""听众"幼儿也能感受到参与其中的乐趣。在安排节目或活动时，可以形式多样，活动丰富多彩，让更多的幼儿都能找到自己喜欢的活动参与。

2. 节日活动在阶段教育计划中渗透和延伸

从总量来看，一年当中的节日活动数量并不多，教师应设法将这些活动所体现出的精神、象征意义渗透到平常的教育活动与一日生活当中，扩大节日活动的教育功能，延长节日活动的寿命，而不是让节日活动仅仅停留在短暂的、有限的"节日"时间里。

例如，有些教师将"三八"节所属的这一周定为"爱妈妈"主题活动周，通过一系列活动，将"三八"节活动延长为一周，且活动范围从学前教育机构扩大到家庭、社区，让幼儿从多个角度、多样多次的活动中感受到妈妈的爱，进一步激发爱妈妈的情感。

除了在教育机构开展这些节日活动外，教师还应发动家长、社区资源，利用幼儿园外的节日活动资源来丰富、扩充节日活动的内容、深度。例如，一些社区国庆节活动多种多样，有文艺演出、小区建设成果展、社区亲子运动会。

又如重阳节，一些社区开展的活动有为老人提供义务健康咨询、体检，与老人联欢活动，老年时装表演等。幼儿也可以参与到相应的活动中，让他们进一步加深对长辈的孝敬和尊重。

节日活动的延伸从范围上看，可以将活动空间从学前教育机构扩大到家庭、社区。教师要善于捕捉社区活动契机，扩大节日活动的空间。在重大节日，很多社区往往开展各种各样丰富多彩的活动，这些都是学前教育机构开展节日活动取之不尽的活资源。因此，教师要特别关注社区各类庆祝活动，捕捉契机，引发幼儿参与，教师还应发动家长、社区资源，利用教育机构外的节日活动资源来丰富、扩充节日活动的内容、深度。

例如，国庆节，展示地方建设的成果展览、图片宣传、电视专题随处可见，为学前教育机构开展爱国、爱乡教育提供了鲜活的教材和生动的教育现场。每逢国庆、元旦、元宵节、"三八"节、"五一"节、"六一"节等，社区内开展的各种文艺会演、书画展示、社区亲子运动会、教育与心理咨询等活动，也成为幼儿展示艺术才能、参与社区精神文明建设的大舞台。此外，独具地方特色的民间节日活动，也是幼儿园体验传统民俗、了解地方文化的大课堂，如福建闽南地区的高甲戏，北方的扭秧歌、踩高跷。

3. 节日活动形式多样，幼儿充分体验

（1）设计、组织形式多样、内容丰富的节日活动

设计节日活动尽可能做到内容丰富多彩、形式多样。如，端午节活动，

教师、幼儿和家长可共同搜集有关端午节的儿歌、歌谣等，如"五月五，是端阳；门插艾，香满堂；吃粽子，撒白糖；龙舟下水喜洋洋"这一古老的歌谣幼儿就很喜欢。也可以发动幼儿和家长为端午节自己创编儿歌、歌谣，或者将其他歌曲进行改词，通过吟诵、演唱等形式的活动，让幼儿、也使教师和家长对节日活动有更深的感受。有条件的学前教育机构还可以开展亲子活动"包粽子"、表演"划龙舟"、绘画"我喜欢的端午节"，以及围绕端午节来开展体育活动、参观一些与端午节相关的历史古迹，或观看有关的影像资料等。

（2）注重幼儿的全过程参与与充分体验

由于节日活动涉及面广，影响范围较大，在节日活动的参与性上要体现幼儿全过程的参与，即从活动的设想、筹备、开展、活动的反馈与评价等，都要体现幼儿的参与，即要注重幼儿的全过程参与和充分体验。一般来说，有关节日活动的相关资料都很丰富，在设计、组织活动时，不能忽视幼儿的主体地位，让幼儿参与活动的设计，如中秋节，可以让幼儿在家与父母搜集与中秋节相关的图片、影像资料、文字资料、实物（如月饼包装盒）、以前庆祝中秋的纪念照片、录像等；与教师讨论如何过中秋；在活动的组织过程中，幼儿能亲自参与活动，而不是活动中的旁观者或看客。通过参与活动的设计、活动过程中的亲身体验，幼儿对活动的体验会更深刻，开展这样的节日活动，其教育价值就很大。

4. 防止节日活动功能的异化

从当前节日活动包括"六一"儿童节的现状来看，总体情况良好，但其中也存在一些问题。这些问题最常见的表现如下：让一部分技能好或某方面有特长的幼儿参加活动，大部分幼儿只是看客；提早排练，甚至放弃正常的教学活动专门排练节目，反复排练；节目的安排由大人一手操办，忽视幼儿的权利和主体性、自主性；等等。这些做法或现象偏离了节日活动的宗旨，使得节日活动的功能产生异化，导致消极影响。

这些问题导致幼儿疲于排练，在反复排练的过程中，幼儿的童趣、快乐消耗殆尽，造成部分幼儿对节日活动产生不愉快的体验；而看客身份的出现，使得幼儿在节日活动中没有主人翁的感觉，节日活动成为少部分人的活动，导致教育机会的不均等；过度排练、提早排练，使得参加排练的幼儿失去了较多的正常教育机会，造成新的教育机会的不均等，而对于未能参加排练的幼儿来说，因技能或某方面的欠缺而不能参加排练或表演，心理的失落感不可避免。如果教师过于强调参加节日活动、演出活动的光荣性，越容易使未参加的这些看客幼儿产生沮丧感、失落感。

(二)节日活动的组织与指导

节日活动的组织与指导，对教师来说，要难于日常的教育活动。因此，为了方便同学们掌握，我们从几个方面对节日活动的组织与指导进行分析，并通过相应的案例，让同学们更容易理解和掌握。

1. 节日活动计划的拟订

对于节日活动，教师应做好两方面的计划，一是利用常规的集中教育活动让幼儿认识与了解有关节日活动的知识与来源。二是利用节日庆祝的形式让幼儿感受与体验具体的节日活动。本节重点讨论的是第二个方面。对于集中性的教育活动，教师将活动的设计定位于节日活动，如"六一"儿童节，与平常其他教育活动的设计差不多，只是在节日上为了突出与其他节日不同，将"六一"儿童节的特色做得更鲜明一些，这样教育效果会更好，还可以开展系列活动。

"六一"儿童节活动计划书既可作为全园性的活动来实施，也可作为班级活动来开展。例如，将"六一"儿童节的主题定位在体育运动，那么，"六一"儿童节的活动就主要以体育运动为主。不同的主题可以选择适合该主题的各类活动，如定位于表演的"六一"儿童节活动，唱歌、舞蹈、朗诵等才艺活动要多一些，如果是定位于科学探索类的游园活动，则要多安排一些科学小游戏、小制作。除了要体现一个主题外，还要考虑到目的、活动时间、活动地点、活动对象、活动内容、活动准备、活动过程及项目进展、礼品设置、安全预案、人员分工等。这些要素考虑得越周到、细致，"六一"儿童节活动就越有序、高效。

2. 环境创设与活动的准备

在幼儿园一年的节日活动当中，不同的节日具有不同的教育价值。因此，在不同的节日活动设计上，要做好环境创设与活动准备。

有些节日因为与传统文化有关，如中秋节、端午节，幼儿园在开展这样的活动时，为了更有节日氛围，更能体现节日的逼真效果，需要幼儿园老师和家长、孩子合作，创设符合节日主题的环境，以及提供相应的活动材料。

比如有的幼儿园将端午节活动拟安排在幼儿园开展，就要布置相应的主题环境，体现端午节的元素。如果开展包粽子活动，幼儿园及家长要事先准备好相应的包粽子原料。

无论是全园性的还是班级性的节日活动，要想活动有序、高效、安全开展，活动紧凑而有节奏，教师事先的准备工作必不可少。当然，不是教师一个人在准备，而是幼儿、家长、教育机构其他相关人员共同参与。

在准备过程中，教师不要把活动安排得过多、过密，活动量不要太大，否则准备工作量太大，在后面的实施过程当中也许难以完成。

3. 活动过程的组织与指导

节日活动一般可以分为全园性的、年段的和班级的活动。对于全园性的活动教师首先应熟悉节日活动的整体安排和主要活动，然后根据活动计划，组织好本班幼儿参加活动。全园性的活动因为人多，特别是全园幼儿都集中在一起庆祝某个节日，教师要注意各项活动环节的衔接。

对于班级性的活动，教师依计划进行，并视情况适当调整。对于大型的节日活动如"六一"儿童节活动，人员分工、程序安排就显得特别重要，事先应做好详细的活动安排。如果人手不够，幼儿与家长是很好的人选，既体现了幼儿与家长的参与，又充分利用了人力资源。当然，如果现场临时有变，可对方案计划加以调整。

活动要面向全体，注重个别差异，要注意多安排一些集体性、小组性的活动，个人表演性质的尽量少安排。节日活动，主要是幼儿在参与，每位幼儿都应该享有感受节日快乐和喜悦的权利，教师应深入了解孩子，挖掘每个孩子的潜能，为每个幼儿提供表现自己长处和获得成功的机会。如可以采取幼儿自愿报名和组织幼儿集体参加的形式开展各类丰富多彩的节日活动。对于舞蹈基本功较好的、动作协调性好的幼儿，可以鼓励其参加舞蹈类节目；对于一些好动的，喜爱武术、体育运动的男孩，可以提供机会让其参加武术表演；对喜欢画画的幼儿，可以引导其参加绘画活动；对于平时比较胆小、腼腆的幼儿，鼓励他们大胆地为大家表演一些自己平时学过的儿歌、舞蹈、游戏，等等。教师要尽可能发挥每个幼儿的特长，使每个幼儿都有表现自己和得到别人肯定的机会，培养幼儿自尊、自信的性格，调动每一位幼儿的积极性并激发他们参与活动的兴趣，让他们真正能感受到节日欢乐的气氛。

为了助兴，以及提高活动的质量，为参与活动表演或获胜的幼儿适当准备一些小礼品、奖品。除此之外，像"六一"儿童节这样的特殊节庆活动，每个幼儿都应当得到一份小礼物，可以是教师或教师与幼儿自制的，也可以去购买的花费不大、意义却比较大的小礼物。

在具体活动组织过程当中，教师应根据活动的效果和反馈灵活应变，不拘泥于计划。在实施过程当中，要注意安全，特别是全园性的活动。如果活动太多、时间过长，也容易使幼儿产生疲劳，教师要善于观察，及时作出调整。

4. 活动结束后的回顾与延伸

活动结束后，教师要对活动进行评价与小结，重点挖掘节日活动的价值，引导幼儿做好节日活动的回顾，将节日活动的功能进行延伸，延伸到幼儿园其他活动当中，还可以延伸到家庭生活当中、社会生活当中。

在活动的回顾与延伸环节当中，教师要对幼儿的表现予以赞赏。另外，为了发挥节日活动的更大价值，教师要对家长提出要求，指导家长利用家庭或社区资源进一步挖掘节日活动的价值，对一些还需要在家里继续进行的节日活动，教师要提示家长对幼儿在家、在社区的延伸活动进行必要的检查，鼓励幼儿在家庭或社区用自己的方式展示或呈现幼儿园节日活动的成果，使节日活动的目标更好地实现，使广大的家长的教育能力不断提高。

总之，无论是全园性的还是班级性的"六一"儿童节活动，教师在策划上都要从幼儿出发，不能为了展现教学成果、教育机构的特色而使得儿童只是成为大人达成某项目标的"表演者和工具"。因此，对于如何过好"六一"儿童节，教师可以发挥幼儿、家长的智慧，让幼儿、家长参与活动的构思，为活动出谋划策，而不能是教师闭门造车拼凑节目。

第三节　外出活动

对幼儿园来说，外出活动是比较重要的一种活动类型。外出活动很受幼儿的欢迎，其重要原因在于外出活动的真实性与体验性。首先，外出活动跨过幼儿园的围墙，使学前教育的空间发生了很大变化，由封闭转向开放，从园内走向园外，把大自然、大社会变成了幼儿的真实课堂。其次，幼儿所处环境发生变化时，幼儿的想法和行为也会发生变化。外出活动给幼儿提供了探索真实世界的机会，使幼儿能发现幼儿园以外的天地，把自己看到的世界与在幼儿园内、在家里学到的东西进行比较，从而实现从认知体验到情感体验的飞跃。

一、外出活动及其教育功能

外出活动，顾名思义，就是教育机构有计划、有目的地在教育机构以外开展的活动。本节重点探讨的是幼儿园的外出活动，其他学前教育机构的外出活动大同小异。

（一）外出活动的种类

外出活动的种类，从不同角度有不同的划分类型，从活动的目的来看，可分为以休闲放松娱乐、增进情感联系为主要目的的游玩活动，如春秋游、野外亲子活动，以丰富知识、扩大视野为目的的参观活动，以增长见识、提高社会实践能力为主要目的的社会实践活动，以及专门作为幼儿园教育活动的延伸与扩展活动的外出活动，等等。春秋游是幼儿园传统的外出活动，常去的地方有动物园、公园、植物园、蔬菜基地、农庄。参观活动是为扩展幼儿视野或作为幼儿园教育活动的延伸，如去超市、小学、工厂、农庄、博物馆、革命烈士纪念碑（堂）都可以作为参观类活动。社会实践活动在幼儿园开展较少，但如果把幼儿园组织的与福利院儿童的共建活动、去老人院给老人演出、去公园维护公园卫生等也作为社会实践活动，类似的活动也不少见。

从活动规模上来分，可分为只带一个小组或几个幼儿的小型外出活动，全班性的甚至全年段的大型外出活动。小型外出活动有利于幼儿学会轮流和分享，有利于教师的指导，比较适合于需要教师或家长较多指导的活动，大型外出活动往往需要家长和其他人员参与，以保障活动的安全和顺利进行。从距离来讲，有近距离的外出活动，一般步行即可；也有远距离的外出活动，一般需要乘车前往。

（二）外出活动的功能

外出活动的主要功能包括教育功能和娱乐休闲功能。外出活动的教育功能包括多个方面，如增长见识，培养热爱大自然、对社会的情感和社会责任感，增强探索欲望，增进师幼之间、家园之间的情感交流，锻炼身体，等等。娱乐休闲功能是一般外出活动自然就具有的功能，可以让人放松心情、享受快乐。

二、外出活动的策划、组织与指导

外出活动的成功与否与成效大小，与教师，有的还与家长，对外出活动的策划、组织与指导等环节的有效把握密切相关。

（一）外出活动的策划与准备

对于教师来说，要成功组织一次外出活动，首先要做好活动的策划与准备。外出活动的策划环节主要要落实好以下几个方面的工作。

1. 活动的目的与地点选择

教师首先要考虑的问题是："外出活动的目的是什么？""选择什么地方？"如春秋游、野外亲子活动，以亲近自然、丰富知识、扩大视野为目的，教师在选择活动地点上，可以发挥家长和幼儿的智慧，综合考察外出活动地点。不管是何种目的的外出活动，其活动地点应该满足两个方面的条件，一是安全、卫生、不拥挤、不杂乱，二是能丰富幼儿的情感体验。如春秋游的地点可以有多个选择，如动物园、公园、植物园、蔬菜基地、农庄等。

2. 活动计划的拟订

外出活动计划包括活动的目标、出行时间、集合地点、人数、行走路线、准备的物品、活动项目内容、安全预案，等等。教师要详细考虑准备给幼儿提供哪些感知活动和操作活动，希望幼儿接触哪些行业、人物、工作场景等，期待幼儿获得哪些具体经验和真实体验等。

3. 活动的准备

在活动方案初步拟订后，还需要开展具体的准备工作，并根据准备工作情况可以对原先拟订的活动方案进行调整，以便有利于活动的顺利开展。

（1）提前勘查活动地点

教师在带领幼儿外出活动前最好亲自前往活动目的地进行勘查，包括行进路线、活动目的地都要进行全面考察，对于幼儿园去过多次的同一地方，也应再次勘查，勘查的重点主要放在安全性、与以往外出活动的变化之处。

外出活动特别是参观活动，不仅要向工作人员说明参观活动目的，了解外出活动地点的规章制度，以取得他们的配合，而且还要知道餐饮处和盥洗室，选择适当的时间、地点让幼儿休息调整，以满足幼儿独特的生理需要。

（2）活动准备

在勘查活动地点并对其进行安全评估后，教师要考虑是否需要对活动地点做出调整或地点不做调整但需要做好其他相应的工作。如果地点要调整，对新拟订的活动地点要再一次进行勘查。

在做好上一步工作之后，教师就要把外出活动的事项以通知的形式告知家长，让家长共同参与和准备外出活动。

接下来，教师和幼儿、家长可以一起设计幼儿园的外出活动标志、班级标志，帮助幼儿和家长结成伙伴，向幼儿、家长说明外出活动注意事项，准备好外出活动用品、饮料、水、医疗器械和药品等，如果还需要演出节目，幼儿园或家长还要提前进行排练和准备节目，出发前要关注活动当天天气预报，等等。

如果是大型春秋游活动，出发前的准备工作还包括：①生活用品的准备，食品、水、垃圾袋、望远镜、照相机等。②活动表演必需的物品器材准备，如演出用的服装、奖品、录音机等。③医疗用品，如体温计、创可贴、酒精、包扎带等。④车辆安排、人员分工及职责落实。⑤与活动目的地的联系、安全勘查工作。有些活动在出发前需要与活动目的地所在单位进行联系，如参观农庄、社会实践基地等，与对方就参观时间、行走线路、讲解陪同人员、安全事项等进行落实。⑥做好活动的安全工作。⑦出发前要关注活动当天天气预报，以免因忽略天气情况而影响活动的进行。

4. 安全工作

外出活动的安全工作显得特别重要，一是因为幼儿在外出活动中会很兴奋，这增加了活动的不安全因素；二是由于外出活动涉及众多方面的安全因素，如车辆安全、交通安全、饮食安全、场地安全、活动安全等。因此，对于外出活动，教师和家长要特别做好安全方面的工作，以确保活动的安全进行。

对于外出活动的安全工作，教师要注意以下四点：①活动开始之前，相关人员要对乘用车辆、活动场地、活动器材、设备、设施等进行安全检查，及时消除不安全因素。使用的车辆应是有服务资质的，并要签订安全协议，还可以购买保险。②活动前教师要对幼儿强调安全事项，增强幼儿的安全和自我保护意识。③活动中教师及相关人员随时巡查和提醒幼儿，并适时给予幼儿安全保护，以免出现不安全因素。④制定详细的安全预案，遇到紧急情况，立即启动安全预案方案。

（二）外出活动的组织与指导

幼儿园每年都会安排外出参观活动和外出春秋游等活动，这是幼儿很喜欢的一类活动。外出活动的策划工作做得好，在很大程度上保证了活动的成效。为了让外出活动开展得有声有色、效果好，教师应重视活动的策划与准备工作，同时要做好相应的组织与指导工作，应重点考虑到以下四个方面：

1.活动的主题、目的

春秋游外出活动有全园性的春秋游，也有以年段、班级为单位自行组织的春秋游活动。外出参观活动多是与阶段教育内容相联系，需要考虑幼儿的年龄特点和认知能力，一般分年龄班开展，多以班级为单位开展。

春秋游外出活动可分为以休闲放松娱乐、增进情感联系为主要目的的游玩活动，以丰富知识、扩大视野为目的的参观活动，或是专门作为幼儿园教育活动的延伸与扩展活动的外出参观活动。

外出参观活动就其组织与领导的环节来看，与春秋游活动的组织与领导大致相同，但由于外出参观活动的目的指向性较强，所以，在开展外出参观与实践活动时，除了外出活动要注意的常见环节外，还应该特别注意以下两点：

（1）确定活动的目的

外出参观等活动主要是与阶段教育内容相联系，多是作为拓宽幼儿视野或作为幼儿园教育活动的延伸，因此，这类活动的教育功能非常明显。如果准备不充分，将大大影响外出参观等活动的效果。正因为与幼儿园教育活动紧密相连，教师在确定开展何种类型的外出活动以及确定外出活动的目的时，就要多方面考虑其教育效果。

（2）活动前的联系工作

外出参观等活动的准备要细致，活动进行前一定要与活动目的地所在单位进行联系，如参观农庄、社会实践基地等，与对方就参观时间、行走线路、讲解陪同人员、安全事项等进行落实。

2. 确定活动的地点

外出活动的地点可以选择以自然资源为主的地点，如儿童乐园、公园、植物园、动物园、溪流、蔬菜基地等，也可以选择以社会资源为主的地方，如大型超市、酒店、老年活动中心、体育馆（场）、科技馆、革命烈士纪念馆（堂）等，这些都是外出活动很好的目的地。附近的农田、河流、公园、植物园可以成为幼儿探究自然科学的大课堂，超市、餐厅、酒店、老人活动中心、纪念馆等是使幼儿接触社会、进行社会性教育的重要场所；工厂、公园、居民小区也可以成为幼儿开展环保教育的现场。

3. 外出活动的组织

不同主题的外出活动，其活动内容与形式有所不同。对于以联欢为主的外出活动，应事先安排活动的项目和参加表演的人选。为不增加幼儿的负担，活动项目以幼儿园学过的、开展过的内容为主，只要将幼儿平常学过或表演过的歌、舞、游戏等加以重新组合即可。

在外出活动进行过程中，教师可引导幼儿欣赏沿途美景、风土人情等，向幼儿提出开放性、启发性的问题。在活动地举行的联谊活动、亲子活动等，按事先准备好的节目有序进行。如果是外出参观活动，教师要提醒幼儿注意听解说员的讲解，认真观看。另外，无论是在出发途中，还是在活动目的地以及返回途中，教师或相关人员要经常清点人数。

4. 充分利用自然条件

外出活动，幼儿园教师要充分利用好自然条件，自然环境蕴含了很多教育元素，如春秋游活动就涉及自然环境的颜色、形状、地貌、气候等很多知识点。

春秋游活动，特别是野外郊游、登山、踏青等，为幼儿提供了大量利用自然条件锻炼的内容，鼓励幼儿到大自然中去尝试新奇的、富有挑战性和野趣的体育活动，如泼水、玩沙、滑冰、远足、简易定向运动等。

以体育活动为主的春秋游活动，可以充分发挥活动的野趣性，教师在组织、开展活动时，有层次地选择和利用户外场地，如山坡，有低矮的山坡、高的山坡、长草的山坡、有树的山坡，这些山坡可进行难度不同的攀爬、翻滚、慢跑下坡、快速下坡、躲闪活动等；而树林则有低矮的灌木丛、茂密的树林、高大的树、可攀爬的树，可以开展追逐、投掷、踢球、放风筝、捉迷藏、老鹰抓小鸡等。亲子郊游活动是户外活动的重要形式，它既可以增加家园联系，又能使幼儿体验外出活动的快乐，提高幼儿适应环境的能力。如，"我和老鹰做游戏"活动中，家长在草坪上扮演"老鹰"，当"老鹰"俯冲下来时，幼儿赶紧卧倒不动，当"老鹰"飞走时，幼儿用纸球瞄准目标"老鹰"出击，亲情在此刻得到升华，外出活动的内涵得到拓展。

在幼儿园，参观活动、外出春秋游和其他的外出活动，虽然开展得不是很多，但其意义很大。如去超市、小学、工厂、农庄、博物馆、革命烈士纪念碑（堂）都可以作为参观类活动。美化小区清洁活动、植树节种树种花、去社会实践活动基地都可以算是外出活动。

（三）外出活动的回顾与延伸

外出活动中，教师在指导时要注意有全局的观念，一方面表现在整个参观等外出活动过程中要把握主要内容，不局限于个别细节部分；另一方面是要注意照顾到全体幼儿，不过多关注个别幼儿。此外，教师或其他人员不要讲解过多，要引导幼儿自己发现，注意与幼儿已有的知识经验相联系。要想外出活动效果好，除了在过程中很好地进行组织与指导，还要对外出活动进行相应的回顾与总结。

1. 对外出活动进行回顾及科学的评析

在外出活动进行过程中教师要及时进行反思和对活动进行调整。外出活动结束后教师要对外出活动加以反思，制定评价表，既要评价外出活动所蕴藏的教育目标的达成程度，又要评价幼儿在外出活动中多通道认识世界的参与程度，为设计新的外出的活动做好准备，并考虑延伸性的教育活动。

参观等外出活动往往与幼儿园的教育活动相联系，因此，在开展此类活动时，教师一般把其作为一个环节，这样明显增强参观等外出活动的效果。教师要引导幼儿对外出活动进行回顾，引导幼儿做出评价，教师在幼儿回顾与评价基础上再进行科学评析，包括活动内容、目标、过程的组织等，这样才能发挥外出活动的最大价值。

2. 外出活动的延伸活动

一般来说，参观等外出活动后的延伸活动必不可少。一方面教师可以通过延伸活动了解参观等外出活动的效果，另一方面通过延伸活动可以巩固和强化参观等外出活动的成果。因此，教师在参观与外出实践活动结束后，可以设计一些适宜的延伸活动。

教师利用各种机会带领幼儿外出参观和考察，这样既利用了天然资源丰富幼儿的经验，又使活动更为有趣。每次外出活动归来，幼儿一般都有很多感受（活动现场就更不用说了），教师可组织幼儿开展讨论，提醒或有意安排各种各样的表达、表现方法，如最常见的表达、表现方式有口头讲述、绘画、手工制作、表演游戏、建构游戏等，幼儿可以绘制外出活动路线图，画出外出活动中感兴趣的事物，表演外出活动中看到的事物和场景。通过多种方式、多种渠道将外出活动进行延伸，充分发挥外出活动的最大价值。

第九章

幼儿园班级管理

第一节　幼儿园班级管理的概述

一、幼儿园班级管理及其意义

（一）幼儿园班级的构成及班级特点

1. 幼儿园班级的构成

班级是学前教育机构教育的细胞，是学前教育的基本组织形式、基本单位。学前教育机构班级是按幼儿的年龄和男女均衡来组建的，幼儿年龄越小，生活活动、教育教学的组织难度越大，且越需要个别和小组活动。因此，学前教育机构的班级人数要比小学的少。为了保证保教工作的正常开展，保证教育质量，国家对幼儿园班级人数作了明确规定：幼儿园按年龄分班，一般按3～4岁、4～5岁、5～6岁分成小、中、大班，3岁以下为托班。《规程》规定不同年龄班的幼儿人数为：小班25人，中班30人，大班35人，混合班30人，学前班不超过40人。每班的男孩和女孩性别比例大体相当。3岁以下的人数更少，一般2～3岁班级人数不超过20人，2岁以下幼儿的保教活动是个别式的，组成班级不超过10人。根据2013年新颁布的《幼儿园教职工配备标准（试行）》的规定，我国全日制幼儿园每班要配备2名专任教师、1名保育员（或配备3名专任教师），保教人员与幼儿比达到1：7至1：9；半日制幼儿园每班要配备2名专任教师，有条件的可配备1名保育员，保教人员与幼儿比为1：11至1：13。

幼儿园班级组织活动一般以班集体、固定小组、自选小组、个别活动和自由活动为基本形式。班集体是幼儿园班级开展集体活动最基本的组织形式，小组可分为固定小组和临时小组，固定小组是幼儿园小班和中班主要的学习和游戏单位。一般5～6名幼儿同坐一桌，遵守一定的规则。临时小组根据一定的需要组成，分为指定小组和自选小组。小组对幼儿互相交往合作意义重大，要加强引导和管理，同时重视个别活动和自由活动的组织开展，保证个体活动自由的同时，引导幼儿适应集体规则。

幼儿园班级具有一般的班级功能，但与一般学校的班级不同，它不仅是幼儿教育的基本单位，同时也是幼儿园保育工作和日常生活的基本单位，因此具有独特的生活特征。

2. 学前教育机构班级特点

（1）生活节律性

班级是幼儿在园的基本生活单位，为了满足幼儿在园的基本日常生活需要，要根据幼儿的身心特点和实际需要安排一日生活，各环节的活动安排要有序、科学。

首先，幼儿神经系统发育迅速，睡眠时间较长，兴奋性强于抑制性，容易疲劳，不易恢复。经过一夜休息，上午10时前是幼儿头脑最清醒的时候，学习效果好。午餐后神经活动兴奋性降低，要保证午休时间，使幼儿的体力、精力得到恢复。下午一般不安排紧张的智力活动，适合自主性的游戏活动、体育活动等。

其次，幼儿注意力集中的时间随年龄增长而增加，小班每次集中活动10～15分钟，中班20～25分钟，大班25～30分钟。年龄越小睡眠时间安排越长，活动时间不宜太长。年龄越小，生长发育速度越快，越需要及时补充营养，上午和下午的活动中间要考虑增加点心及时补充体能。如有条件，幼儿园小班可提供三餐两点，中大班一般提供三餐一点。总之，班级活动根据幼儿生活的节律而进行，这是幼儿园班级工作的显著特征。

（2）保教一体化

幼儿的身体和心理正处于人一生中最稚嫩的时期，各器官、各系统正处在生长发育最迅速的阶段，生理器官尚未发育成熟，免疫能力差，环境适应能力较弱，特别容易因为各种原因，感染疾病，影响幼儿的健康成长，因此，特别需要成人细心地照料。另外，幼儿年龄小，生活自理能力差，生活经验少，最容易发生危险，需要成人及时地帮助和指导。因此，幼儿园班级管理最重要的是保证幼儿安全、健康地成长。幼儿园教育必须在一日生活中进行，保育和教育相结合，教中有保，保中有教。幼儿在班级的一日生活包括以下环节：入园、晨检、早操、游戏、教学、进餐、如厕、午睡、盥洗、午点、户外活动、离园。每个环节都要对幼儿进行保育和教育，既要对幼儿进行耐心细致的观察和照顾，又要随机进行教育指导；既要保证幼儿的安全、健康，又要培养幼儿的自理能力，发展动作、语言、认知、情感与社会性。因此，保教一体性是班级管理的重要特征。

（3）内外互动性

心理学研究表明：幼儿是在活动中发展的，活动是幼儿发展的基础和源泉，幼儿在活动中互动，在互动中成长。幼儿的活动分为内部活动和外部活动，内部活动主要指生理和心理活动，外部活动主要指幼儿操作物体和玩具的活动及与人的交往活动。幼儿班级为幼儿提供了丰富多彩的保教活动，能够满足其身心活动的需要。同时，班级内大量丰富的操作材料和玩具为幼儿提供了自由操作的物质基础，班级内的成员相对固定，为幼儿的人际交往提供了稳定的交往环境。所以，班级保证了幼儿的活动，班级为幼儿提供了相对稳定的互动环境。班级的互动是相对自由的，也是有组织的，内部互动表现为教师与幼儿互动和幼儿之间的互动，外部互动表现为幼儿与活动对象、活动材料等环境要素的互动。由于班级的组织性使各种互动具有一定的计划性、条理性、规律性和有效性，因此，内外互动成了班级的又一重要特征。

（4）组织权威性

班级是对幼儿实施保育和教育的基本单位，是学前教育机构中的基本组成，是执行教育机构各项措施的基本行动组织。班级的管理水平和保教质量直接影响着教育机构的整个保教工作，和谐、有序的班级组织是实现教育机构整体教育目标的保证。

学前教育班级不同于中小学班级，由于幼儿的自理能力还不够，本身还是被照顾的对象。在班级组织中，基本由班级的带班老师直接管理每个幼儿的生活、游戏与学习，幼儿眼中的权威只有班级的教师和保育员。幼儿年龄小，生活经验少，辨别是非的能力差，模仿能力强，班级教师、保育员的一举一动都会对幼儿产生潜移默化的重要影响。带班教师、保育员每天与幼儿的朝夕相处，使幼儿对他们会有一种特殊的信任和依恋的情感。在他们幼小的心灵里，自己的老师是"能人"，是父母的化身。教师的权威常常超过父母，幼儿会模仿教师的一言一行。因此，幼儿保教人员的权威性决定了他们必须具备较高的专业素质和修养，必须时刻注意做幼儿的表率。

（二）幼儿园班级管理的目的和意义

把幼儿编班管理是幼儿园运行的实际需要，班级是学前教育机构的基层组织，也是一个多功能的整体组织，对幼儿的健康成长起着良好的促进作用。其根本的目的和意义体现在以下三个方面。

1. 提供高效生活组织场所

幼儿在幼儿园生活必须以班级为场所单元组织生活活动，班级为幼儿提供了共同生活的组织环境，每个幼儿在集体中的生活行为如如厕、喝水、吃饭等都会受到班级组织管理的影响。有序、合理地安排幼儿一日生活，对于提高幼儿的生活质量、提高活动效率，促进幼儿发展有重要意义。

教师科学安排幼儿一日生活各个环节，使幼儿在稳定、有规律的节奏中获得生活的安全感；通过培养幼儿的生活习惯，培养幼儿的时间观念；促进教育生活各环节有条不紊地进行；为保教人员相互配合、步调一致提供客观保证。

2. 提供组织教育活动的保障

班级人数的限定有效保证了教育的有效人群。班级不仅是一个生活集体，同时是一个教育集体。班级是开展集体教育的组织保证，通过对活动的精心组织与策划，保证了教育活动的系统性和循序渐进性，有利于提高教育活动质量和效率，全面实现学前教育的教育目标。

班级尤其对幼儿社会性发展具有突出的作用。班集体共同的教育目标和行为规范，能够约束每个幼儿的行为，增强幼儿的集体意识，对克服幼儿的自我中心，发展幼儿的自我意识有重要作用。同时班级中有利于形成共同的舆论、价值观、共同的活动规则，集体活动为幼儿的个体行为提供了模仿和相互学习的榜样及相互监督的标准，为实现"人人教我，我教人人"提供了必要条件。班级为幼儿之间和幼儿与教师之间的良好交往提供平台。在教师的指导下，能够使幼儿尽快掌握交往的技巧。共同的价值观使幼儿产生班级的归属感和安全感，使幼儿能够自由表达自我，相互交流，相互影响。总之，班级对促进幼儿社会性发展起着重要作用。

3. 承担社会服务职能

父母对培养教育孩子具有义不容辞的责任，但家长同时担任着社会上各种行业的工作，学前儿童尤其是3岁前幼儿，需要精心的照顾和教育，如果孩子得不到妥善的照顾，家长就没办法安心工作。因此学前教育班级现实上承担着解放父母劳动力的社会服务职能。同时因为父母不一定都具有丰富的学前教育的专业知识和技能，班级教师又承担着宣传科学的教育理念，指导家庭教育的职责。《规程》提出幼儿园应为家长提供科学育儿指导，学前教育机构的班级是教师每天与家长真正进行家园共育的场所，实现着为家长服务的社会功能。

二、幼儿园班级管理的内容

（一）幼儿园班级管理的内涵

根据我国当代管理学学者翟立林的定义，管理就是"通过组织计划来行动，把一个机构所拥有的人力、物力、财力充分运用起来，使之发挥最大作用，以达到机构的目标，完成机构的任务"。

那么什么是幼儿园班级管理呢？它是幼儿园管理的核心工作，是指教师与行政人员遵循国家的学前教育政策、法规，按照幼儿身心发展规律和保教工作的工作规律，采用科学的工作方式和管理手段，将人财、物、时间、空间、信息等各要素合理组织起来，为实现国家规定的幼儿园保教目标而进行的保教工作组织管理活动。

要提高班级的保教质量，需要良好的师资、设备和足够的资金。而这些资源被充分合理地利用才能发挥出应有的效益，而这一切必须依靠管理，依靠管理者对人、财、物、时间、空间、信息等各种因素的组织与调配。班级的科学管理是学前教育机构管理的基础工程，是提高保教质量的关键，因此，我们必须给予高度的重视。

（二）班级管理的内容

1. 组织管理

班级一保二教需选出主班长一名，负责整个班级工作计划与实施、人员协作与沟通等工作。还要负责班级幼儿分组管理的具体安排、班级日常班务的运行监督。

2. 生活管理

生活管理是为了保证幼儿的身心健康发展，保教人员围绕幼儿在园内的饮食、起居等一日生活的需要而从事的管理工作。它是保育工作的主要内容，也是顺利进行班级管理和教育教学的必要条件。没有科学规范的生活管理，幼儿就无法开展各种有目的、有规则的教育与游戏活动。

（1）开学初的工作

①填写班级点名册，填写幼儿家庭情况登记表，明确家园联系的方法。②家访并调查幼儿家庭教养情况，初步了解幼儿生活习惯，做好记录。③安排幼儿个人用的床、衣柜、毛巾架、水杯格，写上姓名并做好标记。④初步布置活动室环境，安排好家具和物品位置。⑤观察幼儿一日生活表现并记录分析。⑥依据观察分析和家访调查结果，制定班级幼儿生活管理计划和措施。

（2）日常工作

①每日根据幼儿生活程序履行管理职责。②每日做好来园和离园的交

接记录。③每日保管好幼儿生活用品。④每日做好消毒、清洁和安全检查工作。⑤每周检查幼儿生活管理计划的落实情况。⑥做好每日幼儿生活、疾病等情况登记分析工作。⑦每周末，班级教师交流，总结上周经验，调整下周工作，分工负责。

（3）期末工作

①汇总对幼儿生活表现的记录，做好对幼儿生活情况的小结。②总结班级幼儿生活管理工作，找出成绩和问题。③向家长发放幼儿发展手册，指导家长做好假期管理。④整理室内外环境，对集体用品、材料进行清点登记。⑤归档，作为幼儿园工作总档案的重要构成，以便进行历史留存和教学研究。幼儿成长档案是最重要的幼儿档案，可以在幼儿毕业时移交家长保存。

3. 教育管理

（1）开学初工作

①结合家访和对幼儿的观察分析，完成对班级幼儿发展水平的初步评估，做好分析记录。②根据幼儿实际水平及班级条件，制定详细的幼儿教育计划。③根据教育教学计划，征集或领取幼儿绘画、手工等教育教学用具，布置活动室、创设教育环境。④班级保教人员共同制定各项教育活动的组织形式及基本常规，建立班级教育活动的运转机制，初步建立教师与幼儿友好、协调的关系。

（2）日常工作

①具体设计并实施每日教育活动方案，做好教育教学的反思与推进分析。②每周提前制订下周计划和活动安排。③每日与本班教师和保育员交流沟通幼儿和保教工作情况，相互交接与配合。④每月召开班级教师会议，研究班级教育工作的具体内容和措施，协调分工和合作。根据教育目标及时调整活动室环境。

（3）期末工作

①整理教育活动方案、教育笔记和幼儿作品档案。②做好幼儿全学期

的评价工作，填好幼儿成长手册。③完成教师自身教育教学自我评估，写出工作总结或研究文章。④清点教育教学活动材料并登记归档。

4. 设施管理

人、财、物、时间、空间、信息是班级管理的重要因素，班级物品摆放得当，能给幼儿一个整齐有序的环境，有利于幼儿的生活和活动，有利于幼儿的成长，同时也方便教师使用。班级物品包括小床、小被子等生活用品，玩具、学具等学习用品以及钢琴、电视等教师教学物品。合理安排家具、电器位置，环境装饰，材料提供及主题墙设计。

（1）建立班级物品清单

对于班级的设施管理，必须建立一个班级物品清单，作为使用、交接、检查的依据。主要包括生活用品、教学用品、游戏设施等方面，其表格样式如表9-1所示。

表9-1 班级物品清单

类别	物品名称	物品数量	型号			责任人	备注
			小	中	大		
生活用品							
学习用品							
教学用品							

（2）班级物品的摆放位置

班级物品的摆放位置和高度要适当。需要幼儿自己取放的玩具、游戏材料等要放在幼儿伸手能及的地方，也要注意美观整齐，最大限度地把空间留给幼儿，不能影响幼儿的活动。

（3）班级物品应有专人保管

一般保育员担任卫生和幼儿生活照料的工作较多，可以把幼儿生活用品和清洁用品归由保育员管理。教师特别是班主任可以管理教师教学用品和幼儿学习用品以及班级的教育资料。班级教育资料包括教育笔记、观察计划、个案分析、保育笔记、班级工作计划、月计划、周计划及备课本、家园联系本、家长工作记录本、家庭访问卡等，它是教师教育工作的财富，也是教师工作评估的依据，这些材料的书写要规范，要符合园里的统一规定，具有保存价值。属于个人的教育教学资料由各教师自己保管，属于班里的需要专门保管。在实际工作中，教师和保育员一起负责，配合管好所有物品。

第二节　幼儿园班级管理的基本要求与方法

一、班级管理的基本要求

班级管理要求对班级的全面管理具有重要的指导意义，实践证明，目的性与整体性、主体性与参与性、开放性与高效性是最基本的要求。

（一）目的性与整体性

班级管理的目的性要求是指，每一项的班级管理都要为实现促进幼儿身心和谐发展的教育目标服务。班级管理的整体性要求是指，班级管理应面向全体幼儿并涉及班内所有管理要素的管理。整体性要求保证了班级全体幼儿的共同进步而不是部分幼儿的发展，确保班级各种管理要素得到充分的利用。遵循整体性要求时应注意：教师对班级的管理不仅是对集体的管理，也是对每个幼儿个体的管理。教师还要充分利用班集体作为一个整体的熏陶作用和约束力，形成一种能够自动约束幼儿的班风。教师还要注意合理安排时间、空间、材料等要素，平等地对待每个幼儿，使每个幼儿都有参与活动的机会。对幼儿多做纵向比较，肯定每个幼儿的自身发展，避免过多地与其他幼儿比较，减少矛盾、冲突，促进班级整体和谐班风的发展。

（二）主体性与参与性

班级管理的主体性要求是指在管理中，教师应充分尊重幼儿作为生活、学习、游戏的主体的地位，引导他们自主地、有创造性地开展班级管理工作。为此，教师要充分了解并把握班级的各种管理要素，正确理解和处理与幼儿的关系，把管理和引导幼儿自我管理作为实现主体性原则的必要手段。班级管理的参与性要求是指教师管理幼儿要以多种形式参与到幼儿活动中，同时要引导幼儿这一主体参与到管理中来。在活动中民主、平等地对待幼儿，培养幼儿的主人翁意识，与幼儿共同活动。要做到参与性，教师在活动中要灵活地转变自身角色，以适应幼儿需要。有时是游戏伙伴，有时是材料提供者，有时还是活动的旁观者等。教师的参与要以不干扰幼儿活动为前提，尊重幼儿活动的自主性，指导活动要适时、适宜。同时培养幼儿的主人意识，引导幼儿参与到管理中来，管理好自己，大家一起创设和营造良好的生活、游戏与学习的环境。

（三）开放性与高效性

班级管理内容复杂琐碎，需要家长配合，家园合作协同管理。同时需要社会政策引导，服务社区群众就要得到社区的支持和监督，所以要具有开放性。教师进行班级管理时，要求用有限的人力、物力和时间，发挥最大的作用，尽可能地使幼儿获得更多、更全面、更好的发展，使班级管理更加高效。要达到这一目的，就应注意班级管理目标合理可行。如果目标过高，就无法完成；如果目标过低，就会使人陷入简单重复的境地，人为地浪费资源。还要注意管理计划的实施严格而灵活。严格执行常规，幼儿可以避免许多意外事故，根据具体情况可做适当灵活的调整，以灵活应对幼儿活动中的变化，解决管理过程中的实际问题。也要研究改进管理的方法，及时检查反馈管理中的问题，采用先进的管理方法，不断提高管理艺术。

二、班级管理的方法

为了实现幼儿保教目标，保教人员也必须掌握一定的班级管理方法，我们常常把班级管理常用的方法归纳为五种：规则引导法、情感沟通法、互动指导法、榜样激励法、目标指引法。

（一）规则引导法

规则引导法就是用简单易行的规则引导幼儿行为，使其与集体活动要求保持一致，确保幼儿自身安全和他人安全，保证活动秩序的方法。例如，某班阅读活动区入口，在地上画有五对脚印。这种方式诱导幼儿把脱下的鞋子放在鞋印上，放满五双，就表示没有位置了。这个设计告诉幼儿三个要求：进入阅读区要脱鞋，只能有五位幼儿入内，要将鞋子放整齐。教师开始时可以以启发、讨论的方式使幼儿知道这一规则，并要求幼儿每天坚持遵守这个规则。

规则引导法是学前教育班级管理最常用和最直接有效的方法。规则是幼儿之间、幼儿与老师、幼儿与环境、幼儿与材料之间互动的关系准则。规则的内容要简明扼要，简单易行，规则不能太多，应突出重点，适合幼儿年龄和理解水平，规则的制定可以全员参与，及时修订，让幼儿在实践中掌握并形成习惯。

（二）情感沟通法

情感沟通法是通过激发和利用教师与幼儿之间或幼儿与环境材料之间的积极情感，以促进幼儿产生积极行为的方法。例如，刘老师组织乐乐班幼儿睡午觉，别的小朋友都睡着了，丽丽躺了好半天，眼睛还没闭上。刘老师悄悄说："你怎么还不睡？"丽丽小声说："老师，今天你忘了亲我了。"老师轻轻亲了她一下，丽丽很快闭上眼，甜甜地睡着了……刘老师陷入了沉思。这一案例表明：情感沟通的基础是教师对幼儿的理解和爱，教师要在日常生活和教育活动中，观察幼儿的情感表现，了解每个幼儿在班级活动中的情感需求，采用恰当的方式，激发幼儿相应的情感，引发幼儿积极向上的行为。

教师要经常对幼儿进行移情训练，使幼儿学习站在他人立场和角度理解他人情感的习惯和能力，并能从他人的困境中产生助人等亲社会行为。教师要保持和蔼可亲的态度，有爱心和童心，经常和幼儿产生情感共鸣，把幼儿的感情需求与活动情景相联系，这样才能更好地引导幼儿。

（三）互动指导法

互动指导法就是通过促进幼儿与同伴、幼儿与教师、幼儿与环境材料的相互作用，引导幼儿主动、积极、有效地与人交往，实现教育目标的方法。

教师要尊重幼儿活动的主体性，对于熟悉的活动，充分放手；对于不熟悉的活动，教师要做好适当的指导，过多的指导会抑制幼儿的自主性和积极性。缺乏指导也会影响活动效果，如：幼儿可能因为不了解象棋的基本规则而无法玩下去。教师的指导要适时适宜，事先指导需要避免出现安全问题的活动。教师的指导不能过于笼统、过于细致。如果教师把指导幼儿的过程当成对幼儿的行为示范或硬性要求，幼儿就会失去思考和探索的机会。教师可以采用语言、行为、表情等多种方式灵活进行指导。

（四）榜样激励法

榜样激励法是指通过树立榜样并引导幼儿学习榜样以规范幼儿的行为，达到管理的目的的方法。教师在班级管理中利用具体的幼儿行为做示范，为幼儿提供可供模仿的榜样，会产生积极的影响。

榜样要健康、形象、具体。可以是幼儿身边的同伴，可以是幼儿熟悉的故事、人物或动物，幼儿通过努力可以达到。同伴榜样要有权威性，只要在某一方面做得好就可以作为学习榜样，不一定面面俱到。及时对幼儿表现出的好的行为给予表扬强化，引导幼儿好的行为。

（五）目标指引法

目标引导法指教师从幼儿行为的预期结果出发，制定行为目标，引导幼儿识别行为正误，规范幼儿积极行为方式的一种管理方法。如，班里刚买了一批新书，刘老师根据经验知道中班幼儿容易撕坏图书，就做了个书架，放了十本书，对班里的小朋友们说："大家要仔细阅读故事，要看完一本再换一本。"过了一周，果然有一本书弄破了，刘老师就不给换，小朋友们请求老师原谅，刘老师就说："如果哪位小朋友能把书中的故事讲完整，就换书。"有一位小朋友讲出了故事，老师就把书换了。这样小朋友们同时养成了保护图书和认真读书的习惯。在这一情景中，教师就是使用了目标引导法。教师使用这一方法，要注意目标明确具体，所确定活动目标不宜过多和过于复杂，最好由幼儿参与制定，并使幼儿理解为什么定这样的目标。也要注意目标要对幼儿有吸引力，切实可行，适合幼儿的接受能力。还要注意目标与行为之间的具体联系，使幼儿在活动中随时能够意识到目标的存在。

第三节 保教人员协同工作

班级保教人员的关系决定了班级教育共同目标的落实，保教人员的有效协作与配合是提高班级保教质量的关键。

一、保教人员协同工作的内容

保教人员需要在许多方面协同工作，主要有以下四个方面。

（一）了解班级、分析幼儿发展状况

班级教育目标要落实到每个幼儿身上才会真正促进幼儿的发展，而我们制定目标要根据每个幼儿的发展状况。体现幼儿发展、成长的背景资料的获得必须建立在对每个幼儿每天在一日生活各个环节的仔细观察和与每个家长的沟通基础上，而这些工作非常繁杂和细致，只靠一个人的力量显然是不够的，而且除此之外保教人员还有很多其他工作要做。因此，班级保教人员要分工合作，可以把幼儿分组，保教人员分头负责和几个孩子的家长沟通，定期轮换，并进行集体分析研究。只有保教人员协同观察和集体研究，才能更加全面客观地了解幼儿的发展状况，才可能制定出符合幼儿身心发展需要的教育目标。

（二）拟订班级保教工作计划

1. 制订班级工作计划的步骤

班级工作计划一般应在每学期开学初制定一次，由班级的两位教师和保育员一起商量，由教师完成。主要按以下步骤进行：①认真研究上学期的工作总结和本班幼儿身心发展年龄阶段的特点和规律、上学期的工作中的成功经验和存在的问题、上学期幼儿发展情况及其假期在家发展情况，等等。②认真学习国家的教育文件和教育机构工作计划，领会精神。《规程》《纲要》《指南》是我国幼教工作的指导性文件，需要经常学习，领会精神，指导本班工作。③共同讨论，确定计划的主要内容。三人共同讨论本学期工作的目标，商定工作重点、教研课题、重大活动的安排和实行措施及分工等。④撰写班级工作计划。由教师执笔，按规范书写成文。

2. 班级工作计划的主要内容

班级工作计划的主要内容包括：①基本情况分析。班级基本情况分析作为班级工作计划的第一部分，写在前面，主要把现时的班级幼儿情况、环境条件和资源情况、面临的任务、优势和困难做总体分析。②本学期工作的主要目标。班级工作目标可以分为幼儿保教、家长工作和完成教育机构工作任务等目标任务。每一部分目标主要是提总要求，可选择本班重点、特色的内容来写，文字要求简洁明了，切忌抄别班或照搬教育机构的计划。③具体的要求和措施。对本学期现有的目标和任务提出具体的要求和措施，并且落实到人，确定完成的时间，每一项内容可以对应一条措施，也可以对应多条措施，措施的制定要切实可行，便于操作，也可以表格的形式拟订。

（三）班级工作组织与实施

1. 教师间要有比较明确的分工

班级管理人员不管几个都应该指定一名负责人，由一名教师担任。一般情况下，班级管理人员有比较明确的工作分工。

保育管理人员的岗位职责主要包括：①负责本班房舍、设备、环境的日常清洁卫生工作。②配合本班教师有效开展保教活动。③严格执行幼儿园安全、卫生保健制度。④妥善保管幼儿衣物和本班设备、用具。

教师的岗位职责主要包括：①根据国家规定和《规程》《纲要》《指南》等，结合本班实际，拟订教育工作计划并组织实施。②观察、分析记录幼儿发展情况。③严格执行幼儿园工作安排、卫生保健制度，与保育员共同做好幼儿生活和卫生保健工作。④做好家长工作，完成各项教育任务。

总之，虽然教师之间有比较明确的分工，但共同的管理对象决定着三个人必须相互支持和配合，工作分工要根据实际情况及时调整。

2. 对幼儿进行编组，保教人员协同管理小组

根据活动室的空间、桌子的大小和幼儿人数进行分组，一般以6个人一组或8个人一组为宜，条件好的可以4人一组。分组要注意以下几点。

（1）差异互补，合理搭配

一要考虑男女性别的搭配。男女性别的差异，随着幼儿对班级环境的熟悉和适应，很快表现出不同。男孩较好动、淘气、大胆，女孩较文静、认真、胆小。男女搭配，对维持班级常规及相互学习有很大的好处。二要考虑水平发展差异的搭配。每组适当选配一两名能干的幼儿，由于他们能力强，领悟快，会给其他幼儿做出榜样，在教师发出指令或组织活动时，就会有人带头做出正确的反应，对其他幼儿产生积极影响。三要高矮搭配。考虑幼儿身高差异，要方便坐在后面的幼儿与老师交流。

（2）设小组长协助管理

设一名小组长，帮助教师组织管理小组，帮助端饭、发筷子、收拾学具和操作材料等。可以先由能力强的幼儿担任，然后轮流，给每个幼儿平等发展的机会。

（3）定期交换小组位置

幼儿的视觉器官尚未发育成熟，不适当的采光、不适当的视角都会影响幼儿视觉的发育，为了预防幼儿出现视力问题，座位最好每周前后一小换，每月一大换，前后左右都换，更换时采取全组更换的方法，保持小组成员不变。

保教人员分工负责幼儿分组、轮换和指导工作，必须统一管理指令和常规，避免不同老师要求不同而带来混乱。也要注意及时交流每个幼儿在组里的表现，及时发现问题，及时解决问题。

3. 班级资源的发掘与优化利用

《纲要》明确指出"环境是重要的教育资源，应通过环境的创设和利用，有效地促进幼儿的发展"。幼儿园的空间、设施、活动材料和常规要求等应有利于引发、支持幼儿的游戏和各种探索活动，有利于引发、支持幼儿与周围环境之间积极互动。幼儿同伴群体及幼儿园教师集体是宝贵的教育资源，应充分发挥这一资源的作用。教师的态度和管理方式应有助于形成安全、温馨的心理环境；言谈举止应成为幼儿学习的良好榜样。充分利用自然环境和社区的教育资源，扩展幼儿生活和学习的空间。在挖掘和利用教育资源时，保教人员人人有责，人人都是教育资源。教师的言谈举止、社会关系、家庭环境、人际关系、个人素养等都包含着教育资源。如果保教人员能够协同合作，相互利用自身的资源优势，分别挖掘幼儿、家庭、社会的教育资源，做到资源共享，那么就会使幼儿园的教育更为丰富、有效。

4. 一日生活的组织、观察与指导

《纲要》指出要"科学、合理地安排和组织一日生活"。时间安排应有相对的稳定性与灵活性，既有利于形成秩序，又能满足幼儿的合理需要，照顾到其个体差异。教师直接指导的活动和间接指导的活动相结合，保证幼儿每天有适当的自主选择和自由活动时间。教师直接指导的集体活动要能保证幼儿的积极参与，避免时间的隐性浪费。尽量减少不必要的集体行动和过渡环节，减少和消除消极等待现象。建立良好的常规，避免不必要的管理行为，逐步引导幼儿学习自我管理。保教人员在组织幼儿一日生活时，面对同一个教育对象，必须协调一致地对幼儿进行教育组织。如：在当班老师组织教学或游戏时，其他人员要做好配班工作，帮助组织幼儿，及时发现安全隐患；帮助准备教具材料、分发玩具和学具；照顾好个别幼儿，参与教学活动与指导，等等。在保育员清扫时，教养员要组织好幼儿的活动，协同保育员安排好幼儿值日和指导；保育员打饭时，教师要及时组织幼儿盥洗，摆放好桌椅、板凳和分发餐具，等等。在幼儿入园（所）、吃饭、喝水、如厕、游戏、盥洗、午睡等每个环节中，每个教师都要细心观察，发现问题及时相互提醒。老师们互相帮助，及时交流，分工合作。

（四）班级管理工作的反思与改进

班级管理工作的评价是工作反思改进的关键。《纲要》指出："管理人员、教师、幼儿及其家长均是幼儿园教育评价工作的参与者。评价过程是各方共同参与、相互支持与合作的过程。评价应自然地伴随着整个教育过程进行。综合采用观察、谈话、作品分析等多种方法。幼儿的行为表现和发展变化具有重要的评价意义，教师应视之为重要的评价信息和改进工作的依据。"对幼儿发展的评价，需要保教人员共同参与；对幼儿的日常生活的观察、与幼儿的谈话和指导，也需要保教人员共同协作，并及时反馈彼此的信息。每个保教人员对幼儿都有不同角度的观察和分析，保教人员协商、交流彼此的观点，才可能对幼儿做出客观、公正的评价。并在此基础上及时与家长沟通，对教育方案做出调整，使其更具有针对性。

教师的专业成长是班级管理不断提高水平的保障，教师是在长期的工作实践中不断反思，发现问题，解决问题，改进工作方法，不断成长起来的。专业的成长一部分来自个人的努力，但更重要的是来自和同事以及专家的讨论，在讨论中通过认知冲突的发生与解决，最终取得进步。保教人员每天在工作中朝夕相处，随时都可能发现彼此工作中的问题，如果能够相互坦诚地提醒和认真地交流和研讨，那么对每个人来说随时都能在专业方面取得进步。面对班级中存在的共同面对的问题，如果大家一起反思，集思广益，就能很快找到有效的解决办法。

二、学前教育各类班级的管理

（一）托班的管理

托班是目前在部分幼儿园设立的3岁前婴幼儿的班级，托儿所和亲子园也设置有这种班级。

1. 托班幼儿身心发展的主要特点

3岁前婴幼儿是人一生中身体和心理发展最为迅速的时期。在此期间幼儿动作发育迅速，从出生时完全依赖成人到经过短短的一年就会独立地完成人类的基本翻、坐、爬、走、跑等；也是语言发展的关键时期。总之，语言、动作、情感等各方面飞跃式发展成为托班幼儿的明显特征。同时，因为幼儿的体质柔嫩，极易受到各种因素如营养、温度、环境污染、安全等的影响，造成对身体健康的影响。因此，更需要对托班幼儿的身心进行精心的照顾和适宜的教育。

2. 托班班级管理的重点

（1）布置安全、卫生、富有童趣和教育意义的环境

托班所在的教室应选择一楼宁静、空气新鲜、光线充足的房间。室内的布置要适合其年龄特点和兴趣，如：对比明显、轮廓简单的图片，颜色较鲜艳的实物等。布置的高低要适合幼儿的视线，并考虑到他们在各种情况下，如躺下、坐起、爬、站、被抱起时能从不同角度都看到一些室内布置。

要提供丰富多彩的玩具和游戏材料，按不同年龄特点配置玩具材料，

如7个月的婴儿可以提供爬的玩具，小球、拉推的小车、能爬的梯子等。1岁半左右的幼儿可以提供操作游戏材料，积木、套盒、拼图等。也要提供画纸、彩笔、橡皮泥等手工、绘画材料；玩沙、水的材料如小桶、小铲、小碗等；也要提供玩娃娃家等角色游戏使用的各种角色游戏材料。

玩具和游戏材料要符合安全卫生的要求，不要提供过小的玩具，以免幼儿放嘴里吞下。也要注意玩具表面的圆滑和没有棱角和尖角，更不能含有有毒的化学物质。所有玩具都必须容易消毒和清洁。

（2）制定和执行合理的生活作息制度

托班管理的重点是保育和保健工作，促进其身心健康发展，同时也要提供必要的活动刺激他们的大脑，丰富他们的生活，使他们多听、多看、多说、多问，逐步培养和促进其探索客观世界的能力。制定作息制度要考虑不同年龄孩子的需要差异和不同类型活动的动静差异。因此制定和执行科学的生活作息能保证幼儿的睡眠，养成科学的生活规律，促进婴儿的健康发展。

（3）精心照顾保证幼儿的饮食和睡眠，科学指导幼儿的盥洗和排便

3岁前幼儿正处在一生中生理生长最快的时期，他们所需的营养必须一方面补充每天活动中机体代谢所消耗的能量，另一方面还要提供给机体组织生长发育的需要。因此，托班应按照幼儿生长发育的需要、幼儿的月龄或者年龄供给充分的热量和各种营养素。无论母乳喂养、人工喂养都要及时增加辅食，补充维生素制剂和含铁食物。卫生部颁发的《托儿所、幼儿园卫生保健制度》中所附《婴儿喂养参考表》以及《每日膳食中营养素供给量》为我们提供参考。我们要培养幼儿良好的饮食习惯，做到不挑食、不偏食，保证营养素合理均衡的摄入。同时，培养幼儿逐步学会使用进餐工具，独立安全、卫生进餐。

充足的睡眠能够保证幼儿消除一天中脑力、体力活动造成的疲劳，使神经系统、骨骼和肌肉、内脏器官等得到休息。尤其是睡眠时人体生长激素大量分泌，有助于促进幼儿身高的增长以及大脑皮层的发育。我们一方

面要提供舒适温馨的睡眠环境，做到不睡软床，被褥清洁干爽，及时发现更换尿湿的床单和被褥；保证室内空气清新，光线、温度适宜，宁静、安全。另一方面要培养幼儿独立入睡的良好习惯，对入睡困难的幼儿要耐心安慰和抚慰，允许他们抱着自己心爱的玩具入睡，切不可威胁、吓唬。

托班幼儿生活自理能力差，大、小便和洗手等问题看起来非常简单，但对他们来说，却是至关重要的大事。教师处理好这些小事，能够帮助幼儿减少在园的恐惧，增加对教师的信赖。教师在开始时要做到每天观察、记录每个幼儿的大小便时间和次数，然后找出规律，以便以后能够及时提醒和照顾他们。另外，为幼儿准备与他们小腿高度相同的便盆，固定便盆的位置，培养他们及时排便、大胆向老师求助以及便后洗手等良好的习惯。

（4）寓教于养，个别教育为主，促进幼儿全面发展

在联合国教科文组织1981年向国际儿童年推荐的《发展中国家儿童保育和教育计划》一书中指出："尤其对幼儿照料与教育，就像纬线和经线一样紧密地交织在一起。"托班的教育就是一日生活的每个环节中，结合照顾幼儿的吃、睡、玩，随机地对其进行教育。托班幼儿年龄小，注意力集中时间短，个体发展速度、水平差异大，因此更需要适合他们兴趣和能力的个别自由活动。

托班教育要以自由活动为主，适当集体活动为辅。提供给幼儿适合年龄动作发展的玩具，供幼儿在丰富多彩的游戏中发展各种肢体的爬、走、跳等大肌肉动作和手捏、拿、握等的精细动作。托班幼儿处于动作发展的迅速时期，我们要把发展动作作为教育重点。

3岁前幼儿的感知觉处于发育发展的敏感期，我们要在活动区为幼儿提供刺激嗅觉、听觉、视觉、触摸觉等感觉发展的各种材料，开展各种感觉训练。另外，3岁前也是幼儿口头语言发展的关键期，我们要引导幼儿正确发音，开展听力训练游戏，为幼儿提供早期阅读的画册，指导幼儿阅读。还要耐心倾听幼儿的谈话，正确对待幼儿的"口吃"现象，不要刻意去纠正，因为2～4岁幼儿普遍会有词汇缺乏或用词不熟练造成的言语问题。

3岁前的幼儿特别需要成人的爱抚、支持和赞许，带班老师要与幼儿建立充满爱的亲密关系和稳定的依恋关系。教师要每天用微笑和爱抚迎接幼儿，经常逗逗、玩玩、搂抱、抚摩、亲吻、轻拍等通过肌肤接触，使幼儿感受到老师的亲情和温暖，使幼儿经常处在快乐的情绪中，培养幼儿积极的自我概念和良好的心理成长潜力。

（二）小班的管理

1. 小班幼儿身心发展的主要特点

一是身体发育非常快，动作迅速发展。基本掌握了走、跑、扔、停、爬、攀登等基本技能，但因为小脑机能发育未成熟，小肌肉群柔嫩无力，发育不完善，各种动作不够协调平稳，常常动作出现摔倒和手眼不协调的情况。二是幼儿对教师有很强的依恋感情，并向往得到教师的赞赏和认可。刚进教育机构的幼儿面对众多不熟悉的人和物，会产生分离焦虑和陌生焦虑。随着交往范围的增大，幼儿逐步产生了初步的同情心、羞愧感和虚荣心等情感，但情感与具体对象相联系且易变、易冲动、易"传染"。都想得到老师的喜欢和表扬，特别依恋老师。三是思维具有具体行动性特点。在认知过程中，容易受外界事物和情绪的支配，无意注意占优势，注意力容易转移。四是行动受情绪影响大，喜欢模仿，辨别是非能力差。

小班幼儿入园后相当长时间内，还没能形成班级的意识，到了第二学期，班集体的意识开始萌芽。

2. 小班班级管理的重点

（1）入园管理

入园引导。小班新入园幼儿常出现不愿入园、情绪低落、哭泣不止、特别依恋亲人等分离焦虑，也会有任性专横、强占霸道、攻击行为多和行为散漫等家庭养成的不良习惯以及不会学习、生活不习惯等不适应集体生活现象，小班班级管理首先要做好入园引导。

一是入园前让家长带幼儿参观幼儿园或组织亲子教育活动。幼儿入园前可提早2～3个月举办参观幼儿园活动和幼儿园亲子教育活动，让家长和孩子一起参加每周一次的亲子教育活动，使幼儿逐渐熟悉老师，熟悉幼儿园环境，喜欢集体活动。实践证明，消除陌生感是减缓分离焦虑的主要方法。

二是召开家长会、家访和开展问卷调查。通过家访活动，了解幼儿的基本情况，并与幼儿建立初步的感情。通过问卷调查了解新入园幼儿的情况及家长的需求，以便有针对性、有重点地做好新生入园工作。问卷的发放既可以在教师登门家访时，也可以在报名期间或召开家长会时。要尽可能地在幼儿来园之前就能通过问卷搜集到幼儿及其家庭的相关资料，以便有针对性地安排新生入园工作。报名后召开家长会，与家长沟通，消除家长的焦虑，争取家长的密切配合。

要求家长做到：带孩子熟悉幼儿园；调整孩子的作息时间，逐步与幼儿园生活作息相吻合；培养孩子的基本生活自理能力；激发孩子对幼儿园的热爱和向往；为孩子做好物质上的必要准备；要充分信任老师，坚持送幼儿来园。

以上这些要求要做到，除了家长积极配合、主动采取相应措施外，教师还应做好这方面的家长宣传、指导工作。尤其要把握好入园第一个月，做好帮扶工作。

幼儿入园，教师还应该做好以下几个方面。

一是布置生动活泼、温馨舒适的活动室环境。教师要利用彩带、气球和各种颜色鲜艳的装饰物布置好活动室，营造出热烈欢迎的气氛。投放足够数量的玩具和游戏材料，让幼儿在自由玩耍中放松紧张情绪。二是开展丰富多彩的活动吸引幼儿。可借助木偶、玩教具，室外大型器械等组织幼儿开展各种游戏活动，使幼儿体验集体活动的快乐，产生对新环境、新生活的美好印象。三是营造关爱、温暖的心理环境，使幼儿心情愉快。教师要尽快记住幼儿的姓名，要用微笑和亲切态度欢迎幼儿。注意观察每个幼儿的不同个性特点。对于情绪不好、爱哭爱闹的幼儿可以及时抱抱、亲亲他们，引导他们参加有趣的活动。对于情绪较为稳定的幼儿也要经常跟他们进行简短的谈话，使他们感到亲切温暖，受到关注。四是灵活安排一日生活，帮助个别幼儿逐渐适应。幼儿刚入园时，不要对他们要求过多、过严。入园第一星期，对适应困难的幼儿，可以允许上半天，午饭后可接回，逐渐延长其在园时间。五是及时与家长沟通。每天将幼儿的生活、游戏情况，及时与家长交流，也可以每天给每个幼儿做观察记录，记录幼儿在各方面的情况，供幼儿家长接孩子时翻阅，使家长缓解焦虑，帮助幼儿树立信心。六是分批接受幼儿入园。可以让容易适应环境的幼儿先入园，为其他幼儿做出榜样，也使教师有精力教育后入园的幼儿。七是重点帮助适应有困难的幼儿。可以先找一个适应好的小伙伴陪他玩，减少焦虑；允许他不参加集体活动，由年长的老师专门照顾几天；允许幼儿带自己最喜欢的玩具来园；每天离园时送幼儿一件小礼物，增加幼儿对幼儿园的美好记忆。

（2）常规管理

常规管理就是教师针对幼儿一日活动的各环节有顺序地制定一系列的行为规范，让幼儿经常固定地执行，从而形成心理上的动力定型，行为上的良好习惯，如做操、游戏、吃饭、睡觉等科学固定的作息时间和活动纪律等。日常生活要求细心照料做好适应，初建常规。自由活动要严密监护，以免发生意外。（详见第七章"幼儿园日常生活活动"）

①小班常规管理的内容和要求。

来园。幼儿做到：高高兴兴上幼儿园，向老师问好；戴手帕，衣着整洁，高兴地接受晨检；在老师指导下将脱下的衣服放在固定位置；学习推小椅子，双手轻拿轻放小椅子。教师做到：热情接待幼儿及家长，了解幼儿在家的健康状况；观察幼儿皮肤、五官、神情等，如有异常，马上与保健室联系，及时处理；观察幼儿情绪，舒缓幼儿不安情绪；清点人数，做好点名记录；指导幼儿用手帕。

盥洗。幼儿做到：养成饭前、便后和手脏时洗手的习惯；洗手时能挽起衣袖认真洗，不玩水，用自己的毛巾擦手；能主动表示大小便，养成自觉独立大小便的习惯；养成饭后漱口擦嘴的习惯。教师做到：做好盥洗前的准备工作，指导和帮助幼儿按顺序洗手、洗脸不弄湿地面；了解幼儿大小便习惯，随时观察鼓励幼儿根据需要独立如厕；与幼儿一起制定简单的盥洗规则，如男女分组轮流盥洗；对个别幼儿提供帮助指导，如便后穿好裤子等。

饮食。幼儿做到：安静就座，愉快进餐；学习使用餐具，细嚼慢咽，不挑食，保持桌面、地面、衣服整洁等；养成饭后漱口擦嘴的习惯和主动喝水的习惯。教师做到：餐前后半小时内不组织剧烈运动；组织好盥洗；创设安静愉快的气氛，鼓励幼儿吃饱，减少等待时间，组织好餐后10～15分钟散步。

睡眠。幼儿做到：安静就寝，睡姿正确；在成人帮助下，能按顺序脱衣裤鞋袜，放在固定的地方。教师做到：要提醒幼儿睡前小便，安静进入卧室；指导帮助幼儿有顺序穿脱衣服；帮助幼儿盖好被子；巡回观察幼儿睡眠情况，纠正不良睡姿，发现异常，及时处理；根据季节掌握午睡时间。

活动。幼儿做到：进出班级按顺序排队，不奔跑和推搡；玩具用品不乱丢、乱扔；安静活动不吵闹，户外活动听指挥。教师做到：随时清点人数，指导幼儿各种活动，及时解决纷争，留意观察预防各种意外事故发生。

离园。幼儿做到：收拾好玩具和桌椅，穿好衣帽，跟老师道别回家。教师做到：热情接待家长，向家长反映幼儿在园中表现，指导幼儿收拾玩具和穿衣服，清点人数，做好交班记录。

②小班常规管理注意事项。

多采用正面教育，忌用反面语言。某幼儿园小李老师组织幼儿吃饭时，有几个幼儿不停地交谈，李老师生气地说："说说说，我看谁还在说。"结果孩子们都停下来看了一下老师，又开始说起话来，李老师哭笑不得，只得说："小朋友们，我要看谁安安静静地吃饭，谁就最乖。"孩子们终于安静下来了。小班幼儿情绪控制力差，语言理解力也差，对老师的反面话和不要做什么的要求常常不知所措，引起误会和错误的理解。其实老师用正面的鼓励性语言告诉幼儿怎样做就会使幼儿明白自己应该做的事。例如，对幼儿说"不要用别人的水杯"，不如说"请用写着你名字的水杯"，更能使幼儿理解应该怎样做。如果我们经常对幼儿提一些否定性的要求，如："不要……""不能……"诸如此类的话，就会使幼儿主动做事的愿望被否定，长此以往就会影响幼儿自信心和自主性的发展。

生活规范必须合理，让幼儿理解规范的理由。对幼儿所定的规范必须合理，不宜过严或过宽，应考虑幼儿年龄特点、发展水平以及实际需要。例如，要求小班幼儿坐在椅子上，集中教学时手脚不许动一下，显然每个幼儿都是很难做到的，这些过于严格的要求只会使幼儿感觉压抑和受挫。对幼儿要求过严，要他绝对服从，会使幼儿将来的性格发展变得畏缩、胆怯、难以合群、怕冒险、怕尝试；或者走向另一极端，就是外表依顺，内心充满敌意，学会虚伪、阳奉阴违；但如果对幼儿过于姑息迁就，认为年龄小，对他们事事迁就、不加约束，幼儿将来对遵守规则会感到困难，不习惯受约束，难以适应群体生活。如果让幼儿知道遵守规范的理由，其接受起来会更容易一些，比如：你好好和别人玩，大家都会喜欢跟你玩，多喝水就不容易感冒，等等。

规范的标准要保持一贯性。要让幼儿知道哪些事不可以做，哪些事可以做，所定的规范标准要保持一贯性，例如：不许幼儿爬上窗台，今天不准许，明天也不准许，不能朝令夕改，以免使幼儿感到混乱和无所适从。因此，保教人员要对教育幼儿生活规范有统一要求。

对幼儿提出的要求必须实行，如果提出要求又不实行，就会给幼儿一种印象：不理会也没关系，反正大人也不是认真的。这样时间长了，老师说什么幼儿都会抱着不认真的态度。因此规范制定要考虑可行性，如果要求太高，幼儿无法做到，要求无法实行，规范也就形同虚设。

关注每一个幼儿，鼓励幼儿好的行为，冷静对待其不良行为。如，刚开学，某小班幼儿强强每天抢别人的玩具，和小朋友打架，老师每天都特别关注这个孩子，时刻不敢放松。明明很乖，老师从来很少注意他，可是这几天，明明也捣起乱来，常常推倒好几把椅子，加入了强强的行列……这说明，对幼儿来说，老师的责备也是一种关注，老师无意中的关注还"鼓励"了强强的不良行为，使之通过不良行为来引起老师的关注。这样使得明明为了引起老师的关注，也像强强一样推倒椅子。因此，老师对幼儿出现的不良行为要冷静对待，不宜一味地当众制止，而应对症教育，冷静地指导他应该怎么做。例如，强强抢别人的玩具时，老师可以轻描淡写地把他带走，给他另一件玩具，这是终止不良行为的一种办法。要是他哭闹不休，可采用冷处理的办法，让他哭一会儿。教师还不能忽略不惹麻烦的孩子，在适合的时间打招呼，称赞一下他们的表现，对他们的活动说一句关心的话，使之感觉到自己一直受到老师的关注和赞赏。

指示要简单明确，容许幼儿表达感受。小班幼儿语言理解力有限，对幼儿提出的要求要简单明确，不要过于笼统和过多，也不要过多解释。如请幼儿去喝水，不必解释说"不喝水就会生病，不洗手就会肚子疼，不排队就不是好孩子……"太多的指令幼儿反而记不住，太多负面的解释还会增加幼儿的忧虑，凡事就往坏处想。比如：幼儿想妈妈了，不喝水也不吃饭。老师如果训斥"不吃饭，就不让你妈妈来接你"，幼儿就会感到委屈，幼儿止不住想妈妈，又要接受训斥，不让妈妈接，这样就会更增加他内心的痛苦和敌意。老师想让幼儿控制自己的行为，但实际上阻止了幼儿表达感觉，这样适得其反。老师可以说："你吃了饭，好好睡一觉，玩玩游戏，妈妈就会来接你了。"幼儿就会感觉到老师知道自己想妈妈的苦恼，而且知道自己该干什么，就能等到妈妈。

多采用讲解示范，注意个别差异。对于小班幼儿，各项规范要由少到多，按一日生活中的顺序，在生活中逐一讲解示范，使幼儿通过生活中的模仿逐渐掌握和适应。幼儿个性差异较大，不要求让他们在同一时间接受统一规范，要考虑"因人施教"，要依据每个幼儿的个性特点，选择适合幼儿接受的方式，而不是简单地改变规定要求。

　　总之，要使幼儿乐于接受规范，就要为幼儿创设愉快的生活环境，幼儿心情愉快，接受常规就会很顺利。

（三）中班的管理

1. 中班幼儿身心发展的主要特点

　　一是生长发育速度明显减慢，进入一个相对平稳的增长阶段，在运动的速度、灵活性、稳定性和协调性方面已经有了提高，精细动作进入了发展最快的时期。二是认知活动表现为明显的具体形象性特点，主要依靠事物的具体形象和表象联想思维，抽象思维开始萌芽，语言表达能力发展迅速。对事物充满好奇，认知能力迅速提高，求知欲增强，最爱问为什么。行动有了初步的目的性、组织性，能较好地遵守规则，能完成一些简单任务。三是情感发展迅速，结伴交往能力增强。已适应幼儿园生活，开始把自己或别人的具体行为与普遍行为规则相联系，并能对自己和他人进行肯定或否定的评价。还具有乐群感，非常喜欢与小朋友们玩。幼儿之间经常发生争吵和打闹，也逐渐学会了游戏的规则和交往的方法。有了一定的同情心，自我意识逐渐增强，喜欢受表扬，失败时会感到沮丧。具有强烈的好动欲、求知欲，会不停地变换姿势和活动方式，甚至出现"撒野"行为，使人觉得中班幼儿"难以驾驭"。

2. 中班班级的主要特征

　　一是任务意识和责任意识萌芽，集体意识开始形成。自我服务的能力和规则意识进一步增强，大多数幼儿能自己穿脱衣服，并能按规定放置。能够乐于接受任务并愿意完成好。具备了为他人服务的能力，出现班级互帮互助行为，愿意为集体服务。二是游戏蓬勃发展，合作行为发展迅速。游戏内容逐步丰富，计划性和规则意识更加明确，合作游戏、集体游戏明显多于个体游戏。三是攻击性和告状行为明显增多。思维具有明显的自我中心特点，不善于站在别人的视角和立场上思考问题，加上十分好动，这一阶段的幼儿特别容易在游戏中出现矛盾，而又普遍缺乏解决矛盾的经验，因此，攻击性的推打、骂人、抢夺等行为明显增多。能够掌握一定行为规范，道德感初步发展，关心周围环境，更容易向老师"告状"检举和寻求解决。

3. 中班管理的重点

中班管理的重点是常规管理，要在生活、游戏等活动中建立应有的常规，帮助幼儿逐步养成良好的生活习惯，在必要的活动规则下自由自主地游戏、学习与社会交往。（详见第七章"幼儿园日常生活活动"）

（1）生活常规

建立生活常规，培养幼儿良好的生活习惯。

①清洁卫生习惯：养成饭前便后及手脏时及时洗手的习惯，会自己卷衣袖，会擦好肥皂并冲洗干净，擦干手，挂好毛巾。大小便基本能够自理，定时大便，小便姿势正确，学会提好裤子。不咬指甲，不把玩具放入口中。知道保持地面和墙壁、桌椅、板凳等物品整洁，不乱涂乱画。在成人提醒下能保持手脸干净和衣服整洁。

②良好的饮食进餐习惯：安静愉快地进餐，坐姿自然。正确使用餐具，学习用筷子吃饭，用手扶碗，学习收拾碗筷。逐步养成文明的进餐习惯，细嚼慢咽，吃饭不发出声响，不用手抓饭，不撒饭，不剩饭，不挑食，等等。保持桌面、地面、衣服、碗内"四净"。咽下最后一口饭，离开座位不乱跑，餐后擦嘴，用温水漱口，餐具轻拿轻放。能自己取杯子喝水，按规定时间吃完一份饭菜。

③良好的睡眠习惯及穿脱能力：安静就寝，睡姿正确，不蒙头睡觉。身体不舒服及时告诉老师。学习独立、有序地穿脱衣裤、鞋袜并放在固定地方。能穿好鞋，会系鞋带。学习整理床铺，学会叠小被子，整齐地拉好床单，枕头放在被子上面。

（2）活动常规

集体活动时能注意力集中，遵守纪律。乐于参加集体活动，认真听讲，有需求时能举手示意以得到老师许可。被邀请发言时，能勇敢地在集体面前讲话。能安静地听别人讲话，不打断、不插嘴。愿意协助老师准备用具，轻拿轻放玩教具，用完后会自觉整理收拾好用具。在活动中保持正确的姿势，能和同伴商量和讨论问题，能快乐地参加集体活动，珍惜活动成果。

（3）来园、离园常规

来园时衣着整齐，能主动、有礼貌地问好并接受晨检，将帽、衣服叠好放在固定的地方；学习擦桌椅并摆放整齐。离园收拾好玩具，整理好场地；将脱下的衣帽带回家，主动和老师、小朋友说再见。

4. 中班管理的注意事项

（1）充分利用教育常规组织好幼儿一日活动

必要的常规能够保证幼儿一日生活的顺利进行，使群体活动有序，幼儿愉快而安全。由于中班幼儿活泼好动，因此，将常规管理的目标纳入教育活动整体中，明确幼儿生活的每一个环节、每一次教育活动中的常规目标，这样才能保证活动的顺利进行和幼儿的安全。因此，一日生活的一些环节、场地和物品的使用以及活动的开展需要建立和执行一些必要的常规。

（2）教给幼儿必要的社会交往技能，解决好幼儿之间的纷争

中班幼儿社会交往的范围明显扩大，在班集体中逐渐出现了不同的交往类型，教师要特别关注。总的说来，中班幼儿普遍缺乏交往技巧，自我意识很强，更容易出现纷争。教师要加强幼儿的社会性教育，通过角色游戏等理解社会角色、社会规则等，也可以通过故事、情景表演等活动对幼儿进行移情训练使幼儿学习理解他人，学会换位思考，学会合作、谦让、尊重等社会行为。

①引导合理竞争，纠正攻击性行为。竞争对个体的成长有着重要的意义，可以培养幼儿积极、独立、进取的个性品质。鼓励幼儿之间的合理竞争，帮助幼儿正确面对竞争失败带来的挫折感。所有的竞争行为都有可能导致攻击，因为在竞争的环境中，期望目标无法实现的幼儿会受到暂时的挫折，挫折会引起愤怒情绪，幼儿自控能力差，可能会导致攻击行为的产

生。成人要及时疏导幼儿，制定公平竞争的游戏规则，或让幼儿轮流体验成功，减少其失败感和挫折感，同时教育幼儿正确看待挫折。

攻击性行为也称侵犯性行为，是中班幼儿最常出现的行为问题。通常表现为身体攻击，如打人、推人、咬人，言语攻击主要是骂人。攻击性行为较多的幼儿往往得不到同伴的接纳和认可，长期下去会影响幼儿身心的健康发展。

教师首先要及时关注幼儿的攻击性行为，避免冲突的发生。我们首先要正确看待幼儿的攻击性行为给予每个幼儿情感上的支持与关怀，即使有的幼儿有一些问题，也要把它看成幼儿身心发展中的个人特点和暂时行为，绝对不能冷嘲热讽，给予歧视。其次，要为幼儿提供充足的材料和活动空间，提供公平宽松的游戏环境，减少拥挤和摩擦。最后，还要通过教师言行和故事等多种教育手段，在日常生活中给幼儿提供模仿的榜样。也要给幼儿提供宣泄的机会，教给幼儿合理宣泄情绪的方法。还要组织丰富多彩的活动，满足幼儿的好动欲望，避免无所事事的等待环节，减少冲突。

②合理解决幼儿之间的告状行为。中班幼儿开始把自己或别人的言行与一定的规则和榜样做比较，产生相应的道德体验。出现许多"管闲事"的告状行为。有的幼儿遇到矛盾冲突时，缺乏交往技能，就求助于老师，也会出现幼儿之间频繁告状的行为。如果老师每次都裁决，就促使幼儿事事依赖老师，养成不能独立解决问题的不良习惯。因此，教师要教给幼儿解决问题的技巧，鼓励幼儿遇到冲突时，先与小朋友交谈、商量，想办法解决，实在解决不了再找老师。

（四）大班的管理

大班管理要在生活活动中不断提高自觉服从常规的要求，形成生活自理管理习惯为入小学准备。在自由活动中要加强纪律规则的养成，促进合作与竞争等社会交往技能的发展。（具体内容详见本书第七章"幼儿园日常生活活动"）

1. 大班幼儿身心发展的主要特点

这一阶段的幼儿观察力和理解力迅速发展，求知欲和好奇心强烈，学习能力明显增强，游戏水平更高。他们情感丰富，做事的独立性和坚持性较强，常常积极参与成人活动，言语、行动表现出明显的个性特征。一是身体发展比较迅速，动作协调。大班幼儿大脑皮层的功能明显发育迅速，睡眠时间减少，生长发育速度较稳定。身体比较结实，肌肉耐力明显增强，身体活动量大，动作发展迅速，动作的稳定性和协调性增强。手的动作精细、准确、熟练，独自活动更多。二是语言能力增强，已经掌握本民族的日常语言，会像成人一样交谈，语言有了逻辑性，会有表情地朗读和讲故事，开始用比较丰富的词和复杂的句子结构表达自己的想法。三是思维仍然具有直觉思维的特征，但明显出现了抽象思维的萌芽，开始掌握一定的学习方法。观察事物的目的性、标准性、概括性都有所增强。四是出现了有意识地自觉抑制和调节自己心理活动的方法。情绪情感的调节能力逐步增强，情绪体验日益丰富，表现为高级道德情感明显发展，情感体验与社会需要紧密联系，能有意识地控制自己的感情。社会性情感增强，表现为自豪感、成就感、害羞感等。但情绪易受环境的影响，具有易冲动性。五是个性初具雏形，社会性有很大发展。大班幼儿已经初步形成了比较稳定的心理特征，能够控制自己的行为，自我意识有了较大发展，能够初步认识到自己在班级中的位置，形成了对自我的初步评价，能够支配自己的认识活动、情感态度和动作行为，逐步形成自尊心、自信心、坚持性等性情特征。

大班幼儿责任感和社会交往能力进一步增强，对于教师交给的任务大多能较好地完成，愿意积极承担一些为集体服务的工作并为之自豪。能自发地结成小集体在一起玩，发生矛盾也能独立地协商解决。幼儿在与同伴的交往中，游戏的社会化程度大大增强，通过与同伴的合作与竞争学会正确处理人际关系，发展自主性、独立感、成就感。大班幼儿游戏大多是集体游戏，他们能遵守比较复杂的游戏规则。

2. 大班幼儿的班集体意识特征

一是大班幼儿强烈的求知欲和好奇心促使班级形成比较浓厚的学习气氛，有意识的学习开始成为主要活动，不再满足于对事物表面的兴趣，而是喜欢追根问底，喜欢问"为什么"。他们提的问题范围很广，使老师难以应对。思维活跃，主要不是停留在身体的活动上，而是表现在智力活动的积极性上，他们有强烈的求知欲和认知兴趣。他们乐意学习，能够坚持较长时间的学习活动和智力游戏。二是集体感增强，形成较为团结的班级集体意识，热爱集体生活、热爱集体中的成员，自觉为集体尽义务、做贡献，产生关心并维护集体荣誉的情感和行为，还能提醒和鼓励同伴。集体感的产生和发展促进幼儿进一步摆脱自我中心的束缚，发展了对他人和集体的责任感和义务感，对班集体巩固产生了积极作用。

3. 大班管理的重点

（1）常规管理

大班幼儿已经形成了一些行为习惯，自制力有所提高，辨别是非能力增强了，为我们培养幼儿更多的常规打下基础。大班常规管理的内容与要求如下。

①晨间入园：衣着整洁，愉快入园，有礼貌地和老师与小朋友见面；会告诉老师自己身体有无不舒服的感觉；有礼貌地和家长告别；积极投入晨间活动；主动做好值日工作。

②进餐：正确使用筷子吃饭，左手扶碗，喝汤时两手端碗，形成独立进餐的习惯；养成细嚼慢咽，不挑食，不浪费，不弄脏桌面和衣服的行为习惯；用筷子将桌上的饭粒、残渣弄进碗里，放好椅子，送回餐具；力所能及地帮老师做好餐前准备和餐后收拾工作。

③睡眠：不带小玩物上床，迅速铺好被褥，不东张西望、交头接耳，闭上眼睛，安静入睡。养成正确的睡眠姿势；按时起床，按顺序独立地穿衣服；自己整理好床铺。

④盥洗：掌握洗手洗脸的顺序和方法，保持手脸干净；动作迅速，认真，

不打架，不玩水，不浸湿衣服和地面；每天早晚刷牙，刷牙时要上下、前后、里外刷，最后用水漱干净。

⑤行为习惯：讲文明，有礼貌，遵守各项行为规则；友好地与人交往，同情、关心并乐于帮助他人；能主动、积极地与他人交流，并专注地倾听别人谈话等。

⑥教育活动常规：一方面在中班基础上继续教育，另一方面为顺利入小学进行衔接教育。

（2）大班班集体的引导

①集体意识的发展和引导。大班幼儿的集体意识发展迅速，集体意识的培养也成了大班班级管理的重点，对此教师要注意从以下三个方面培养：一是要建立班集体规则，培养幼儿的自律性。教师通过给幼儿提出一些行为规范和在集体生活中必须遵守的规则，给幼儿适当的限制，让其知道集体有制约性，学会处理集体和个人的关系，知道个人的言行对班集体的影响。二是提供机会让幼儿为班级做事，培养幼儿的集体意识。大班要建立起小组长和值日工作制度，让每一个幼儿轮流担任负责人，使他们在为集体做事的过程中体会自己是集体中的一员，体验为集体做事的光荣和愉快。三是通过开展多种形式的竞争活动增进幼儿的集体荣誉感。大班幼儿喜欢竞争的集体活动并追求活动的结果，教师可以让幼儿在班与班之间、组与组之间开展比赛，幼儿只有从一次次的失败和胜利中才能体会到大家必须有团结协作、互帮互助的群体意识和集体荣誉感才能获胜。在竞争的活动中，幼儿如果多次经历成功的喜悦和失败的苦恼，就会逐渐懂得个人与集体的关系，增进集体荣誉感。

②责任行为的发展和引导。培养大班幼儿的责任行为可以从以下三个方面入手。

首先，可以从日常生活和教育活动中入手，充分给予幼儿自主权，让幼儿独立完成自己应该完成的事和自己选择的活动。幼儿的自理能力越强，活动的自主性越大，自己对自己的行为越有责任感，比如：幼儿自选的活动，往往是幼儿感兴趣的、愿意从事的活动，那么在活动中幼儿往往十分投入，认真完成。

其次，通过开展大带小结对子活动，开展与不同年龄班幼儿的交友活动，开展各种游戏，使幼儿意识到自己是大哥哥或大姐姐，应该帮助弟弟妹妹，从而促使其责任感增强，体验到关心他人的愉快和自豪感。

最后，教师通过正面强化肯定幼儿的责任行为，促进幼儿责任意识的发展。教师要帮助幼儿明确行动目的、意义及规则，运用表扬、鼓励来激发幼儿的责任感，幼儿得到教师的肯定，会意识到自己有完成任务的能力，自信心增强，更能出色地完成任务。

③合作行为的发展及引导。大班幼儿随着知识经验的丰富，身心不断成熟，幼儿之间合作行为逐渐增多，主要表现在喜欢集体生活，联合游戏，渴望与同伴玩耍。教师首先要通过故事等多种教育途径，教给幼儿合作的技能，学会避免冲突和矛盾，学会协商和相互配合。其次，要通过开展合作性游戏培养幼儿的合作能力。例如：在角色游戏"快餐店"中，"服务员"和"顾客"必须合作才能开展游戏；体育游戏"三条腿"，幼儿只有两两配合、步调一致，才能行走，等等。最后也要在日常生活中，为幼儿提供合作的机会，培养幼儿的合作行为。

④入学准备。进行小学班级常规的初步学习。

（五）混龄班的管理

1. 混龄班及其优势与不足

混龄班是指将年龄相差在12个月以上的幼儿编排在一个班级里学习、生活、游戏的一种教育组织形式。这种班级类型多设在农村和厂矿企业幼儿园。近年来我国引进的蒙台梭利教育模式也有采用混龄编班的形式。主要类型有双龄班、三龄班、多龄班等。

混龄班教师如果能科学组织幼儿的生活和游戏，就会产生独特的教育效果。混龄班有着许多同龄班无可比拟的优势，开展对混龄班教育的科学研究为我们学前教育改革提供了新的思路。

（1）混龄班优势

①差异互补，各得其所。由于幼儿年龄不同，其身心发展有着很多差异，对于空间、设备、材料等的要求各有不同。如：小班幼儿喜欢布绒娃娃等玩具，中大班幼儿喜欢动手操作的拼插玩具，这样他们在一起就不会为争抢玩具而发生争执。在游戏中，幼儿对扮演角色的能力和需求也不同，如：一些年龄大的幼儿喜欢组织领导别人，玩复杂的角色游戏，而年龄小的幼儿则更乐意听从大孩子的安排和指挥。他们一起配合，取长补短，各求所需，共同发展。

另外，在一般的同龄班中，认知发展稍迟缓的幼儿，因无法与同伴齐步学习，常常影响其能力发展，但在混龄班中，可以与年龄较小的幼儿一起学习，获得再学习的机会，也有机会体验成功和成就感。对年龄较小而发展较快的幼儿来说，由于可以向年龄相仿的大哥哥大姐姐学习，能力水平会迅速提高。

②异龄互动，共同促进。混龄班扩大了幼儿的接触面，使他们学会了与不同年龄幼儿交往的能力。研究发现：混龄班幼儿会进行较多的团体建构及团体扮演游戏，有较多的语言以及身体沟通行为。不同年龄伙伴在一起，更经常出现模仿行为，每个人在团体里都有机会成为"老师"。幼儿喜欢由比自己大二三岁的同伴教导，喜欢模仿那些能力、年龄与地位比自己高的同伴，这样的学习效果并不比教师或成人直接指导差。在混龄班里，容易形成大带小、小促大的氛围，如果能够受到成人鼓励，幼儿更乐于互教互学、互帮互助。

混龄班的幼儿年龄有大有小，彼此间如兄妹一般，这种家庭式的组织方法可以为幼儿提供更多角色经验，促进角色承担能力的发展。通过与不同年龄伙伴相互接触，共同生活与活动，学习与人交往的正确态度和技能，克服以自我为中心，培养良好的社会行为方式，为幼儿良好的个性形成奠定基础。

③因材施教，形式多样。混龄班幼儿年龄不同，决定了其教育的个别化特点非常明显。教师要观察了解每个幼儿的行为表现和个性特点，从而制定出更有针对性的教育计划和方案，使每个幼儿充分发挥自身潜力，在原有基础上得到积极发展。混龄班的教学、活动、游戏、生活等各环节有多种组织形式，可按年龄分组，可按知识基础分组，可按接受能力分组；可按特长、兴趣分组，也可以采用同一内容不同要求，或不同内容与活动形式交替在大小组间进行。对各组有不同的教学计划，小组有分有合，多种活动交替，手脑活动交替，动静交替，等等。科学的混龄教育活动改变了整齐划一的教育模式，有利于克服幼儿园小学化倾向，有利于促进幼儿个别化及个性化的教育。

（2）混龄班不利之处

①课程设计与实施较复杂。教师需要了解教育内容和每个年龄段幼儿的发展水平和个体差异，分组要求高。如果要取得相应的教育活动效果，对教师的组织能力和观察能力要求很高。

②集体教育活动容易造成时间上的浪费。一般的教育活动在同龄班只需要一个单位时间，而在混龄班的分组活动中，却需要几个单位时间才能完成。每次活动都要分组，指导费时费力，而且时间不容易把握。组织不好，常常造成部分幼儿等待轮换的现象，浪费时间。

③容易造成大龄幼儿争先表现，而影响小龄幼儿的表现表达。年龄大的幼儿在集体活动中，几乎与年龄小的幼儿相比都表现出优势，这样可能会影响小龄幼儿的自信心。

总之，混龄班教养有利有弊，对幼儿教师素质要求较高，我们要进一步对这种教养方式进行研究，挖掘和改进教育活动，扬长避短，推动混龄班教育质量的提高。

2. 混龄班的管理重点

（1）分层进行教育指导，促进原有水平的提高

教师要细心观察每个幼儿的能力水平，采取以年龄为主，结合幼儿的

实际能力的灵活分组方式,将能力弱的幼儿编入小组、能力强的幼儿编入大组。一般把混合班分成大小两组进行教学有利于幼儿的全面发展。大组包括6岁组和5岁组中发展较好的幼儿,小组包括4岁组和5岁组中发展弱些的幼儿。根据幼儿发育的发展变化,可动态调整。教师要对不同组提出原有水平上的新要求,要有侧重地分层指导。如对小组幼儿生活自理能力培养,要着眼于"教"重点是教会幼儿某种技能。对大组幼儿主要是逐步提高其认识,要求其初步自觉形成良好习惯,多利用语言鼓励、表扬、批评等方式进行督促。做到分层指导,注重落实才能促进幼儿发展。

(2)充分发挥"混龄"优势

混龄班,由于幼儿年龄不同,彼此间的关系如同兄弟姐妹,这就为幼儿提供了一种家庭式的成长环境,幼儿间相互模仿,互相促进。教师要运用好幼儿教育的原则,发挥"混龄"优势,促进幼儿发展。教师可以运用的方法主要有以下几种。

异龄促动法。一日生活中,多让大龄幼儿与小龄幼儿结对子互帮互助。哥哥姐姐领着弟弟妹妹,照顾弟弟妹妹的吃、穿、玩等生活,无形中促进大龄幼儿自觉自律地活动和学习,不知不觉地把自己的知识、经验、技能传递给较小的幼儿,体验到成功感、自豪感。小龄幼儿通过模仿很快学到本领,这样大带小、小促大,使异龄幼儿之间相互促进,各自得到发展。

同龄互动法。可以经常组织同龄幼儿进行穿衣、穿鞋等表演比赛,促进同龄幼儿互比互学活动,促进同龄幼儿的共同进步,发现和帮助同龄中能力较弱的幼儿。

位次排列法。幼儿的交往与互动受空间位置的距离影响大,教师对幼儿的座位、床位的排列要精心设计。如:有时同龄组围一桌,有时异龄组围一桌,两种排列能达到不同的效果。异龄组围桌的方法为:一边是同龄孩子,另一边是异龄孩子。异龄幼儿要两两相间,这样既能促进同龄孩子的互动学习,又能促进异龄幼儿的互动发展。

角色换位法。大组幼儿毕业离园后,小组幼儿在新学期自己做了哥哥姐姐，教师要引导幼儿及时转变角色。老生做好帮带榜样作用，新生从大哥哥大姐姐的关怀中得到情感上的满足，并且较快适应混合班的生活环境，了解并遵守学前教育机构的行为规范，适应幼儿园的生活。

（3）建立合理常规，持之以恒，培养幼儿的良好习惯

把幼儿一日生活各环节的基本要求规范化、固定化和制度化，通过教育让幼儿知道什么时间该做什么和怎样做，建立与生活规律相一致的生物节律，减轻幼儿日常生活中不必要的紧张。幼儿年龄小，可塑性强，好习惯容易养成。少若成天性，习惯成自然，良好习惯一旦形成，对其一生都会产生影响。

（4）科学合理安排一日活动的作息时间

教师要兼顾幼儿年龄差异，科学合理安排一日生活，考虑家长需要和实际情况，做到科学性、服务性和发展性要相统一。安排幼儿一日活动的原则是"三注重""一统一"。"三注重"，一是注重时间的合理搭配，使每项活动时间充足而有效，避免排队等待现象；二是注重各种活动之间的合理搭配，动静交替，保证各年龄组都能完成各自的活动任务，共同提高；三是注重组织形式的活泼有趣，让幼儿在轻松愉快的活动中主动发展。"一统一"是指活动的设计要有统一调整，突出总主题，大小组的教育目标要明确。

（5）精心编排学习内容，合理使用教育方式

混合班的学习内容，教师可结合已出版的各种教材和当地的实际情况，精心选择和编排。考虑幼儿年龄由易到难，循序渐进；注重幼儿兴趣和知识本身的逻辑顺序，主要选择幼儿感兴趣的和生活中熟悉的事物为学习对象，为幼儿一生学习打下基础。

混龄班幼儿接受能力差异很大，如果同时开展不同科目、不同内容、不同要求的教育内容，教师组织教育的难度会很大，也很难实现大带小互动。经验证明以综合主题活动为主要活动开展比较好。确定一个大主题，围绕该主题，对各年龄组提出相应的教育目标，运用各种教育手段，注重

整体效益，使教育内容相互渗透，有机结合。可以针对同一领域的同一内容对不同组幼儿提出不同要求，比如：讲故事活动，可以让大组幼儿学习复述，小组幼儿简单理解；也可以对同一领域不同内容提出不同要求；还可以同一内容由不同领域提出不同要求，此方法幼儿比较感兴趣，比如：全班幼儿认识"猫"的外形特征和生活习性，小班学习描述出"猫"的简单特征，大班学习画出"猫"的动态特征，相互讲述，互相欣赏，使大小组幼儿相互影响，共同提高。

总之，混龄班最常用的是同一领域的活动，但不论教师采取何种方式都要认真组织教学。可以通过培养小助手，在大组中委派值日组长，协助老师分发物品，辅导小组幼儿等把教育落到实处。

（6）充分发挥大组幼儿的"首领"作用

教师要善于发挥大组幼儿的"首领"作用，开展丰富多彩的区角活动和游戏活动。区角活动的自主性可以满足不同年龄幼儿的实际需要，我们要在区角投放不同难度、不同层次的游戏材料，满足幼儿开展自主性游戏的需要。每个区角派大组幼儿当值日生，协助教师开展辅导和安全监督工作。每次游戏前，选出"小首领"，先让他们明确游戏的内容和组织方法，每人负责一组幼儿，这样教师就可以有足够的精力做个别指导。

幼儿园与家庭、社区和小学

第十章

第一节　幼儿园与家庭的合作

2001年颁布的《幼儿园教育指导纲要（试行）》总则中提出："幼儿园应与家庭、社区密切合作，与小学衔接，综合利用各种教育资源，共同为幼儿的发展创造良好的条件。"在组织与实施部分又指出："家庭是幼儿园的重要伙伴，应本着尊重、平等、合作的原则，争取家长的理解、支持和主动参与，并积极支持、帮助家长提高教育能力。"由此可见，幼儿园教育与家庭教育在幼儿发展过程中，缺一不可，各自都发挥着不可替代的作用。只有二者有机结合、相互作用、取长补短，才能最大限度地发挥教育优势，挖掘潜力，使幼儿得到更好的教育和发展。

一、幼儿园与家庭合作的含义及价值

（一）幼儿园与家庭合作的含义

幼儿园与家庭合作简称"家园合作"，是指幼儿园和家庭双方积极主动地相互了解、支持与配合，共同促进学前儿童身心和谐发展的活动。家园合作是双向的，但相对而言，幼儿园、幼儿园教师应处于主导地位。

正确理解家园合作的内涵，需要把握以下几点。

第一，家园合作是一种双向互动活动。一方面，幼儿园应视家长为促进其孩子成长过程中的积极合作者，保证家长了解孩子在幼儿园生活的方方面面，认真考虑家长提出的意见和建议，邀请家长参与幼儿园的教育活动，发动家长为幼儿园教育提供教育资源，并对家长的教养方式和幼儿园合作的方法进行指导；另一方面，家长要向幼儿园提出自己对教育孩子的看法，对幼儿园为孩子提供的一切做出回应。

第二，家园合作需要合作双方有积极主动的态度。它包括家长对孩子的爱心与责任感、对幼儿园乃至整个教育的信任与支持，也包括教师对家长的热情接纳和对家长参与的信心。

第三，家园合作要考虑幼儿园和家庭双方的需求。家园合作围绕的核心是幼儿，幼儿是幼儿园和家庭服务的共同对象，促进幼儿的全面发展是家园合作追求的最终目标。

（二）幼儿园与家庭合作的价值

在家园合作中，幼儿园和家庭都应把自己当作幼儿发展的重要力量，双方积极主动地相互了解、相互配合、相互支持、双向互动，共同促进幼儿的身心发展。具体而言，幼儿园与家庭合作的价值如下。

1. 促进幼儿身心健康发展

幼儿园和家庭是幼儿生活和学习的两个重要场所。如果家庭与幼儿园教育影响在方向上一致，那么就可以相互支持，形成教育合力，促进幼儿的发展。如果教育影响在方向上不一致，那么就会减弱和抵消各自的教育影响，甚至给孩子的成长造成负面影响。有人断言"如果家长不配合幼儿园工作，幼儿很多习惯的养成往往是5+2=0（星期一到星期五在幼儿园接受五天教育，却在周末两天因为家长不同形式的教育而完全抵消，使得幼儿在一个星期里养成的良好习惯为0）"。可见，只有家园合作才能真正促进幼儿的身心健康发展。

2. 提高幼儿园保教工作的效率

幼儿园保育与教育工作如果得到家庭的支持与配合，自然会事半功倍。一般来说，家长都比较关心子女的学习和教育，也乐于支持和配合幼儿园的各项工作。良好的家园合作关系，可以使幼儿园从家长那里获得多种支持，包括人力、物力的支持。家长对幼儿园教育工作的支持，不只限于配合教师，做好对自己孩子的教育工作，保持教育要求的一致性、一贯性，而且还可以直接参与幼儿园的教育活动，在丰富幼儿园的教育内容等方面提高幼儿园教育工作的效果。特别是从事不同职业的家长，可以成为幼儿园开展各种相关主题活动的重要教育资源。例如，开展"医院"主题活动时，可以请相关职业的家长来讲解医院中各个部门的职能，介绍各种常见的医疗器具，以及到医院就诊的注意事项等。

3. 指导与改进家庭教育，密切亲子关系

家园合作为促进亲子互动、相互了解提供了新的途径。《幼儿园工作规程》中提出，我国幼儿园教育的任务之一是为幼儿家长提供科学育儿指导。通过家园合作，一方面可以指导与改进家庭教育；另一方面，可以让家长有机会了解自己的孩子在幼儿园的生活和学习，更好地认识自己孩子的特点。同时，也使幼儿有机会了解自己父母亲的工作与"本领"，对家长产生敬佩、尊敬的情感。家长和幼儿一起为幼儿园的主题活动收集资料、实地观察，帮助幼儿解决问题，能够促进亲子交往，密切亲子关系。

二、幼儿园与家庭合作的内容

家园合作的内容是指幼儿园和家庭双方利用各自占据的教育资源，相互配合，发挥合作优势共同促进幼儿的健康发展。根据幼儿园开展家园合作的实践，家园合作内容主要包括两个方面：

（一）鼓励和引导家长直接或间接地参与幼儿园教育，同心协力培养幼儿

家长直接参与，指家长参与幼儿园教育过程中，如共同商议教育计划、参与课程设置、加入幼儿活动、深入具体教育环节与教师联手配合（共同组织或分工合作）、被邀请主持一些教育活动等；家长间接参与，指家长为幼儿园提供人力、物力支持，或将有关意见反映给幼儿园和教师，如家长会、家长联系簿等，而自己不参与幼儿园教育各层次的决策和活动。家园合作大多属于这一类。

（二）幼儿园帮助家长树立正确的教育观念，掌握科学的教育方法

调查表明，我国的家庭教育存在不少错误观念，如偏重智力、技能的培养，而轻视社会性的发展。家庭教育的方法也一般比较简单、盲目，溺爱、娇惯孩子的现象十分普遍。[①]因此，强化家长其"不仅是养育者，也是教育者"的意识，改善家长的教育行为、教育方法，优化家庭环境，贯彻《规程》的要求，"为幼儿家长提供科学育儿指导"是幼儿园的重要任务。

在家园合作中，上述两方面的内容是相互促进、相互结合、可同时进行的。

三、幼儿园与家庭合作的原则

幼儿园与家庭合作的原则是家园合作必须遵循的公认的行为准则。《纲要》指出，家庭是幼儿园重要的合作伙伴，应本着尊重、平等、合作的原则，争取家长理解、支持和主动参与，并积极支持帮助家长提高教育能力。

（一）尊重性原则

1. 尊重家长的人格

教师不能因家长的容貌、职业、地位等不同而区别对待，而是要发现每一位家长的优点，引导家长参与、支持幼儿园的教育工作。比如，可以吸引有职业特长或兴趣爱好的家长，发挥所长参与教学活动等。

2. 尊重家长的教育现象

教师应当尊重每个家庭对孩子在教育目标定位、教育方法使用等多方面的诸多不同。即使有些家庭教育出现了一些问题，教师也不能随意加以

---

① 李季湄.幼儿教育学基础［M］.北京:北京师范大学出版社,1999:160.

否定，而应该善意地提出可供家长参考的教育建议。教师应当理解家长对孩子的培养目标的价值取向不相同，不能强求一致。

3. 尊重家庭文化

每个人都有不便公开或不愿意让他人知道的小秘密，隐私权是法律赋予每个公民的一项基本权利，不管是教师、家长还是幼儿都享有隐私权。教师应尊重每一个家庭的家庭结构与生活状态，注意保护家庭的隐私，如居住环境和经济状况等。

（二）平等性原则

1. 营造民主、平等、和谐的合作氛围

民主是指在交流合作的过程中，教师要充分尊重家长的意见，不能"一言堂"，更不能专断独行。所谓平等是指教师与家长地位平等，不涉及谁主谁从的问题，合作时要大家协调决定。和谐是指大家都能从不同角度换位思考，心情愉快。只有努力营造一个民主、平等、和谐的合作氛围，幼儿园和家庭才能有效地进行交流、合作，更好地促进幼儿的身心和谐发展。

2. 善于倾听

善于倾听对于提高沟通效果，提高家园合作的针对性、时效性都具有重要的意义。在实践中，首先要让对方把话说完，其次要鼓励大家发表意见，再次不要轻易下结论，更加不能随意否定。

3. 讲究语言艺术

在幼儿园与家长合作时说话要尽量做到留有余地。多用"你的意见呢""你怎么看"等鼓励性、引导性的语言。当家园交流中谈到孩子的缺点时，首先，要先扬后抑，即要先肯定孩子的优点，然后再点出不足，这样家长才易于接受。其次，要避实就虚，即不要一开始就切入正题，而是先谈其他方面的事情，待家长心理趋于平静的时候再自然引入主题。最后，要淡化孩子的缺点和错误。老师要淡化孩子犯下的错误，不要去给错误定性、定论。

（三）合作性原则

教师要对幼儿的现有水平、发展特点全面观察，主动地向家长汇报幼儿在幼儿园的表现，并了解幼儿家庭的教育环境，以便于家园双方更客观、全面地了解幼儿的发展状况。

教师应以自己的专业性影响家长，主动帮助家长创设良好的家庭教育环境，向家长宣传科学保教知识，共同承担教育幼儿的任务。引导家长将关注重点放在孩子具有的优势上，拟定个性化的教育方案。用教育的实际效果赢得家长对教师专业素养的信任。

四、幼儿园与家庭合作的方法

《幼儿园工作规程》要求："幼儿园可采用多种形式，指导家长正确了解幼儿园保育和教育的内容、方法。"幼儿园与家庭合作的方式是多样的，根据家长参与人数的多少，大致可以分为集体方式和个别方式两种类型。

（一）家园合作的集体方式

1. 家长会

家长会是加强幼儿园与家庭合作的传统方式，一般可分为全园家长会和班级家长会。全园家长会是指在全园工作计划中确定，由园长主持，各班教师和工作人员都应出席的一种合作沟通方式。会议的目的在于使家长熟悉幼儿园的各项工作进程，宣传幼儿教育的知识，讨论有关的问题，交流家庭教育的经验，并要求家长帮助幼儿园改进工作。而班级家长会则是根据本班幼儿的实际情况，向全班家长介绍或根据某一主题讨论幼儿园和家庭中教育幼儿的内容与方法的一种方式。召开家长会应注意：①定期举行，制订计划，做好充分准备。②内容丰富具体，形式生动多样，考虑家长情况，时间不宜过长。③每次会议应有记录。

2. 家长开放日

家长开放日是家长间接参与教学活动的一种方式，是指幼儿园组织的定期邀请家长来幼儿园，在活动中深入了解自己孩子的发展水平、优势和不足，了解教师的保教水平，增强办园透明度的家园合作方式。其活动形式包括观摩领域教学活动，观看幼儿作品展示，参加亲子运动会、亲子游戏或联欢会等。

3. 家长沙龙

家长沙龙主要是为家长提供宽松的畅所欲言的环境与机会，可以由幼儿园提供场所，也可以由家长自己在外组织，人数不宜多，定期举办，自愿参加，可按类型分别召开。如专门召开爷爷奶奶会，由几位有经验的祖辈家长现身说法，谈教育孙子、孙女的经验。通过这种座谈形式，可以交流关于幼儿教育的经验，充分发挥家长自我教育的作用。

4. 家长学校

家长学校是普及家教知识的有效途径，其主要任务是向家长系统地宣传先进的教育理念，指导教育孩子的正确方法，通过家长学校组织家长参与学习和活动，提高家长的幼儿教育水平和能力。家长学校的内容和形式可根据园所的具体情况而定。

5. 家长园地

大部分幼儿园都设有家长园地或家园联系栏，有面向全体家长的，也有各班办的。面向全体家长的家园联系栏一般都是介绍有关家教新观念、家教好经验、保健小常识、季节流行病的预防、亲子游戏等。各班的家园联系栏内容主要有介绍本班近期教育目标、需要家园合作的教育内容、孩子的发展情况与一些有针对性的家教指导性文章等。家园联系栏应办得生动活泼，能吸引家长，文章、资料要短小精悍。

6. 网络平台

利用现代化的网络手段，为家长开通畅所欲言的家教经验交流平台。譬如可以通过校园网介绍幼儿园的情况；通过相关信息，介绍家教知识与技术；开辟家长园地让家长在网络上发表自己的观点与建议等。当然，也可以建立家长微信群、QQ群，借助这些媒介与家长交流，及时告知家长相关的信息，这样就可以快速地建立起幼儿园与家庭的合作沟通。

（二）家园合作的个别方式

1. 家长助教

"家长助教"是指个别家长直接参与幼儿园的教学活动，具体有两种：一种是家长结合自身特长给幼儿上课，另一种是辅助幼儿园教师完成日常教学活动。具体来说，幼儿园可以邀请家长定期来幼儿园当助教，也可以采取家长自荐、教师推荐的方式邀请家长参与"家长助教"的活动。

2. 个别谈话

个别谈话是幼儿园与家庭合作沟通的较为普遍的方式，一般是指幼儿园教师利用家长到园接送幼儿的机会，与他们交谈有关教育幼儿的情况，吸取家长的经验，或向家长提出要求，征求家长的意见与建议，布置亲子活动，共同研究解决。或者是家长主动询问教师，了解自己孩子在园的表现以及与教师沟通有效的教育方法等。

3. 家访

家访是加强家园合作的一种常用的方式。通过家访，幼儿园教师可以深入了解幼儿家庭和其在家的具体情况，如个性、习惯、优缺点及其形成的原因。同时教师也可以通过家访向家长交流幼儿在园中的表现，进而通过家园合作共同解决幼儿在发展过程中存在的问题，或进一步巩固其良好的行为习惯。另外，通过家访，教师可以向家长宣传正确的教育观念和方法，同时也能从家庭教育中吸取好的教育经验。

4. 家园联系册或联系卡

家园联系册是教师与家长围绕幼儿的发展与教育进行书面联系与交流的形式，也可以制作成联系卡用于教师与家长经常性的联系，简便易行，传递信息及时。家长可从联系册中经常得到孩子的近来表现、存在的问题及幼儿园对家庭在配合教育方面的具体要求；教师则可从联系册中获得幼儿园教育效果的反馈信息，了解幼儿在家中的表现，得知家长的意见和要求。家园联系册所写的内容要具体，不能空泛，要侧重反映幼儿的变化与新的情况。

　　总之家园合作的方式是多种多样的。幼儿园要根据本园的实际情况，灵活地运用这些方法，才能促进幼儿园与家庭之间的合作，保证幼儿园与家庭在教育上的一致性，共同完成对幼儿的教育任务。

第二节　幼儿园与社区的合作

　　作为学前教育的另一个重要场地，社区也在学前教育中发挥着重要的作用。幼儿园作为当代最主要的学前教育机构，只有与社区合作，才能为幼儿发展、社区和谐、学前教育质量提升等夯实基础。

一、幼儿园与社区合作的含义及价值

（一）幼儿园与社区合作的含义

　　"社区"是由聚居在特定区域内互相联系着的，具有共同成员感、归属感的人群所组成的社会生活共同体。一个社区应当包含三个要素：特定的区域、一定数量的居民、共同的认同心理和归属感。特定的区域可以大至城市社区、农村社区，也可以小至街道、居委会。在日常生活中，人们常提及的社区往往是与个人的生活关系密切的、有直接联系的较为小型的社区，如农村的村或乡、城市的住宅小区等。

　　幼儿园与社区合作是指幼儿园与其所处的社区密切结合，共同为幼儿的健康成长服务。幼儿园与社区的合作是相互的、双向的。一方面，幼儿园要和所在社区沟通合作，从社区那里获得物质、精神的支持，充分利用社区的丰富资源环境开展幼儿园的教育活动等。另一方面，在合作中，社区也能从幼儿园获得支持，丰富社区资源，提升社区的文明水平。

（二）幼儿园与社区合作的价值

1. 社区为更好地开展幼儿园教育提供支持

社区具有丰富的教育资源，社区如果能够对幼儿园开放其具备的资源，无疑将大大拓展幼儿园教育的深度和广度。而幼儿园也要主动开发与利用社区教育资源，为幼儿的身心全面发展创造更好的保育和教育条件。

从物质条件来看，社区的自然环境可以成为幼儿探索自然最好的环境，而社区内的各种硬件设施则能为幼儿园教育提供一种保障。如社区内的邮局、医院、菜市场等设施也可以作为幼儿园的教育场所，拓展幼儿对社会环境的认知。从精神文化资源来看，社区的历史和文化等可以演变成幼儿园的课程资源，成为丰富幼儿学习经验的有效途径。如进行"尊老爱幼"这个主题时，可以让幼儿到敬老院和老人们进行沟通和交流。这些活动拓展了幼儿的生活空间，丰富了幼儿的生活体验，也在一定程度上提升了幼儿园的教育质量。

2. 幼儿园能为社区提供教育和文化的支持

幼儿园作为社会专门的教育机构，拥有丰富的教育资源，在全社会都在重视学前教育的今天，应该发挥自己的优势，主动与社区合作，向社区辐射自身的教育功能，以实现幼儿园自身的对幼儿保育教育和家长服务的功能，为社区的精神文明建设服务，共创幼儿发展的良好社会环境。同时，利用幼儿园特有的资源，定期开放幼儿园，为社区更多的家庭了解幼儿园打开窗户；也可以利用幼儿园里特色的艺术教育活动，为社区精神文明的宣讲提供义务演出，增强园方与社区的合作，取得社区更大的支持，发挥幼儿园的教育功能。

二、幼儿园与社区合作的内容和方法

（一）幼儿园与社区合作的内容

社区内具有丰富的人力、物力资源，幼儿园只要充分挖掘这些资源为我所用，定能收到良好的教育效果。同时，幼儿园作为社区的一部分，应增强与社区的联系，了解并满足社区的多样化需求，扩大社区服务功能。具体来说，幼儿园与社区合作的内容有以下两个方面。

1. 充分挖掘社区资源服务幼儿园

（1）幼儿园对社区物质资源的开发利用

要想对社区物质资源加以开发，就要先对社区所拥有的物质资源进行调查研究，然后进行整理记录，绘制详细的地图。比如，对社区超市、医院、邮局、银行、书店、居委会、物业管理中心、派出所、老人活动中心、公共活动场地、各种植物等设施和场地进行统计，以做到心中有数，使教师可以清晰地把握这些社区教育资源，也使家长能进一步明白幼儿园课程的来源以及自己可以为幼儿园提供的资源。当然，社区资源是潜在的教育资源，只有对资源进行分类和筛选，并根据幼儿发展的需要与幼儿园课程整合，才能使之成为幼儿园的课程内容。如在每年的植树节，可以组织幼儿观察社区的花草树木，并请社区的园艺工人来幼儿园为幼儿讲解社区植物的种类、名称、植物成长的过程，从而让幼儿学会爱护和保护植物，美化身边的环境，从小树立环保意识。社区的物质资源为幼儿的学习提供了活的教材教具，丰富了幼儿的直接生活经验，让幼儿的生活和学习真正成为一体。

（2）幼儿园对社区人文资源的开发利用

人文资源主要是指本地所具有的一定传统意义上的文化特色、风俗习惯、自然景观等。如幼儿园可结合传统节日举办相应的社区活动，重阳节可以组织幼儿参观社区养老院，为老人们表演节目，展示敬爱老人的心声，幼儿的感情在无形之中也得到了升华。在这样的活动中让幼儿学会用实际行动尊重老人，继承中华民族的传统美德。幼儿园还可以组织家长同盟建立玩具交换中心，将各自家里的玩具在交换中心进行交换，这样，社区的孩子们增加了互相接触的机会，有了更多的新玩具，还可以找到有共同兴趣爱好的小伙伴，这样的活动也为社区家长节省了不少经济开支。以上的活动由幼儿园出面组织，通过活动的开展可以在社区形成一种文明友好、互帮互助的氛围，在润物细无声的过程中提高社区家长的科学育儿知识和人文素质。对于社区人文教育资源的开发，需要幼儿教育工作者做个有心、有敏锐感受力的人，这样才会发现社区中有益的资源，为幼儿的发展提供真正的养料。

2. 积极拓展园本资源服务社区

（1）幼儿园向社区开放

幼儿园是社区的公共教育资源之一，应向社区开放。特别是节假日或周末可以创造条件为社区内的幼儿与家长开放，以满足有需要的幼儿享受教育资源。如幼儿园定期组织社区内幼儿参观幼儿园教育活动，幼儿园的玩具、图书等向社区内幼儿开放等。特别是在流动儿童或留守儿童较集中的社区，教育资源丰富的幼儿园应充分发挥教育辐射作用，尽量满足适龄儿童受教育的需求。

（2）为社区开展各种教育服务

幼儿园不仅负有教育幼儿的重任，同时也是促进社区和谐发展的潜在力量。幼儿园可以通过免费咨询与讲座等形式向社区成员宣传教育的重要性、介绍正确的教育观念、传授科学的育儿知识，帮助家长树立科学的育儿观，提高家庭生活与教育质量。

（二）幼儿园与社区合作的方法

幼儿园所在社区的自然环境、社区生活氛围和社区设施等，都是幼儿园可以利用的宝贵教育资源，因此幼儿园要主动与社区合作，通过"请进来、走出去"的方法，积极发掘和利用社区的各种教育资源，为幼儿提供多样化的活动平台，让幼儿在自主选择中获得发展。

1. 把多元化的社区资源请进幼儿园

一方面，幼儿园可以通过"家长导师""社区居民辅助教学"等形式，把社区里不同职业的人士请到幼儿园来参与幼儿教育，与幼儿一起活动。例如，请医务工作者来园为幼儿讲解如何预防疾病等知识。另一方面，幼儿园可以将社区物质资源中可移动的部分"请进"幼儿园；对于不能移动或不便移动的，采取绘画、录音、录像等方式，将社区的影音图像带入教学情境之中，从而使社区资源真正走进幼儿园。

幼儿园通过"请进来"的形式，将多元化的社区资源吸纳到幼儿园来，引导幼儿与社区内丰富的环境、人员相互充分作用，在积极的自我建构和社会建构中拓宽视野，感受社会文化，陶冶情操。

2. 带幼儿到社区去开展教育活动

幼儿园通过"走出去"的形式，为幼儿提供与大自然对话的机会，给予幼儿充分体验生活的场域，同时也为幼儿服务社区提供了机遇。

（1）与大自然对话

幼儿园充分利用周围得天独厚的社区资源优势，组织幼儿参观实践、交流表达、动手尝试，让每一个幼儿用心灵与大自然对话。如春暖花开时，市内最大花圃就近在咫尺，幼儿园教师带幼儿观察动植物的生长变化；秋收时节，广阔的田野就在眼前，孩子们一起去捡落叶、拾稻穗、剥豆荚，开展丰盛的野餐活动，体验生活的乐趣；幼儿园附近有各种各样的农作物，带幼儿去田野看农民播种、施肥、治虫、收割、耕田、除草，并让幼儿参与劳动，体会劳动的辛劳及收获的快乐，真正让大自然、大社会成为活教材。

（2）在生活中体验

充分利用丰富的社区资源，带幼儿回到现实生活，体会生活的本色。比如，带幼儿进行商品调查、户外教学、社区访问、社区参观、社区远足等。在热闹的菜场及百姓超市，孩子们通过自己购物，认识了货币、了解了买卖、认识了各类商品、学会了讨价还价；通过和叔叔阿姨交流以及合作购物，为其学会与人交往、合作奠定了基础；通过参观图书馆、邮局，了解工作人员为社会服务的情形等。每个活动都能让孩子亲身体验、直接感受，让生活和学习真正成为一体。

（3）参加社会实践

在"走出去"活动中，可以引导幼儿为社区做一些力所能及的事情，学习为社区服务。比如，认养树木、美化环境、为老人服务、参与节日活动等，并组织幼儿到社区场所展示自己的学习成果，进行美术展览、舞蹈表演、戏剧表演等，这不仅增加了社区的和谐气氛，还提高了幼儿自我表现的能力。幼儿园还可结合社区的要求，让幼儿融入社区的大活动中，为社区服务做宣传，如在幼儿园所处街道举办的大规模的"争当五星家庭"宣传活动中，组织孩子们参加文艺演出。

第三节　幼儿园与小学的衔接

《幼儿园工作规程》中指出："幼儿园教育应与小学密切联系，相互配合，注意两个阶段的相互衔接。"幼儿园与小学之间要做好幼小衔接工作，才能实现从幼儿园到小学的顺利过渡，让幼儿在小学阶段能够较快适应和健康成长。

一、幼儿园教育与小学教育的主要差异

幼儿园教育和小学教育在衔接过程中，因为各自教育对象身心发展的差异性，在教育的诸多方面都存在着较大差异，正确认识幼儿园教育和小学教育之间的差异，有助于做好幼小衔接的工作。

（一）教育内容的不同

幼儿园教育主要实施的是保教结合。保教结合就是指保育教育并重，保中有教，教中有保。幼儿园在对幼儿进行生活照料和全面保育的基础上开展相应的启蒙教育活动，主要关注幼儿身心健康和谐发展、日常生活行为习惯养成、初步的社会适应和自我意识形成。

小学教育则更侧重知识的学习，更注重教育，而不再强调保育，这也是由教育对象身心发展的差异性所决定的。小学教育根据国家制定的统一培养目标和课程标准对学生进行有目的、有计划的德、智、体、美等全面发展的教育，关注学生的社会道德品质的发展和学习习惯的养成等。

（二）教育组织方式的不同

幼儿园以游戏为主要的活动形式，注重让幼儿在游戏中学习，在活动中体验。活动生动有趣、形式多样，幼儿的学习任务多是动手操作之类，总体上较为轻松愉快。每天集体活动时间不超过1小时，每节课时间在10～30分钟之间。而小学则以分科集体教学为主，对学生进行系统的文化知识传授，平均每天4～6节课，每节课时间40分钟。

（三）作息制度的不同

在幼儿园的一日活动中，休息、睡眠、吃饭、喝水、如厕等生活活动都在幼儿园完成，需要教师悉心照料，生活活动时间比小学多，正规的学习时间比较少。

小学的作息制度相对较为统一和固定。学生遵照统一的时间安排进行相关活动，如上课、课间休息等。一般上课时间，学生未经许可，不得随意活动。小学日常教育活动分为上午和下午时间段，除低年级学生外，一般不需要教师看护。小学的学习时间较长，生活环节的时间较短。

（四）对幼儿要求的不同

幼儿园学乐结合，不留作业，不考试，幼儿感到轻松愉快。入小学后，学习科目多，考试多，作业多，而且老师和家长对他们的要求明显提高。幼儿园不存在升学率，注重幼儿的全面发展。而小学有升学的压力，老师把学习成绩作为评价学生的主要标准，甚至是唯一标准。

（五）学习环境的不同

一般来说，幼儿园为幼儿选择和操作提供了丰富的材料，环境的布置比较轻松、活泼、生动。学习、生活设施一般都相对集中，活动室、盥洗室等紧密相连，幼儿生活比较方便。活动室还没有活动区角，幼儿可以选择自己喜欢的活动内容。而在小学中，教室环境布置相对简单，自由活动空间较少，还要受到纪律约束。

二、幼儿园与小学衔接的含义及价值

（一）幼儿园与小学衔接的含义

幼儿园与小学的衔接简称"幼小衔接"，是指为了促进幼儿的健康成长，幼儿园和小学通过创造良好的条件，做好一系列的工作，以帮助幼儿实现从学前教育阶段到小学教育阶段的顺利过渡，并取得良好教育效果的过程。

幼儿园与小学的衔接是双向互接的关系。一方面，幼儿园要为幼儿入小学积极做准备，使幼儿顺利地适应小学的学习生活；另一方面，小学也应以幼儿园保教目标为基础，引导幼儿顺利地通过幼儿园向小学过渡的阶段，实现幼儿园与小学的顺利衔接。这既是幼儿园应有的教育责任和义务，也是小学应有的责任和义务。如果幼儿出现不适应的问题，双方不能相互推卸责任或指责对方，而应本着在过渡中求发展，在发展中求适应的方针，共同为幼儿顺利适应小学生活做出自己的努力。

（二）幼儿园与小学衔接的价值

1. 有利于幼儿身心健康发展

根据世界卫生组织的界定，身心健康是指在身体上、精神上的完满状态，以及良好的适应力，而不仅仅是没有疾病和衰弱的状态。幼小衔接可以有效地减小幼儿园与小学之间的坡度，使幼儿能根据环境的变化，积极、主动、有效地进行身心调整，减轻生理和心理上的失衡，在新的环境中保持良好的身心发展状态。

2. 有利于提高幼儿社会适应能力

幼儿在任务意识、规则意识、独立意识和完成任务的能力、人际交往方面都需要加强训练，才能适应小学的学习生活。幼小衔接的过程就是帮助幼儿适应新的环境、新的要求、新的老师与同学，在与人的交往过程中促进个体的社会化发展，提高自身的社会适应能力。

3. 有利于幼儿良好习惯的养成

学前儿童正处于人生的初始阶段，可塑性大，自控能力较差，是养成良好习惯的关键阶段。但是习惯的养成并非一朝一夕的事情，很多习惯一般要到小学甚至中学阶段才真正形成，如生活习惯、卫生习惯、学习习惯等。做好幼小衔接，有利于幼儿形成良好的行为习惯，特别是良好的学习、人际交往的习惯。

4. 有利于幼儿顺利适应小学生活

小学时期是幼儿发展历程中的一个重要时期，是幼儿开始学校生活的第一个阶段。幼儿能否适应从幼儿园到小学的生活，会影响入小学后的学业成绩。适应好的儿童，会较快进入小学的学习状态，取得较好的学业成就；反之，出现学习困难的概率就会增大。

三、幼儿园与小学衔接的策略

幼儿园与小学的衔接工作，不单是幼儿园的事情，也不仅是小学的工作，而是要利用教育的合力来完成。在衔接工作中，幼儿园、小学和家庭等都要承担起各自的责任。

（一）幼儿园中的幼小衔接工作

幼儿进入小学前必须达到一定的身心发展水平，才能适应小学的学习和生活，而学前儿童的身心发展水平很大程度上取决于幼儿园的保教质量。因此，幼儿园必须通过各种保教手段提高幼儿各方面的素质，增强环境适应能力。

1. 做好持久性的衔接工作

幼小衔接是一个持久性的工作，从幼儿入园开始就已经展开，幼儿园应该根据《纲要》和《规程》的要求，对幼儿实施教育与保育工作，促进其身心和谐发展，为幼儿入小学打下良好的基础。

2. 做好大班下学期的入学准备工作

（1）进行制度性策略调整。第一，调整一日生活作息制度。为使幼儿在进入小学后能较快地适应小学的作息制度，以不影响幼儿身心健康为前提，大班下学期可以适当缩减午睡时间，减少游戏时间，延长集体教育活动时间，适当增加课时等。第二，改变活动室环境布置。大班后期活动室环境要适当减少活动区角，扩大图书角，将桌椅按照小学方式排列，值日生管理也可以适当按照小学模式安排，但是活动内容不能小学化。

（2）进行教育活动策略调整。第一，在大班下学期的教育活动中，教师可以适当开展培养幼儿小学适应性方面的教育，如认识小学及其学习生活，在活动区内增设整理书包的操作活动、书写活动等。第二，组织幼儿到附近小学参观，或开展联谊活动，有条件的可以深入小学课堂，观察小学生的上课情况，让幼儿体验小学的课堂活动与其他集体活动。第三，幼儿园可以巧用毕业离园活动，隆重举行幼儿园毕业典礼，让幼儿留下深刻的印象，带着欢乐、自信和向往之情告别幼儿园生活，去迎接新的生活。

3. 协调家长、小学教师在幼小衔接方面的工作

幼儿园可以通过与家长学校、幼儿园园报、家园联系册、家长开放日等多种途径使家长与幼儿园统一认识、统一方法；同时可以针对幼儿的个别情况，向家长提出有针对性的幼小衔接方案。

幼儿园教师要主动与小学联系，倾听意见，不断调整教学内容与方法。同时向小学教师准备一份较为详细的幼儿各方面发展的情况表，使小学教师更加全面、系统地了解幼儿，有针对性地开展教育工作。

（二）小学中的幼小衔接工作

幼小衔接的目的是让幼儿进入小学后，能平稳、自如地应对社会适应和学习适应。因此小学应从衔接师资、衔接课程和衔接环境三方面做好幼小衔接准备，承担起帮助幼儿顺利度过入学适应困难的重任。

1. 组建专业衔接教师队伍，提供幼小衔接合作平台

法国幼儿教师和小学一、二年级教师可以互相到对方学校执教，这在一定程度上有利于打破幼小教师素养之间的断层，更好地促进幼小衔接。鉴于此，有必要在小学组建专门的幼小衔接教师队伍，要求他们熟悉幼儿身心发展的特点，能灵活运用适宜的教学方法，帮助儿童平稳地适应小学生活。同时，他们担负定期组织幼小教师一起交流学习、互换岗位、共同开展教育活动等责任，加强双方对彼此教育情境、教学安排等方面的学习，为幼小教师的衔接工作架起一座桥梁。

2. 调整幼小衔接课程内容，及时更新幼小衔接指导教材

在幼小衔接工作中，小学幼小衔接教师应总结幼儿入学适应问题，寻找和分析问题原因，调整幼小衔接课程内容。新的幼小衔接课程内容不仅

包括幼儿入学知识的准备，还应重视幼儿入学心理准备、学习技能及社会适应能力的准备等。同时，根据调整过的幼小衔接课程内容及时更新衔接教材，以正确引导教师合理安排幼小衔接教学。

3. 缩小幼小教育环境差异，创设连续性幼小衔接环境

为使幼儿在进入小学这个全新的学习环境时不会感到陌生，有必要在小学一、二年级设置与幼儿园相近的环境。在小学低年级教室学习环境的设置中，可以延续幼儿园的某些区角，使其在外观上与幼儿园环境设置没有太大的区别，而在内容的选取上，应选择与小学生身心发展相宜的知识。

（三）家庭中的幼小衔接工作

家长在幼小衔接中作用巨大，但必须具备合理的有效衔接观念，采取科学的方法，才能达到良好的效果。

1. 激发幼儿学习的兴趣

对于处在幼小衔接阶段的幼儿来说，知识的学习不是最重要的，家长要走出只重视知识学习的误区，采取有效措施培养他们的学习兴趣。首先，家长要保护幼儿对小学的兴趣，并把这种兴趣转移到学习上来。有调查显示，幼儿几乎不考虑他们将从哪一年级开始小学生活，仅对"小学"这个大概念十分感兴趣。家长要满足幼儿对小学的好奇心，让幼儿内心产生想上小学当个小学生的愿望。其次，家长要用启发的方式培养幼儿主动学习的积极性。当幼儿在学习上遇到难题向家长求教时，家长不需要直接告诉他们答案，而应用一种启发的方式，在幼儿原有的知识水平上提出一些相关性问题或建议，引导幼儿思考，鼓励幼儿自己动手、动脑去获取答案。最后，家长对幼儿的期望要适度，并及时肯定他们所取得的成绩。家长要从实际的角度出发，根据自己孩子的具体情况为他们去制定一些容易达到的学习目标，而不是被"望子成龙""望女成凤"的落后观念冲昏头脑。幼儿在学习上取得进步时，家长应该及时鼓

励他们。当幼儿克服学习上的困难体验到成功的乐趣后，就会对学习更加感兴趣。

2. 注重知识学习与身心健康发展相协调

从幼儿园到小学，不只是学习环境的改变，幼儿的身心发展也经历了一次重大的改变，家长应帮助幼小衔接阶段的幼儿做好身体、心理和社会适应上的准备。首先，家长要帮助幼儿养成强健的身体。小学的学习任务比幼儿园繁重，学生上课时需要认真听讲，回到家后还要完成教师布置的作业。家长要保证幼儿有充足的营养和睡眠时间。在课余时间，家长可以和幼儿进行一些户外运动，锻炼身体，增强体质，防止感染疾病影响幼儿的身体健康。其次，家长要帮助幼儿缓解心理状况。幼小衔接阶段的幼儿会产生一些心理问题，如心情焦虑、紧张，自卑、抵触心理强烈等。在步入小学前，家长可以带领幼儿参观附近的小学，让幼儿熟悉小学的环境；家长可以和孩子讲讲自己上小学时的趣闻趣事；家长要多与孩子交流，倾听他们对上小学的想法。最后，家长要帮助幼儿做好社会性发展的准备。社会性发展的准备主要表现在人际交往方面和亲社会性行为的培养方面。在周末，家长可以经常带孩子去动物园、博物馆这类公共场所游玩，幼儿在游玩时不仅能够拓宽视野、增长见识，还能学会和他人相处，发展交往技能。在日常生活中，家长要有意识地教孩子学会谦让、帮助、合作和分享。

3. 指导幼儿养成生活自理的能力和良好的生活、学习习惯

进入小学后，幼儿需要独立地面对生活和学习，要学会自己的事情自己做。意大利教育家蒙台梭利强调："教育首先要引导儿童沿着独立的道路前进。"幼儿期是培养和训练孩子独立性的重要时期。作为家长，要给孩子学习生活自理的机会。在日常生活中，可以指导孩子做一些力所能及的事，如洗脸、穿衣服、系鞋带、擦桌子、扫地、整理书包等。此外，家长要帮助孩子养成良好的生活、学习习惯。比如，家长可以和孩子共同制定作息时间表，并要求孩子遵守这些时间安排，帮助孩子养成守时的习惯；多与

孩子沟通交流，帮助孩子建立良好的倾听习惯；陪孩子一起阅读，帮助孩子养成静坐的习惯等。

总之，家长要发挥自身在幼小衔接阶段的重要使命，从幼儿的角度出发，综合各个领域的发展，帮助幼儿愉快地进入小学，更好地适应小学的学习生活。

参考文献

［1］ 中华人民共和国教育部基础教育司.《幼儿园教育指导纲要(试行)》解读［M］.南京:江苏教育出版社,2008.

［2］ 中华人民共和国教育部.3—6岁儿童学习与发展指南［M］.北京:首都师范大学出版社,2014.

［3］ 中华人民共和国教育部.幼儿园工作规程［M］.北京:首都师范大学出版社,2017.

［4］ 李季湄,冯晓霞.《3—6岁儿童学习与发展指南》解读［M］.北京:人民教育出版社,2013.

［5］ 李季湄,肖湘宁.幼儿园教育［M］.北京:北京师范大学出版社,1997.

［6］ 顾明远.教育大辞典［M］.上海:上海教育出版社,1998.

［7］ 钟启泉.现代课程论［M］.上海:上海教育出版社,1989.

［8］ 虞永平,等.幼儿园课程评价［M］.南京:江苏教育出版社,2006.

［9］ 朱家雄.幼儿园课程［M］.上海:华东师范大学出版社,2003.

［10］ 冯晓霞.幼儿园课程［M］.北京:北京师范大学出版社,2001.

［11］ 刘占兰,廖贻.聚焦幼儿园教育教学:反思与评价［M］.北京:北京师范大学出版社,2012.

［12］ ［美］罗恰特.婴儿世界［M］.许冰灵,郭琴,郭力平,译.

上海:华东师范大学出版社,2005.

［13］ ［英］琳恩·默里.婴幼儿心理学［M］.张安也,译.北京:北京科学技术出版社,2020.

［14］ 王春燕.幼儿园课程概论［M］.北京:高等教育出版社,2013.

［15］ 范红,刘建,费爱心.教育学［M］.北京:首都师范大学出版社,2016.

［16］ 曲新陵,章丽.幼儿园综合教育课程主题活动［M］.南京:江苏教育出版社,2013.

［17］ 陈文华.幼儿园课程论［M］.北京:教育科学出版社,2011.

［18］ 周先利,刘映含.早期教育概论［M］.上海:同济大学出版社,2020.

［19］ 张向葵,刘秀丽.发展心理学［M］.长春:东北师范大学出版社,2002.

［20］ 金晓梅.婴幼儿游戏与玩具［M］.重庆:西南师范大学出版社,2021.

［21］ 孙雅婷,周津.0—6个月婴儿综合发展与指导［M］.南京:南京大学出版社,2020.

［22］ 邓文静,胡阳.13—18个月婴幼儿综合发展与指导［M］.南京:南京大学出版社,2020.

［23］ 牟映雪.学前教育学程［M］.北京:教育科学出版社,2017.

［24］ 刘敏,万中.幼儿园教育活动的组织与实施［M］.成都:四川大学出版社,2011.

［25］ 袁爱玲,何秀英.幼儿园教育活动指导策略［M］.北京:北京师范大学出版社,2006.

［26］ 王冬梅.教师怎样了解幼儿［M］.北京:中国轻工业出版社,2016.

［27］ 徐跃飞.世界学前教育发展的民主化趋势及其启示［J］.教育导刊(下半月),2010(09).

［28］ 世界学前教育组织国际儿童教育协会.全球幼儿教育大纲——21世纪国际幼儿教育研讨会文件(上)［J］.幼儿教育,2001(3).

［29］　李季湄.面向新世纪的世界幼儿教育［J］.学前教育,1999(06).

［30］　杨天平.从学校教育方针到教育方针［J］.继续教育研究,2002(4).

［31］　杨天平.厘清对现行教育方针的几个认识［J］.教育导刊,2002(21).

［32］　张筱良,陈鹤琴.儿童心理研究的背景、成果及其现实意义［J］.学前
　　　　教育研究,2007(09).